KB136892

되고 싶고
하고 싶고
갖고 싶은
47가지

이 책을 소중한

____________________님에게 선물합니다.

______________________________ 드림

꿈을 만들어 가는 사람들의 반짝반짝 빛나는 이야기!

되고 싶고 하고 싶고 갖고 싶은 47가지

기획 · 김태광
이세리 · 이주현 외 45인 지음

시너지북

PROLOGUE

두려움 없이 네 삶을 살아라!

세상에는 두 부류의 사람이 있다. 부자와 빈자다. 부자의 공통점은 부에 대해서 이야기하고 생각한다는 것이다. 반면에 빈자는 가난만 이야기하고, 가난만 생각한다. 시간이 갈수록 부자는 더욱 부를 쌓는 반면, 빈자는 더욱 가난해지고 빚에 허덕이다 생을 마감한다.

20대부터 내가 해 오는 성공 습관이 있다. 절대 어렵거나 복잡하지 않다. 하루에도 수십 번씩 내가 원하는 것들을 생각하고 이야기하는 것이다. 되고 싶고, 갖고 싶고, 하고 싶은 것들에 초점을 맞추다 보면 어느새 원하는 것들이 하나씩 실현되는 것을 실감하게 된다. 그동안 나는 내가 원했던 것들을 넘어 더 많은 것들을 실현했다. 생각이라는 에너지가 원하는 것들을 끌어다 주기 때문이다.

세상은 보이지 않는 것에 의해 창조되었다. 새로운 세계를 창조하기 위해선 먼저 보이지 않는 새로운 세계를 믿어야 한다. 더 나은 삶을 바란다면 지금부터라도 과거와 다른 생각과 행동을 해야 한다. 그래야 다른 결과를 맞이할 수 있다.

이 책에 나오는 47명의 저자들처럼 당신도 되고 싶고, 갖고 싶고, 하고 싶은 것들에 초점을 맞춰 보라. 그 과정에서 실로 엄청난, 기적 같은 일들이 일어날 것이다. 나는 이 책을 읽는 사람들이 모두 왕처럼, 여왕처럼 살기를 바란다.

〈한국 책쓰기 성공학 코칭협회〉 대표이사

김태광

CONTENTS

프롤로그 · 4

|01 이세리| 대한민국 최고의 내부 시스템 컨설턴트 되기 · 13

|02 이주현| 주어진 기회를 발판 삼아 경계 넘어서기 · 20

|03 이승열| 내가 돕는 병원을 통해 대한민국의 건강수명 늘리기 · 26

|04 김홍석| 제대로 된 공부법 가르치는 학습 동기부여가 되기 · 32

|05 김지혜| 교육기업의 대표로 당당하게 홀로 서기 · 39

|06 이지니| 저서 출간하고 방송 출연하기 · 46

|07 김태진| 장애인들의 아버지가 되어 주기 · 51

|08 차정혁| 쐐기벌레와 어미 닭 같은 삶 살아가기 · 57

|09 하주연| 희망을 주는 동기부여가 되기 · 63

|10 김영숙| 꿈친구 남편에게 외제차 선물해 주기 · 70

|11 어성호| 숨은 잠재력을 깨워 주는 글쓰기 코치 되기 · 76

|12 서명식| 저자, 영업 및 마케팅 전문가, 대학 교수 되기 · 85

|13 김슬기| 가족과 함께 세계일주 하기 · 91

|14 이수진| 디저트로 행복한 세상 만들기 · 97

|15 이강희| 부모와 자녀의 화합을 돕는 멘토이자 메신저 되기 · 102

|16 박서인| 경험과 지식을 나누는 프로강사 되기 · 108

|17 박성혜| 3040 엄마들을 위한 부자 멘토 되기 · 113

|18 고수진| 꿈이 있는 삶 살아가기 · 119

|19 오정남| 5년 뒤의 빅 픽처 그리기 · 125

|20 안재범| 좋아하는 것을 찾아 자유로운 삶의 주인 되기 · 131

|21 김명준| 아내와 함께 카페에서 글을 쓰는 행복한 크리에이터 되기 · 137

|22 송희진| 꿈의 로켓에 올라타 계속 성장하는 인생 살아가기 · 143

|23 이보근| 삶이 완성되는 힐링 한옥 짓기 · 149

|24 박혜리| 대한민국 1등 동기부여 영어 코치 되기 · 157

|25 문원기| 청춘들의 멘토와 롤모델로서 주례 서기 · 163

|26 고숙희| 적게 일하고 가족과 행복한 삶 살아가기 · 169

|27 이채희| 하고 싶은 일을 하며 하루하루 행복하게 살기 · 175

|28 이하늘| 선한 영향력을 미치는 동기부여가 되기 · 181

|29 이동규| 하고 싶은 것 지금 당장 시작하기 · 188

|30 성은희| 행복한 학교를 만드는 최고의 긍정교육 전문가 되기 · 195

|31 송용섭| IWC 포르투기저 차고 다니는 남자 되기 · 202

|32 진찬란| 나만의 콘텐츠를 만들어 월 1억 원 벌기 · 208

|33 정수진| 무사고 운전 30년, 베스트 드라이버 되기 · 214

|34 주유희| 행복육아마을에 엄마꿈놀이터 만들기 · 220

|35 이혜미| 건강한 삶을 코칭하는 전국 워크숍 개최하기 · 226

|36 손성호| 무한한 잠재능력 개발하기 · 235

|37 장성오| 사랑이 있는 교육으로 세상 바꾸기 · 241

|38 허동욱| 20대 청춘들의 잠자고 있는 욕망 깨워 주기 · 249

|39 김용일| 문화콘텐츠연구소 드래곤 컬처 아카데미 설립하기 · 255

|40 포민정| 상상을 현실로 만든 스토리로 동기부여가 되기 · 262

|41 김수진| 최고의 삶으로 떠오르기 · 269

|42 하나현| 세상을 힐링하기 · 276

|43 이장우| 다 같이 잘 사는 세상 만들기 · 281

|44 신상희| 세일즈 디자인 코칭협회 운영하며 전국에 나를 알리기 · 286

|45 김응규| 벤츠 타고 아버지와 함께 여행 가기 · 293

|46 권영욱| 젊은 나이에 돈에 구애받지 않는 부유한 인생 살기 · 299

|47 최정훈| 아내의 40번째 생일에 1억 원이 들어 있는 통장 주기 · 305

이세리 이주현 이승열 김홍석 김지혜 이지니

김태진 차정혁 하주연 김영숙 어성호

01

대한민국 최고의 내부 시스템 컨설턴트 되기

다온 C.S.M 대표, 병원&기업 내부시스템 컨설턴트, 1인 기업 솔루션 코치, 동기부여 강연가

고객만족경영(Customer Satisfaction Management)을 연구하는 다온 C.S.M의 대표다. '직원이 행복해야 고객이 행복하고 고객이 행복해야 CEO가 행복하다'라는 기업이념으로, 기업 및 병원의 고객만족경영을 위한 내부 시스템 세팅과 매뉴얼 작성을 돕고 있다. '한국휴먼경영코칭협회'를 운영하며 1인 기업가들을 위한 코칭과 컨설턴트 양성을 진행하고 있다. 현재 수년간 병원컨설팅을 하면서 알게 된 고객만족경영 노하우가 담긴 개인저서를 준비 중이다.

E-mail 232daon@gmail.com
Blog http://www.고객만족경영.com
Cafe http://www.한국휴먼경영코칭협회.com
Facebook daonCSM
Kakaotalk ID daonCSM

나는 청소년기뿐만 아니라 성인이 되어서도 방황했다. 잘하는 것도 없었고, 잘할 수 있는 것도 없었다. 지금 생각해 보면 그때가 아마 나의 인생에서 가장 자존감이 낮은 때였을 것이다. '내가 안 해서 그렇지, 하면 다 잘해'라는 마음으로 버티던 청소년기는 지나가고 진짜 현실을 마주했을 때, 잔인하게 돌아오는 피드백들로 나의 자존감은 바닥에 내리꽂혔다. 나는 강해지고 싶었다. 잘 살고 싶었다. 처참하게 짓밟히면서도 발버둥 쳤다. 꿈을 꾸는 방법도, 목표를 향해 가는 방법도 몰랐지만 오기와 끈기로 끝까지 해보고 싶었다.

학창시절 나는 어른들의 말에 귀 기울이지 않던 아이였다. 공부도 안 했다. 공부를 왜 해야 하는지 아무도 나를 설득하지 못했다. 고집스럽게 나는 좋아하는 과목만 공부했다. 딱히 하고 싶은 것도 없었다. 하지만 성인이 되어 깨달았다. 내가 원하는 삶을 살기 위해서는 배워야 한다는 것을 말이다. 어떤 일을 하고자 할 때 사람들이 나를 판단할 수 있는 잣대가 학업성적이라는 것을 왜 학창시절에는 알지 못했을까? 누구를 향한 것인지 모를 원망을 하며 후회했다. 뒤늦게 집착하듯 공부를 하기 시작했다. 무언가 배우고 있으면, 내 삶이 조금은 나아질 것 같다는 희망이 느껴졌다. 부족한 나였지만 무엇이든 계속 배우려 했던 것은 참 잘한 일이라고 생각한다.

나는 성장에 목말라 여러 강의를 들으러 다녔다. 어느 날 강사가 다음 시간에는 자신의 장단점에 대해 발표해 보는 시간을 갖자고 했다. 과제도 싫은데 발표는 더 싫었다. 하지만 안 할 수도 없으니 억지로 과제를 시작했다.

나의 장점은 뭘까? 자신감? 리더십? 아무리 고민해도 더 이상 적을 것이 없었다. 그렇다면 나의 단점은? 헉! 스스로 생각해도 단점투성이였다. 술술 적혔다. 나는 무슨 일을 하든 끈기가 없어서 금방 무기력해진다. 또한 다른 사람의 단점을 자꾸 지적해 마음을 상하게도 하고, 욱하는 성격 때문에 사람들과 잘 다툰다. 이런 단점을 잘 알면서도 못 고치는 것도 단점이다. 장점은 아무리

고민해도 적지 못했는데 단점은 A4 용지 3장 이상에 구구절절 적어 내려갔다.

발표시간이 돌아왔다. 나는 늘 자신감이 충만했지만 그날따라 기어 들어가는 목소리로 발표했다. 단점이 너무 많아서 계속 읽어야 하나 고민하던 그때 강사가 "그만해도 좋아요. 이세리 강사님은 자신의 단점을 잘못 알고 있네요. 내가 아는 이 강사님의 장점을 왜 전부 단점으로 적은 걸까요?"라고 웃으면서 말씀하셨다. 나는 수업에 집중할 수가 없었다. '나의 장점을 단점으로 생각했다고?' 의아했다. 나는 쉬는 시간에 강사에게 다가가 물어봤다. 그때 강사의 대답은 나의 인생에서 엄청난 터닝 포인트가 되었다.

"이 강사님, 불평불만을 표현하는 것은 나쁜 것도 단점도 아니에요. 저는 이 강사님이 말해 준 많은 이야기를 참고해서 지금의 특강을 준비했고 학원 운영을 하는 데도 많은 도움이 되었어요. 강사님은 다른 사람들보다 발달된 통찰력과 직감이 있는 거예요. 상황을 보고 느끼고 바꾸고 싶은 마음을 상대방에게 전하는 방법을 바꿔 보면 어떨까요? 마음을 다치지 않게, 진심으로 잘되길 바라는 마음으로 전하는 방법을 터득한다면 분명 많은 사람들에게 엄청난 도움이 될 거예요."

살면서 당신에게 도움이 될 누군가를 만난 적이 있는가? 상대의 말을 수용할 준비가 얼마나 되어 있는가? 인생에서 운명을 바꿔 줄 터닝 포인트는 수없이 찾아온다. 학벌이나 재력과 상관없이 불쑥 아무 때나 나타난다. 나는 스스로의 목표의식과 신념이 강할 때, 끌어당김의 법칙으로 좋은 인연을 만날 수 있다고 믿는다. 나는 강사의 말을 그냥 흘려보내지 않았다.

백지연 아나운서가 쓴 《크리티컬 매스》라는 책에 이런 구절이 나온다.

"어떤 문제에 부딪히면 나는 미리 남보다 시간을 두세 곱절 더 투자할 각오를 한다. 그것이야말로 평범한 두뇌를 지닌 내가 할 수 있는 유일한 방법이다."

나는 평범한 사람이다. 그래서 더 많이 노력했다. 대학에서 공부를 하면서도, 휴학과 방학 때 병원에서 아르바이트를 하면서도 강사가 말해 준 나의 장점을 일상에 녹여낼 방법을 찾았다. 그리고 말하는 방법에도 관심의 끈을 놓지 않으며 찾게 된 분야가 CS 강사였다. CS 강사 정규과정만 일곱 번 들었다. 병원코디네이터 과정도 여러 번 들었으며, 스피치 학원과 병원 매니저 과정, 상담실장 과정, 병원 최고경영자 과정까지 조금이라도 내 일과 관련된 강의라면 듣고 또 듣고 끊임없이 탐구하고 공부했다. 나는 부족한 점이 많았지만 조언을 받아들이고 적용하려고 노력한 결과 성장할 수 있었다고 생각한다.

그 노력들은 나를 배신하지 않았다. 졸업 후 첫 직장에 병원 실장으로 들어갔고, 마음껏 역량을 발휘할 기회들이 찾아왔다. 환자 관리의 문제점을 찾아 시스템을 구축하며 나의 장점을 발휘하기 시작했다. 좋은 결과들이 이어졌고 덕분에 두 번째 병원에는 스카우트를 받아 가게 되었다. 나의 장점을 살려서 병원 운영 전반에 시스템을 도입했다. 그 결과 직원들은 조금 더 편하게 체계적으로 일할 수 있었고, 고객은 늘어났으며, 고객들의 만족도도 높아졌다. 당연히 매출도 올랐다.

소문을 듣고 비법을 물어보는 원장님들로부터 내부 시스템 컨설팅을 의뢰받아 조금씩 진행했다. 병원생활과 더 이상 병행하기 어려워 원장님께 양해를 구하고 독립해 본격적으로 내부 시스템 컨설팅을 시작하게 되었다. 이름도 없이 프리랜서로 시작해 병원 코디와 CS 강사를 양성하기도 했다. 이때도 강사과정을 들으러 다녔으며, 최근까지도 강사과정을 계속 듣고 있다.

그렇게 계속 성장을 위해 공부하던 중《1인 창업이 답이다》의 저자 이선영 대표를 경영과정에서 만나게 되었다. 꾸준히 이어진 인연으로 우리는 함께 'LS컨솔루션'을 창업했다. 그녀는 병원 보험 청구 컨설팅을, 나는 병원 내부 컨설팅을 하면서 꿈 동지로서 피드백도 주고받았다. 내부 시스템을 보험에 적용해 조금 더 체계적으로 진행하는 방법을 터득했고 치과뿐만 아니라 성형외과, 피부과, 산부인과, 한의원 등 많은 병원에서 내부 시스템 컨설팅을 진행하게 되었다.

하지만 아직도 많은 사람들이 컨설팅이라고 하면 부동산 내지는 마케팅, 인테리어 정도에 적용되는 것으로만 생각하고 있다. 내가 하고 있는 내부 시스템 컨설팅은 말 그대로 내부적인 것들이 대상이다. 병원이나 기업 창업 이후 매출 증대를 위한 고객만족 서비스를 다각도에서 철저하게 연구 분석해 시스템을 효율적으로 완성하는 일이다.

나는 지금까지 100여 곳에 가까운 병원에서 컨설팅을 진행했다. 프로세스를 구축하고 매뉴얼을 만드는 것도 중요하지만, 항상 기본이 되는 것은 사람이었다. 즐겁게 일하는 것, 고객을 만족시키는 것, 직원이 만족하는 것은 모두 사람에게 달렸다. 사람에 대한 공부를 끊임없이 하고 있는 각 분야의 전문 강사들과 네이버 카페 '휴먼경영코칭협회'를 운영하면서 현재는 고객만족 서비스를 접목시킨 컨설팅을 진행하고 있다. 병원뿐만 아니라 기업인, 창업인, 1인 강사들을 위한 내·외부 이미지 메이킹, 성공하는 브리핑 비법, 고객과의 소통방법, 서비스마인드, 내부 시스템 컨설팅, 기타 강의를 진행하고 있다. 그러다 보니 더 많은 사람들과 컨설팅 노하우를 나누고 싶어서 지금은 병원 컨설팅을 하면서 겪었던 일들을 책으로 쓰고 있다.

지금까지 좋은 분들과의 인연으로 내가 할 수 있는 것보다 많은 일을 하며 휴먼경영코칭협회와 다온 C.S.M(前 LS컨솔루션)사를 운영하고 있지만 3년 안에는 컨설턴트 아카데미를 설립할 예정이다. 지금껏 쌓아 온 나의 노하우를 공유해 인격이 훌륭하고 마음이 따뜻하고 열정이 가득한 내부 시스템 컨설턴트들을 양성할 예정이다. 그러기 위해서 프로세스를 구축하는 것도 소홀히 하지 않겠지만, 무엇보다 내가 먼저 따뜻한 사람, 진정성이 있는 사람으로 거듭나기 위해 끊임없이 노력할 것이다. 배움을 멈추지 않고 익을수록 고개를 숙이는 벼처럼 겸손하게 타인의 마음을 헤아리는 사람이 될 것이다.

나는 단점이라 생각했던 부분들을 장점으로 바꿔 많은 사람에게 도움을 주고 있다. 이처럼 사람들의 크고 작은 문제점들을 컨설팅해 장점으로 바꿔 주고 대한민국 최고의 내부 시스템 컨설턴트 멘토가 되어 세계에서도 인정받는 컨설턴트 신이 될 것이다.

02

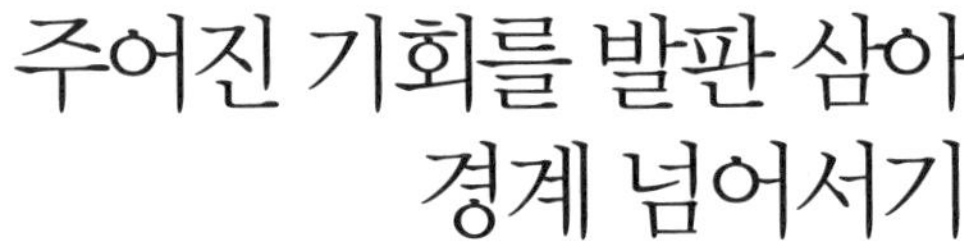

주어진 기회를 발판 삼아 경계 넘어서기

'Mentor with us Korea' 대표, 자기계발 작가, 창의 브레인 코치, 미래교육 디자이너, 동기부여가
창의적인 생각을 키워 표현하는 방법을 연구해 온 창의언어 전문가이자 진정한 삶의 가치를 연구하는 미래가치 교육가다. 대한민국 미래를 위한 가장 큰 투자는 아이들이라는 신념을 가지고 프로그램을 연구개발 중이다. 현재는 Mentor with us Korea와 함께 대한민국 가치 교육의 변화를 꿈꾸고 있다. 아이들에게 '생각하는 교육'을 시키고자 하는 대한민국 엄마들을 위한 이론서와 그에 맞는 실행서를 출간할 예정이다.
E-mail joohyun.lee@mentorwithus.kr **Blog** mentorwithus.kr
Instagram joohyunlee_mwk

시간을 되감아 본다. 아주 빠르게 시간을 거슬러 올라갔다. 휘감기는 시간의 기억들이 차곡차곡 쌓인다. 그리고 얼마쯤 지나 아주 천천히 시간이 멈췄다. 책을 보고 있는 여자아이가 보였다. 아이는 책에 빠져 시간 가는 줄 모른다. 나는 흐뭇하게 바라본다. 어릴 적부터 말을 잘해서 커서 변호사가 되려나 보다, 라는 어른들의 이야기를 듣던 아이… 그 아이가 바로 나다.

나는 변호사는 그냥 어른들이 이야기하는, 말 잘하는 사람이라고 생각했었다. 내가 정말 되고 싶은 것은 선생님이었다. 학교생활이 즐겁고, 배우는 것이 즐거웠던 나는 학교에서 가장 멋진 사람, 선생님이 되고 싶었다. 학교에서 돌아오면 우리 집에 세 들어 사는 아랫방 유치원 꼬마와 동네 어린아이들을 모아 놓고 선생님 놀이를 하곤 했다. 아이들은 나를 선생님 바라보듯 쳐다보았다. 나는 어깨에 힘주고 아이들에게 많은 이야기를 들려주었으며 아이들이 궁금해하는 것이 있으면 가르쳐 주기도 했다. 동생이 태권도 학원에서 받아 온 메달을 들어 보이며 멋지게 해내면 상을 준다고 이야기한 적도 있었다. 아이들은 딴짓 않고 나에게 집중했다. 그 순간 나는 최고의 선생님이었다. 역시 나는 커서 좋은 선생님이 될 것이라고 믿으며, 미리 준비해 놓은 다음 시간 준비물 표를 아이들에게 들려 보냈다. 내일 같은 시간에 또 만나자고 약속을 하면서 말이다.

선생님이라는 단어는 내가 성장하는 내내 떼려야 뗄 수 없었던 단어다. 단 한 번도 선생님 말고 다른 직업을 생각해 본 적이 없다. 나는 아이들에게 무언가를 줄 수 있는 사람이 되고 싶었다. 그 시절 나에게 선생님이라는 존재는 무엇이든 가능하게 해 줄 것만 같았던 커다란 산 같은 사람이었다. 나는 무언가를 이룰 사람이며 그 사람이 다른 사람에게 무언가를 가능하게 해 주는 선생님이라면 행복할 것이라고 생각했다. 그래서 하루도 빠짐없이 선생님이 되고 싶다는 꿈을 꾸었다.

시간의 기억을 풀자 다시 지금의 내가 있는 방향으로 빠르게 돈다. 어느새 나는 대학을 졸업하고 사회에 나왔다. 시간을 천천히 멈추어 본다. 선생님이 되고 싶던 나는 정말 선생님이 되어 있다. 그러나 처음 바라던 학교 선생님은 아니다. 나는 지금 대한민국의 영재들을 가르치고 있다. 내 안의 어떤 마음이 나를 학교라는 곳으로 데리고 가지 않았다. 그 마음은 진정으로 하고 싶은 것들을 정신없이 찾고 있었다.

나는 젊음을 발판 삼아 도전하기로 마음먹었다. 그 도전은 교육 사업이었다. 어린이집이나 유치원에 보급되는 창의성 교육 콘텐츠를 개발하는 일이었다. 나는 그 사업을 밤낮없이 준비하고 공부하며 도전을 기회로 만들려 했다. 도전이 내게 줄 성공도 열심히 그려 보았다. 그러나 어쩐지 성공에 확신이 없었으며 걱정만 늘었다. 열심히 준비했지만 힘든 일이 닥칠 때마다 남몰래 눈물도 많이 흘렸다. 그래도 도전하는 나는 가슴이 뛰었다. 처음으로 살아있다는 것, 그 존재의 고마움에 대해 느낄 수 있었다. 그러나 안타깝게도 실패라는 이름으로 기억에 남았다. 하지만 그 실패가 내게 가장 큰 도약판이 될 것이라는 것을 깨달았다. 어느새 나는 또다시 도약하기 위해 도전 앞에 서 있었다.

필름처럼 지나가는 20대의 모습을 잠깐 멈추고 바라보니 마음이 짠하다. 공부만 열심히 하면 그림 같은 미래가 펼쳐질 것이라 생각했다. 그러나 내 앞에 펼쳐진 현실은 막막함이 전부였다. 학교와 집만 왔다 갔다 하며 살았던 학창시절은 내가 어떤 사람인지, 무엇을 원하는지 알 수 없게 만들어 버렸다. 그때부터 나를 풀어 주고 싶었다. 그러자 내가 왜 학교로 가지 않았는지 알 수 있었다. 나에게 나를 위한 생각을 할 수 있는 시간과 기회를 주고 싶었다. 치열하게 고민했고, 찾고자 했다. 내가 하고 싶은 것은 나의 존재의 이유가 분명한 일이었다. 똑같이 반복되는 일이 아닌, 내 가슴을 뛰게 하는 일이었다. 그것을 찾기 위해 나는 많은 시행착오를 겪어야 했다. 하지만 그로 인해 누구보다 강해질 수 있었고 멀리 내다보는 힘이 생겼다.

이제 시간을 더 빠르게 돌려 현재로 돌아온다. 여전히 시간이 부족하다 느낄 만큼 열심히 살고 있다. 그러나 내가 하고 싶은 것에 대해서는 얼마 전까지도 고민이었다. 그 고민은 앞으로도 계속 될 것이다. 하지만 이전의 고민들은 하고 싶은 것들에 대한 풀리지 않는 갈증이었다. 아무리 채워도 부족함을 느끼는 갈증이었기에 늘 찾아 헤맸던 것이다.

하지만 더 이상 내게 갈증은 없다. 치열하게 만났던 나와의 시간 속에서 2% 부족해서 채워지지 않던 갈증의 해결 방법을 찾았기 때문이다. 그것이 지금 내가 이 글을 쓰고 있는 이유다. 나는 책을 쓴다. 나는 더 이상 내가 되고 싶고 하고 싶은 것을 찾지 않기로 했다. 이제부터는 내가 갖고 싶은 것을 생각할 시간이다.

나는 되고 싶은 사람이 되기 위해 하루하루를 감사하며 살아간다. 내가 되고 싶은 사람은 하고 싶은 일을 하며 사는 사람이다.

그 믿음이 확고하다. 그렇기 때문에 더 이상 그것을 찾지 않는다. 하지만 그것을 위해 내가 가져야 할 것들이 있다.

첫 번째로 우주보다 큰 의식이다. 그 의식은 나를 늘 바른 방향으로 인도해 세상을 품게 할 것이다. 그리하여 내가 앞으로 나아갈 수 있게 도와줄 것이다.

그다음 가져야 할 것은 어떤 순간에도 빛을 발하는 지혜로움이다. 지혜로움은 어렵고 힘든 일 앞에서 현명한 판단을 내릴 수 있게 해 줄 것이다. 그래서 뜻을 함께하는 사람들을 더 많이 만나게 해 줄 것이다.

더불어 나이에 대한 책임감을 가지고 싶다. 내가 지나온 시간에 맞게 책임감을 갖는 멋진 사람이길 바라기 때문이다.

마지막으로 아름다운 향기를 가지고 싶다. 물론 이것은 내가 가지고 싶다고 해서 가질 수 있는 것은 아니다. 내가 모든 것을 갖춰 더욱 아름다워진다면 향기는 어느새 내 주변에 가득할 것이다.

아직 가 보지 않아서 기억이 없는 미래로 시간을 빠르게 돌린다. 눈을 감고 시간을 멈춘다. 눈앞에 미래의 내가 보인다. 맨 처음 시간여행을 하며 만났던 어릴 적 내 모습과는 많이 다르다. 하지만 여전히 사랑스럽고 매력적이다. 그리고 내가 가지고 싶어 했던 것들을 모두 얻었으며, 더 단단히 다지기 위해 노력하고 있다. 여전히 바쁘게 살고 있지만 힘들어하고 있지는 않다. 내 곁에는 소중한 사람들이 함께하고 있으며, 그들은 오랜 세월 나와 함께해 온 꿈친구들이다. 나는 행복한 인생을 살고 있다.

과거의 나를 통해 현재의 나를 바라본다. 그리고 현재의 나는 미래의 나를 만났다. 나는 너무나 가슴이 뛰었으며 이 모든 것이 믿기지 않지만 모두 사실이라는 것도 너무나 잘 알고 있다. 다만 현재의 나는 과거의 시간을 통해 이곳에 와 있고 미래의 나는 곧 내가 도착할 곳에 있는 것이다. 순간 떠올린다. 어쩌면 되고 싶고, 하고 싶은 것에서 계속 힘들어하며 머물러 있었을 수도 있었다는 것을 말이다. 그 지독한 삶의 갈증으로 계속 힘들어하며 오아시스를 찾아 헤매기만 했을 수도 있었다는 것을 말이다. 하지만 그 경계를 확연히 넘어섰고 그로 인해 정말 큰 행복을 가질 수 있었다. 내게 주어졌던 기적과도 같은 기회, 그리고 그것이 내게 준 무한한 힘! 나는 그 힘으로 경계를 확실히 넘어섰다.

나는 다시 그 기적과도 같은 기회가 주어졌던 때로 시간을 맞춘다. 바로 지금 말이다.

03

내가 돕는 병원을 통해 대한민국의 건강수명 늘리기

'리스펙트' 대표, 자기계발 작가, 강연가, 병원 경영실장, 병원 경영 코치, 대한민국 1호 병원코디네이터, 서울대학교 보건대학원 최고위과정, 공인중개사

대한민국 1호 병원코디네이터이자 병원 경영실장으로 15년간 근무했다. '우리가 돕는 병원을 통해 대한민국의 건강수명을 늘린다'라는 사명을 가지고 '리스펙트'를 운영하고 있다. 존경하는 의사, 병원관계자들과 존경받는 병원을 만들기 위해 노력하고 있다.

E-mail lager98@naver.com
Homepage respectyou.co.kr
Instagram lager98
Facebook lager98

병원코디네이터라는 직업을 아는가? 병원코디네이터란 환자가 진료를 받는 동안 진료가 원활하게 진행되도록 도와주는 역할을 하는 사람이다. 나는 대한민국 1호 병원코디네이터다. 제1회 병원코디네이터 시험에서 수백 명의 지원자 중 유일한 남자였기에 정확하게는 대한민국 1호 남자 병원코디네이터다. 지금은 원장과 직원을 돕는 병원 코칭 및 컨설팅, 경영지원 업무를 하고 있지만 처음 병원 업무를 시작했을 때는 환자 응대, 전화 받기 등 기본적인 업무도 잘하지 못했다. 당시 내 역량이 부족했기 때문이지만 업무에 대한 사명감이 없었던 것이 더 큰 원인이었다.

그러던 어느 날 진료를 마친 환자가 감사인사를 한 뒤 행복한 얼굴로 돌아가는 모습을 보며 내가 하는 일을 통해 사람들을 행복하게 해 줄 수 있다는 사실을 깨닫게 되었다. 이후로 나는 이전과는 다른 삶을 살게 되었다. 내가 하는 일에 의미가 부여된 것이다.

나는 몇 년 전 우리나라 사람들이 선진국 사람들보다 오랫동안 아프다가 죽는다는 사실을 알게 되었다. 최근 세계보건기구(WHO)에서 발표한 우리나라 평균 기대수명은 82.3세이고, 특히 여성은 85.5세로 세계 3위에 올랐다. 그러나 평균 건강수명은 73.2세로, 무려 9~12년 이상 건강하지 못한 삶을 살고 있다. 선진국보다 2~3배나 아픈 기간이 긴 것이다. 이런 사실을 알게 된 나는 '내가 돕는 병원을 통해 사람들의 건강수명을 늘리자'라는 더 큰 사명감을 갖게 되었다.

2016년 발표된 건강보험공단 심사평가원의 자료에 따르면, 하루 평균 8곳의 의료기관이 폐업하고 있다고 한다. 이러한 현실에서 보듯 의료계의 경영난은 심각하다. 병원이 안 되는 이유를 어떤 이들은 예전보다 많아진 병원 때문이라 말하고, 어떤 이들은 까다로운 소비자 때문이라고 말한다. 나는 그러한 의견들에 동의할 수 없다. 지금도 잘되는 병원들은 잘되고, 까다로운 소비자는 모든 산업이 공통적으로 맞닥뜨리는 어려움이기 때문이다. 아이러니하게도 많은 사람들이 오늘도 자신을 도와줄 좋은 병원을 찾고 있다.

환자에게 좋은 병원이란 어떤 곳일까? 내가 15년간 병원에 근무하며 알게 된 것은 '모든 환자들은 희망을 갖고 병원을 방문한다'라는 사실이다. 그래서 나는 병원 구성원들이 사명감과 열정을 가지고 일하면 성공은 자연스럽게 따라올 것이라 믿는다. 특히, 경영과 진료를 함께 책임져야 하는 원장의 사명감은 반드시 필요하다.

그렇다면 병원에서 직원들의 역할은 그다지 중요하지 않은 것일까? 나는 병원 경영에서 그 어떤 자원보다 사람이 중요하다고 생각한다. 그 이유는 환자에게는 직원 모두가 병원이고, 원장의 철학을 환자에게 제대로 전할 수 있는 가장 확실한 사람도 직원이기 때문이다. 따라서 사람이 빠진 병원 경영은 모래 위에 쌓은 성과 같은 것이다. 나도 내 일에 대한 사명감을 가지기 전까지는 직업윤리 정도의 수준에서 병원 근무를 했었다. 성실하게 임해 업무를 못한다는 이야기를 듣지는 않았지만 내 일에 대한 애정도 없었고, 경영자인 원장을 이해하려고 하지도 않았으며, 함께 일하는 동료나 거래처의 입장도 생각해 본 적이 별로 없었다. 무엇보다 환자는 병원이 제공하는 서비스를 구매하러 온 손님일 뿐이었다. 그러나 사명감이 생긴 이후에는 내가 하는 일이 다르게 보이기 시작했다.

식사시간도 부족할 만큼 바빠도 매 순간 중요한 업무를 처리해야 하는 원장을 위해 내가 하는 경영업무와 관련된 세미나를 찾아다니고 관련 서적을 읽고 도움을 주고자 노력했다. 또한 나와 같은 마음으로 수년간 공부하던 사람들과 함께 어려움을 공유하며 해결책을 찾고자 '스스로 어제보다 더 나아지려고 노력하는 사람을 돕는다'라는 철학 아래 '덴탈위키'라는 네이버 카페도 만들었다. 나는 지금은 12,000명의 회원이 있는 덴탈위키에서 강연가로 때로는 수강생으로 활동하고 있다. 또한 원장은 물론 경영실장, 상담실장을 상대로 한 강연과 코칭, 컨설팅 그리고 의료계 월간지 기고도 하고 있다. 나아가 우리나라 보건의료정책의 현황을 알고 싶어 서울대학교 보건대학원 보건의료정책 최고위과정을 수료하기도 했다.

의료기관 연수 프로그램에 참여해 우리나라와 일본의 요양병원들을 방문할 기회가 있었다. 우리나라 요양병원은 사회 환경으로 인해 어쩔 수 없이 가야 하는 곳인 반면, 환자들이 행복하고 건강한 노년을 보내는 일본 요양병원의 모습에 충격을 받았다. 일본의 한 요양병원의 넓은 중앙광장에서 이동식 침대에 누워 다른 노인들의 즐거운 한때를 바라보던, 한 노인환자의 행복해 보이던 눈빛을 수년이 지난 지금도 잊을 수가 없다.

몇 년 전 원장 코칭을 진행하는데 소아환자를 어려워하는 원장이 영아출생률 1위의 신도시에, 그것도 소아환자가 최고로 많은 지역에 개원한 일이 있었다. 그때 우리가 내린 결론은 폐업한 뒤 다른 지역에서 재개원을 하라는 것이었다. 내 잘못도 아닌데 이런 곳에 개원하게 된 원장을 제때 돕지 못한 것이 안타까웠다. 생각 끝에 개원 전에 원장을 만나면 더 잘 도울 수 있을 것 같아 원장들의 개원 시 필요한 부동산 중개업도 해야겠다고 결심했다. 지금은 덴탈부동산클리닉 공인중개사사무소를 개설해 개원을 준비하는 원장들을 위해 개인의 특성을 적용한 프로그램으로 컨설팅을 진행하고 있다. 덴탈부동산클리닉 명함에는 '우리가 돕는 치과를 통해 대한민국의 건강수명을 늘린다'라는 사훈이 적혀 있다. 나의 인생철학을 회사의 사훈으로 삼은 것이다.

혼자 경영하는 병원의 대부분은 원장을 중심으로 움직인다. 모든 사업이 사장을 중심으로 움직이듯 원장이 경영 및 진료를 담당해야 하는 병원조직은 원장에게 모든 권한과 책임이 집중될 수밖에 없다. 많은 원장들이 자신에게 주어진 모든 권한과 책임을 홀로 감당하려 한다. 이에 비해 성공하는 병원은 원장의 권한과 책임을 함께 일하는 직원들에게 나눠 줄 줄 안다. 이것이 잘되는 병원과 안 되는 병원의 차이다.

처음 병원에 근무했을 당시 직원의 실수로 어느 환자의 흰 셔츠에 진료 도중 피가 묻는 사건이 발생했다. 환자는 적절한 보상을 하라고 클레임을 제기했지만 어느 누구도 선뜻 나서서 책임지려 하지 않았다. 그들에겐 권한이 없었기 때문이다. 나중에 보고를 받은 원장은 그런 것까지 내가 신경 써야 하느냐고 오히려 직원들에게 화를 냈다. 리츠칼튼 호텔처럼 직원에게 2,000달러(한화 약 200만 원)를 자신의 판단으로 처리할 수 있는 정도의 권한을 주진 못하더라도 병원에서는 환자를 대면하는 직원에게 일정 권한을 주는 것이 반드시 필요하다. 담당자가 자신의 판단으로 처리할 수 있는 권한위임이 있어야 책임감을 가지고 업무에 임할 수 있다. 나는 책임과 권한은 함께 주어져야 한다고 생각한다. 책임만 있고 권한은 없는 업무를 하다 보면 자괴감만 들 뿐이다.

나는 병원에서 일하는 모든 사람들이 자신이 왜 병원에서 일하는지 반드시 사명감을 가질 필요가 있다고 생각한다. 환자들을 진심으로 도와줄 수 있는 방법은 사명감을 갖는 것이다. 원장은 직원들에게 자신의 철학을 전파하기를 바란다. 그것만이 제대로 된 성공으로 가는 길이기 때문이다. 어려운 경영환경이지만 구성원 모두가 열정을 가지고 환자를 진료하는 일에 의미를 부여할 수 있다면 병원은 반드시 성공할 것이라 믿는다. 나는 그들 모두가 '내가 돕는 병원을 통해 대한민국의 건강수명을 늘린다'라는 나와 같은 사명감을 갖기를 바란다. 지금도 보이지 않는 곳에서 묵묵히 자신만의 사명을 감당하는 그들을 통해 대한민국의 건강수명이 늘어 가고 있음에 감사한다.

04

제대로 된 공부법 가르치는 학습 동기부여가 되기

김홍석

수학 강사, 강사 코치, 자기계발 작가, 제대로 공부법 코칭 전문가, 성공학 강연가

'나의 꿈을 위하여'라는 마음으로 삼성전자를 퇴사하고 5년 만에 수학 강사로 억대 연봉을 달성했다. 꿈과 희망을 주는 동기부여가로, 강사로 성공하고 싶은 사람들을 돕는 코치로 활동하고 있다. 꿈을 찾아 주고 실현해 나가는 데 도움이 되는 '드림 아카데미' 설립을 목표로 하고 있다. 저서로는 《보물지도7》, 《부모님에게 꼭 해드리고 싶은 39가지》 등이 있으며, 억대 연봉을 꿈꾸는 강사들을 위한 개인저서가 출간될 예정이다.

E-mail king-dream@naver.com **Blog** http://blog.naver.com/king-dream

Cafe http://cafe.naver.com/elysiumrp

성공의 기준은 개인마다 다르다. 어떤 이는 많은 돈을 버는 것이 성공이라 생각하고, 다른 이는 명예로운 지위에 오르는 것이라 생각할 수 있다. 하지만 진정한 성공은 자신이 하고 싶은 일을 즐겁게 하면서 하루하루 행복하게 살아가는 것이 아닐까?

나는 현재 억대 연봉을 받는 수학 강사, 작가, 강사로 성공하는 가장 빠른 비법을 알려 주는 강사 코치로 활동하고 있다. 일주일에 3일 정도만 학원에서 수학강의를 하고 나머지 시간은 1:1 강사 코칭 및 강연회를 하며 보낸다. 그리고 여행과 독서를 통해 자기계발을 하며 일주일을 채운다. 누군가에게는 이러한 삶이 성공자의 삶으로 보일 수 있겠으나 아직 나의 행복은 채워지지 않았다.

그것은 바로 최고의 학습 동기부여가이자 제대로 공부하는 방법을 가르치는 코치로서의 삶이 남아 있기 때문이다. 이는 공부를 하고자 하는 모든 이들에게 도움을 주는 가치 있는 일이 될 것이다. 학교를 다니는 학생부터 사회생활을 하면서도 계속 무언가 공부를 해 나가는 이들에게 도움을 주는 일을 하는 것이다. 나의 경험과 연구 내용들을 분석해 실질적으로 개인에게 맞는 학습법을 알려 주고 실천할 수 있도록 관리해 주는 역할이다.

내가 직접 중학교, 고등학교, 대학교를 다니면서 공부한 방법은 물론, 10여 년의 학원 강사 생활에서 학생들을 지도하면서 느꼈던 학습법에 대한 연구결과를 알려 줄 것이다. 이러한 부분이 빠르게 파악되었기에 나는 단 1년 만에 억대 연봉 수학 강사의 길로 들어설 수 있었다. 공부법이라고 하면 너무 딱딱하고 재미가 없을 거라 판단하는 경우도 있겠으나 인간은 태어나서 죽는 날까지 공부해야 한다. 공부라는 것이 학문을 닦거나 학교에 다녀야만 하는 것은 아니다. 은행 업무를 보거나 시장에서 물건을 사거나 친구를 만나고 직업을 구하는 것 모두가 삶의 공부다.

그렇다. 내가 말하는 공부는 단순히 교과서 학습만을 말하는 것이 아니다. 학생들에게 실질적이고 효율적인 학습법과 쉬운 실천 방법을 알려 줄 것이다. 이와 관련해 공부법에 대한 다양한 책을 읽으면서 느낀 것이 있다. 책에서 알려 주는 학습법이나 저자의 삶이 일반적이지 못하다는 것이다. 저자들은 한결같이 대단하다. 몇 개월만 공부해서 법대나 의대에 가고, 너무 쉽게 서울대를 간다. 그리고 내용도 전교 1등을 하는 방법에 대한 것들로 가득하다. 안타깝게도 누구나 전교 1등을 하는 것은 아니다.

나는 진짜 공부법을 알려 주는 컨설팅 전문가다. 학생별로 효율적인 공부법이 있다. 이런 부분에 대한 세세한 내용을 전해 줄 것이다. 더불어 누구나 쉽게 따라 하고 적용 가능한 공부법에 대한 노하우를 알려 줄 것이다. 이는 전교 1등만을 위한 방법이 아니다. 오히려 나의 공부법으로는 전교 1등이 되지 못할 수도 있다. 하지만 학생이 원하는 대학을 가거나, 원하는 삶을 살아가는 데 필요한 성과를 올릴 수 있다.

강사생활을 통해 효율적인 학습법에 대해 연구하다 보니 중요한 3요소가 있음을 파악했다. 진짜 공부를 위해서는 학생의 마인드, 학부모의 응원, 선생님의 조언과 칭찬이 필요하다. 학생이 아무리 열심히 하려 해도 학부모가 스트레스를 주면 안 되며, 선생님의 역할 또한 중요하다.

나는 공부법에 대한 저서를 통해 공부법의 중요 3요소에 대해 상세히 설명하고 나의 경험을 이야기할 것이다. 그로 인해 많은 학생과 조언을 필요로 하는 이들에게 효과적인 도움을 줄 수 있으리라 확신한다.

사회생활을 하고 있으면서도 미래를 위해 공부하는 사람들이 많다. 자격증을 따기 위해 공부하거나 어학을 공부하는 등 공부의 종류는 학생 때보다 더 다양하다. 안타까운 것은 이러한 진짜 공부가 좀 더 빨리 이뤄졌어야 한다는 것이다. 아직까지 한국의 공교육에서는 '진짜 공부'가 이루어지지 못하고 있다. 나는 이러한 사람들을 위한 효율적인 공부법을 과학적인 근거와 나의 사례를 통해 알려 주고 도움을 줄 것이다.

예를 들어, 나는 대학교 시절 동아리 및 학생회장을 한다는 핑계로 학점 관리가 미흡했다. 더불어 취업 준비라는 것을 단 한 번도 한 적이 없었다. 그럼에도 불구하고 대학교 졸업 전에 삼성전자에 합격했다. 다른 곳에는 이력서를 넣지도 않았다. 내가 삼성에 합격한 이유는 내가 임했던 면접을 통해 알 수 있다.

당시 삼성의 신입사원 면접은 3시간 정도 진행되었다. 인성면접, 전공면접, 영어면접, 토론면접 순서였다. 지금도 크게 달라지진 않았다. 인성면접에서 면접관 4명 중 한 명이 나의 동아리 활동과 학생회장 활동에 대해 긍정적으로 말을 건넸다. 여러 질문이 있었고 긴장은 되었지만 최대한 편안하게 내가 아는 바를 대답했다. 특히 영어면접이 압권이었다. 미국인 면접관이 영어로 질문을 하는 것이 아닌가? 나는 영어라면 아주 질색이었고 고등학교 졸업 이후 단 한 번도 영어공부를 한 적이 없었다.

영어면접에는 4명의 지원자가 같이 들어갔고 처음 지원자에게 질문이 쏟아졌다. 면접관과 지원자가 영어로 뭐라고 말을 주고받는데, 지원자도 미국인이라고 착각이 들 정도로 영어를 잘했다. 그런데 갑자기 미국인 면접관이 소리를 지르는 게 아닌가! 알고 보니 면접관이 'travel'(여행)을 좋아하느냐고 물었는데, 지원자는 'terrible'(테러블)로 알아들었던 것이다. 지원자는 이라크 전쟁부터 9·11 테러까지 거론하며 이야기했다. 그것도 영어로! 결국 그 지원자는 탈락했다. 이런 엄중한 상황 뒤에 내 순서가 되었다.

역시 그 원어민 면접관이 나에게 질문을 던졌다. 나는 알아들을 수 없었다. 급한 나머지 옆에 앉아 있던 다른 지원자에게 "뭐래요?"라고 조용히 물었더니 "휴대전화로 자기한테 문자를 보내래요."라고 알려 줬다. 순간 난 단 1초도 망설이지 않았다.

나는 일단 면접관을 향해 "Ok."라고 말하고 주머니에서 휴대전화를 꺼내며 "Put my phone."이라고 말했다. 당시 유행하던 폴더형 전화의 폴더를 열며 "Open the folder."라고 말한 뒤 "Your phone number, click click."이라고 했다. 그리고 "Message, click click."이라고 한 뒤 "Send, click."이라고 말하며 폴더를 닫았다. 그러자 갑자기 원어민 면접관이 벌떡 일어나 박수를 치며 "원더풀! 원더풀!"이라고 외치는 것이 아닌가? 그렇게 나는 합격했다.

면접은 지식을 확인하는 자리가 아니다. 자신이 생각하는 것을 얼마나 잘 표현하는지, 또 사람 간의 대화에서 가장 효율적인 것이 무엇인지를 확인하는 자리다. 이처럼 사소하지만 경험이 없다면, 또한 연구하지 않았다면 궁금하고 필요한 내용이 있다. 이러한 학습을 필요로 하는 사람들이 있다. 나의 경험과 노하우의 가치를 원하는 사람들이 틀림없이 존재한다.

나는 강사 코치를 위한 첫 저서를 출간하고 현재 제대로 공부하는 방법에 대한 책을 준비 중이다. 앞에서 말한 내용들을 가득 담아 책으로 만들 것이다. 학생들에게는 진짜 공부하는 방법과 노하우를 알려 주고, 학부모들에게는 학생이 공부하는 데 있어 어떠한 도움을 줘야 하고 줄 수 있는지를 깨닫게 해 줄 것이다. 그리고 학생을 지도하는 강사들에게도 도움이 될 내용들로 채울 것이다. 이게 다가 아니다. 공부를 하고 있는 사회인과 취업 준비생들에게도 제대로 된 공부법을 통해 성공을 단축시키는 노하우를 공개할 것이다.

더 나아가 체계적인 컨설팅과 학습을 위해 '드림 아카데미'를 설립할 것이다. 이곳에 나의 가치를 필요로 하는 사람들에게 컨설팅 공간을 마련해 주고 교육의 장소로 사용할 것이다. 드림 아카데미는 새로움을 배우는 곳이기도 하고 자신의 가치를 깨닫는 곳이기도 하다. 자신의 경험과 숨겨진 가치를 찾아 자신에게는 물론 세상에도 선한 성공으로의 길로 인도한다. 이것이 제대로 된 공부법이 될 것이다.

진정한 공부는 자신을 찾아가는 여정이다. 그리고 원하는 것을 찾았다면 실천하는 힘을 갖도록 하는 것도 진정한 공부다. 그 속에서 필요하면 영어, 수학, 각종 자격증에 대한 공부를 하면 된다. 마음이 향해 있는 것을 공부하기에 모든 것이 새롭고 열정적일 수밖에 없다. 그 속에서 저절로 효율성과 집중도가 극대화된다. 사소한 경험과 실패의 순간이 가장 큰 배움의 장이 된다. 나는 이러한 내용을 알려 주고 그것을 필요로 하는 사람들에게 꿈을 찾아 주는 길을 갈 것이다.

05

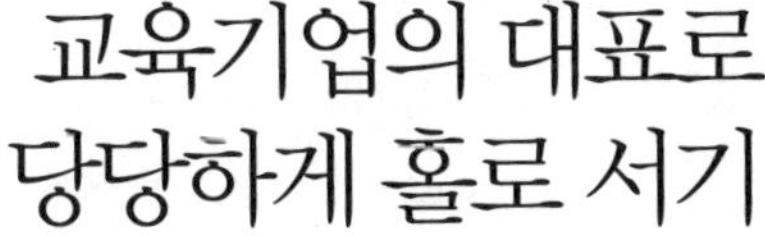

교육기업의 대표로 당당하게 홀로 서기

김지혜

고등학교 수학 교사, 자기계발 작가, 중국어 학습 동기부여가

고등학교에 재직 중인 15년 차 수학 교사다. 다년간 중국 내 한국국제학교에서 근무하며 전국 각지의 다양한 개성을 가진 학생들을 가르쳤다. 수학 교사로서 외국어 공부의 필요성을 강조하며, 학생들이 더 큰 세상에서 꿈을 펼치기를 강조한다. 청소년이 행복한 대한민국을 꿈꾸며, 10대들의 멘토로서 끊임없는 자기계발로 자기혁신을 실현하는 삶을 살고 있다. 저서로는 《부모님에게 꼭 해드리고 싶은 39가지》, 《보물지도7》이 있으며, 현재 10대들의 꿈을 응원하는 개인저서를 준비 중이다.

E-mail ktwisdom_dodream@naver.com **Blog** http://blog.naver.com/ktwisdom_dodream

나는 공립 고등학교 수학 교사다. 십수 년 동안 학교에서 근무하며 정년이 보장된 나의 직업에 의문을 제기한 적이 없었다. 하지만 나는 항상 2% 부족한 삶에 갈증을 느꼈다. 그래서인지 매번 새로운 삶을 기대하며 변화를 위한 노력을 게을리하지 않았다. 학교에서도 매년 다른 삶을 살았다. 중·고등학교에 걸쳐 모든 학년의 담임을 맡았고 전 교육과정의 내용을 가르쳤다. 이미 1만 시간의 법칙을 넘어서서 어떤 학년, 어떤 내용이든 상관없이 가르칠 수 있는 능력이 생겼다. 나에게는 주어진 환경에서 뭐든지 하다 보면 내가 원하던 길이 있을 것이라는 막연한 기대가 있었다.

교사라고 하면 모두 '안정적'이라는 데 입을 모으고 걱정이 없겠다, 편하겠다고 생각하지만 나는 지금까지 걱정 없이 편안하게 지낸 날이 없다. 누가 시켜서 한 것도 아니지만 여행, 외국어 공부 등 넘치도록 자기계발을 한 것은 채워지지 않은 어떤 것 때문이었다.

두 달 전, 1인 기업가인 임원화 대표의 〈책꿈디자인〉 수업에 참여했다. 《하루 10분 독서의 힘》과 《스물아홉, 직장 밖으로 행군하다》의 저자인 그녀는 중환자실 간호사에서 지금은 임마이티 컴퍼니의 대표이자 강연가, 컨설턴트 등 다양한 행보를 보이며 자신이 원하던 삶을 살고 있다.

〈책꿈디자인〉 수업에서의 경험은 나에게 특별했다. 평소 '나는 꿈이 있다'라고 말하고 다녔지만 막상 종이에 내가 진정 바라던 꿈을 적으려고 하니 의외로 진도가 나가지 않았다. 일주일 동안 나의 꿈과 하고 싶은 일 30가지를 채워 나갔다. 시간이 갈수록 신기하게도 예전에 한 번이라도 생각해 봤던 꿈들이 하나씩 떠올랐다. '20년 전의 나였다면 꿈 목록에 수학 선생님이라고 썼겠지'라는 생각과 함께.

학창시절을 되돌아보니 꿈 목록이라고 정하진 않았지만 다이어리에 '수학 선생님이 되고 싶다'라고 끼적거렸던 기억이 난다. 그렇게 일주일 동안 채워 나가 나의 꿈 목록이 완성되었다. 베스트셀러 작가, 꿈맥 파워블로거, 꿈맥 아카데미 설립, 중국·홍콩·미국 진출, 유명인과 꿈친구 되기 등 엄청난 꿈들로 가득 채워졌다. 보기만 해도 배가 불렀다. '종이에 적는 순간 이루어진다는데 나는 왜 이런 꿈을 가지고 있지?', '어떻게 하면 꿈을 실현하는 삶을 살 수 있을까?'라고 생각하기 시작했다.

교직에 있으면서 임용고시에 합격하지 않았으면 지금 나는 어떤 삶을 살고 있을지 종종 생각해 왔다. 20대 초반, 나에게는 오로지 수학 교사로서의 삶을 살겠다는 생각밖에 없었기 때문에 자유가 주어진 대학생 때도 주로 학교와 도서관을 맴돌 뿐이었다. 주위에는 5~6년 이상 임용고시에 매달려 합격한 사람들도 많았기에 교단에 선 내 삶에 감사하며 주어진 삶에 충실하고자 애썼다. 학교 밖의 '나'는 상상조차 할 수 없었다. 학교 안에서 누구보다 잘하고 싶었고 뭐든지 했던 것 같다. 중국의 한국학교에서 학생들을 가르치면서 수학 교사로서 시야도 넓힐 수 있었고 고3 담임을 여러 해 맡으며 몸은 고되지만 교사로서 진한 보람을 느끼기도 했다. 많은 교사들이 가고 싶어 하는 대학원에서 2년 동안 공부만 할 수 있는 특권도 누렸다.

나는 주위 사람들로부터 열심히 산다는 말을 자주 듣는다. 학교에서도 마찬가지로 열심히 하는 교사였지만 시간이 지날수록 내가 왜 열심히 하는지 의문이 들었다. 교사로서 열심히 가르치는 것은 당연하지만 지금까지와는 성격이 다른 고민이 시작되었다.

지금의 내 모습이 완성되기까지 수많은 터닝 포인트의 순간이 있었다. 내가 새로운 시도를 할 때마다 동료 교사들은 “선생님 인생에 중요한 터닝 포인트가 될 거 같네요.”라는 말을 해 주었다. 매 순간 내 삶을 놓치고 싶지 않았기에 자주 변화를 시도하는 내가 동료 교사들에게는 대단해 보일 수도, 이상해 보일 수도 있겠다는 생각이 들었다.

고등학교 수학 교사로 살면서 학교 밖의 사람들에게서는 지금 이대로 있어도 안정적으로 잘 살 수 있다는 기대와 평가를 받았다. 그런데 나는 왜 이렇게 더 잘 살고 싶고, 하고 싶은 게 많은 걸까. 요즘은 교직 경험을 바탕으로 10대의 꿈을 응원하는 개인저서를 집필 중이다. 10대를 위한 책이지만 책을 쓰며 나는 나에게 끊임없이 질문을 던지고 있었다.

“나는 진정 꿈을 위한 삶을 살고 있나?”
“나도 모르는 사이에 현실에 안주하고 있지는 않나?”

나는 작년까지 중국 옌타이(Yantai)의 연대한국학교에서 3년간 근무했다. 이전에도 중국 내 한국학교에서 1년간 근무한 경험이 있었기 때문에 연대한국학교에서 근무가 결정되었을 때도 큰 걱정은 하지 않았다. 같은 중국이고 한국학교니까 어떤 학생들이 어떻게 공부하고 있을지 눈에 선했다. 하지만 막상 옌타이에서의 학교생활은 생각했던 것과 많이 달랐다. 산둥성이라는 지역적 특성상 소도시지만 오래전부터 정착해서 살고 있는 한국인이 많았다. 그리고 중국인과 구별이 안 될 정도의 중국어 실력을 갖춘 학생들도 만날 수 있었다. 또한 오랜 중국생활로 정체성에 혼란을 겪고 있거나 진로에 대한 막연한 고민으로 애매한 삶을 살고 있는 학생들을 통해 그들을 이해하는 기회를 가지게 되었다.

3년이라는 시간이 눈 깜짝할 사이에 지나갔다. 이렇게 나도 평생 중국에서 살 수 있을 것만 같았다. 중국이라고 하면 공기가 안 좋고 위험하다고 생각하는 사람들이 여전히 많겠지만 옌타이는 정말 사람이 살기 좋은 편안한 곳이었다. 수많은 고민 끝에 한국에 일단 가자고 결정했고 복직해서 이전의 학교에서 다시 근무하고 있다.

중국에서 근무할 때 나는 동료 교사들로부터 '공부가 취미인 선생님'으로 불렸다. 매일 퇴근 이후 집 근처 카페에서 중국어 공부를 했다. '옌타이 따쉐(연대대학교)' 수학과 대학원생인 '쑨시아요(손효)'와 함께 중국로컬 중·고등학교에서 사용하고 있는 수학교과서로 중국어를 익히기도 했다. 중국로컬학교에서 한국학교로 전학 온 학생 중에 유난히 수학을 잘하던 학생들이 눈에 띄었다. 나중에 알고 보니 그 학생들은 중국학교에서도 학업 성취도가 높았다. 그래서 중국교과서 수학 내용이 너무 궁금했었다. 그렇게 꾸준히 공부한 덕인지 한국에 복귀하기 직전 나는 신HSK 6급에 합격할 수 있었다. 사실 나에겐 중국어 급수 자체가 큰 의미가 없지만 '중국의 교육과 문화를 제대로 알고 중국을 공부하고 싶다'라는 목표를 가지게 된 계기가 되었다.

1년이 지난 지금, 나는 다시 중국에 가기로 결심했다. 분명히 주변인들은 "또 중국에 가? 그냥 여기서 편하게 살아라."라고 하겠지만 나는 예전과는 다른 꿈을 꾸고 있다. 중국어 실력을 쌓겠다는 목표뿐만 아니라 다양한 방면에서 급성장하고 있는 중국에서 우리가 꼭 배워야 할 것과 놓치고 있는 것들을 생생하게 배우고 싶다. 그리고 수학 교사로서 인사말부터 시작한 나의 중국어 학습법에 대한 개인저서를 출간해 외국어공부를 힘들어하는 사람들에게 용기를 주고 싶다. 또한 중국을 무대로 꿈을 펼치고 싶은 10대들을 위한 책을 써서 꿈 멘토로서의 역할을 하고 싶다.

임마이티 컴퍼니의 임원화 대표처럼 주어진 삶을 백팔십도로 바꾸기 위해서는 엄청난 노력과 끊임없는 자기혁신이 필요하다. 다시 한국에 돌아왔을 때 나는 교육기업의 대표로서 떳떳하게 사람들 앞에 서고 싶다. 그래서 지금부터는 나를 철저하게 믿기로 했다. 일어나는 모든 일의 흐름에 나를 맡기고 내가 바라는 삶을 살고자 한다.

"여러분, 제가 불과 몇 년 전에는 고등학교에서 수학을 가르치던 교사였다는 것이 믿기시나요? 모두가 안정된 직업이라고 말하는 공립학교 교사였지만 저는 저를 내버려 두지 않았죠. 병이 날 만큼 열심히 살았어요. 저도 제가 베스트셀러 작가, 강연가, 1인 기업가로서 사람들 앞에서 제 이야기를 하게 될 줄은 몰랐어요. 저를 통해서 여러분도 자신을 재발견하고 더 행복한 삶을 사셨으면 좋겠습니다."

06

저서 출간하고 방송 출연하기

이지니

前 방송작가 및 중국어 번역가, 現 자기계발 작가, 동기부여가, 청년 멘토

대학 졸업 후 지금까지 30가지가 넘는 일을 경험했다. 실패라 불리는 수많은 실수를 통해 삶의 지혜를 배웠다. 현재 자기계발 작가로서 '글 쓰는 방송인'을 꿈꾸고 있다. 저서로는 《간체자랑 번체자랑 중국어 명언집》, 《30분 만에 배우는 웨이보 사용법》, 《영화 속 심쿵 중국어》(e-book)가 있으며, 글쓰기에 대한 개인저서가 출간될 예정이다.

E-mail jinny0201@naver.com **Blog** http://jinny0201.blog.me

Instagram jinny0201

"텔레비전에 내가 나왔으면 정말 좋겠네, 정말 좋겠네."

어릴 때부터 입술이 마르도록 부르던 노래다. 가수 이미자의 노래를 감정까지 고스란히 담아 부르는 엄마와 배꼽을 가출시킬 정도로 개그맨의 피가 흐르는 아빠의 유전자를 닮았으니 그럴 만도 하다. 부모님은 내가 연예인, 그중에서도 개그우먼이 되길 바라셨다. 하지만 안타깝게도 내 안에서 꿈틀거리는 끼는 오직 가족들과 한두 명의 가장 친한 친구 외에는 표출되지 않았다. 이들 앞에서는 입에 바퀴를 단 듯 자유자재로 끼를 뿜어냈지만 머릿수가 조금이라도 많아지면 죽도 못 얻어먹은 사람처럼 입도 뻥끗하지 못했다.

다수가 알아주지 않으면 어떠랴? 한시도 가만히 있지 못하는 나는 쉬는 시간이 되면 소수의 친한 친구들을 데리고 옥상으로 올라갔다. 당시 유행했던 광고나 인기 연예인의 성대모사를 하며 '이지니 쇼'를 열었다. 박장대소하는 친구들의 모습을 볼 때면 이 세상을 다 가진 기분, 그 이상이었다.

한 학년이 끝나고 반 친구들과 헤어지면서 '롤링 페이퍼'를 쓸 때면 내 종이에는 아래와 같은 말들이 단골손님으로 등장했다.

"지니야, 넌 정말 재밌어! 꼭 개그우먼이 되어야 해!"

"너처럼 웃기는 아이는 처음이야."

"너의 개그를 모두가 알아야 할 텐데… 나만 알고 있는 게 아쉬워."

"많은 사람들이 네가 전하는 웃음을 맛봤으면 좋겠어."

나 역시도 방송인이 되고 싶었다. 하지만 방송인이 되려면 개그든, 노래든, 연기든 해야 할 텐데 도무지 용기가 나질 않았다. 그래서 결정한 것이 바로 '방송 작가'였다. 방송 작가라면 내가 좋아하는 방송국에서 근무하면서 좋아하는 연예인들도 실컷 볼 수 있으니 일석이조 아닌가!

중학교 2학년 때부터 꿈꿔 온 방송 작가는 결국 대학을 졸업한 뒤인 2004년 겨울에 이룰 수 있었다. 처음 막내 작가로 일하게 된 프로그램은 m.net의 〈뻔뻔 개그쇼〉였다. 방송 작가는 메인 작가, 서브 작가, 막내 작가로 나뉘는데 당시 내가 맡은 프로그램의 메인은 신OO 작가였다. 신 작가는 MBC 〈일요일 일요일 밤에(1988)〉, KBS 〈코미디 일번지(1995)〉 등의 대본을 집필한 당대 최고의 개그 작가였다. 물론 지금도 대단하신 분이다.

그러던 어느 날 작가님이 내게 "넌 방송 작가보다 개그우먼이 더 어울릴 것 같아."라며 KBS 20기 공채 개그맨 시험에 응할 것을 권유했다. 말도 안 된다고 생각했지만 어느새 난 지원서를 작성하고 2차 시험을 준비하고 있었다. 가족에게 이야기하면 괜히 기대만 높일 것 같아 엄마한테만 귀띔하고 몰래 방에서 연습했다. 그사이에 1차 서류는 가볍게 통과되었고 2차 시험일이 발표되었다. 몇 년씩 준비해도 붙기 어렵다는 개그맨 시험을 고작 2~3주 동안 준비하는 내가 한심해 보였지만 그래도 잘하고 싶었다. '소수를 위한 개그'만을 고집하다 큰 무대를 향한 첫걸음을 내딛으려 하니 심장이 마치 드럼을 치듯 요동쳤다.

"다음은 725번, 이지니 씨입니다."

2차 시험 당일, 개그맨 유세윤 씨의 경쾌한 소개를 받으며 나는 수십 명의 면접관 앞에 섰다. 눈을 떠도 세상이 노랗게 보인다는 말을 실감하는 순간이었다. 준비해 간 대사를 잘했을 리 만무하다. 엎친 데 덮친 격으로 반응마저 한겨울의 영하 날씨를 능가했다. '아, 이럴 줄 알았어.' 불합격은 이미 예정된 듯했고, 이왕 이렇게 된 거 막춤이나 추고 나오는 게 낫지 싶어 마이클 잭슨, 서태지, 관광버스 춤 등 춤이란 춤은 모두 모아 퍼레이드를 선보였다. 즉, 제대로 망가진 것이다. 대본에도 없던 막춤 퍼레이드에 면접관의 대다수가 하얀 이를 드러내며 웃었지만 결과는 탈락이었다.

당연한 결과였다. 엄마는 붙을 때까지 재도전하라고 하셨지만 그럴 만큼의 '갈급함'이 없었기에 그 뒤로 더 이상 개그맨 시험을 보지 않았다. 지금 생각해 보면 당시 내게는 '용기', '갈급함', '간절함'이 없었다. 그냥 하라는 대로 했고 아니면 아닌가 보다, 했다.

아이러니하게도 여전히 내 마음속에는 방송 출연의 꿈이 있다. 녹화장 안에서 방청객들과 호흡하고 싶은 마음이다. 지금이라도 방송국 섭외가 들어오면 두 손, 두 발 걷고 나갈 기세다. 나의 이 간절한 마음을 하나님도 아셨는지 곧 기회가 올 듯하다.

요즘 나는 내 가슴이 시키는 일을 하고 있다. 내 이름이 적힌 책을 내는 것이다. 내가 쓴 책이 출간되면 자연스레 강연이나 라디오 또는 방송 출연 요청이 올 것이라 예상한다. 어릴 적 부르던 〈텔레비전에 내가 나왔으면〉이라는 노래 제목처럼 현실로 다가올

날이 머지않았다. 곧 집필할 첫 번째 개인저서가 완성되면 강연이 나 인터뷰를 준비할 것이다.

"각각 은사를 받은 대로 하나님의 여러 가지 은혜를 맡은 선한 청지기같이 서로 봉사하라."

내가 좋아하는 성경 구절이다. 하나님은 우리 각자에게 특별한 선물을 주셨다. 이 선물을 사용하지 않는 것도 죄라 했으니, 내가 쓴 책을 통로로 삼아 꿈과 희망을 잃은 청년들에게 희망을 전하고 싶다. 어떻게? 나만의 개인기를 섞어 재미와 감동을 넘어 교훈까지 전하는 작가 겸 방송인으로!

07

장애인들의 아버지가 되어 주기

'김태진 새벽경영연구소' 대표, 직장인 자기계발 전문가, 새벽독서 전문가, 직장인 글쓰기 코치, 경제교육 교사(특수교사), 자기계발 작가

'장애인들의 아버지'가 되는 것을 비전으로 삼고 있으며, 현재 10년 넘게 장애인들을 교육하는 일과 봉사활동을 꾸준히 이어 가고 있다. 뿐만 아니라, 새벽경영연구소 대표로서 직장인들이 새벽시간을 활용해 꿈을 이룰 수 있도록 돕고 있다. 새벽시간을 활용하는 비법과 새벽을 이용한 독서습관에 관한 개인저서를 출간할 예정이다.

E-mail taejing1@hanmail.net Blog http://blog.naver.com/sksmstmdflgkflfk

Cafe http://cafe.naver.com/bhh6695

"엄마, 저 사람은 왜 저렇게 생겼어?"

"쉿! 그런 말 하는 거 아니야. 모른 척하고 가만히 있어."

우리는 장애를 가진 이들을 종종 만나게 된다. 출퇴근길 지하철 안에서, 또는 대형마트에서, 또는 우연히 길을 걷다가. 만나는 장애인들은 다양한데 장애인을 대하는 사람들의 모습은 한결같다. 마치 가까이하면 해라도 당할 듯 우선 멀리하고 본다. 위 엄마와 자녀의 대화에서처럼 대한민국 국민들은 장애에 대한 선입견이 유독 심한 편이다. 나 역시도 내가 자라 온 조금은 특별한 환경이 아니었다면 이들과 다를 것 없이 선입견을 갖고 장애인들을 바라봤을 것이다.

나에게는 다운증후군을 가진 막내 고모가 있다. 어렸을 때부터 쭉 함께 살았는데 비록 장애가 있기는 하지만 형과 내가 갓난아기였을 때 업어서 키워 줄 만큼 사랑이 많고, 남 돕는 것을 좋아하는 고모였다. 지능지수가 4세 정도밖에 안 되는 막내 고모와 나는 장난도 치며 참으로 가까웠던 기억이 난다. 그런데 어느 정도 생각할 나이가 되자 장애가 있는 고모랑 함께 한집에 사는 것이 너무나 부끄럽고 창피하게 느껴졌다. 그래서 친구들을 단 한 번도 집에 초대한 기억이 없다. 친구들을 초대해 집에서 노는 것은 어린 시절의 소소한 즐거움인데 그러한 추억 없이 나는 밖에서만 아이들과 어울리곤 했다. 뿐만 아니라 어린 나이에 고모를 돕다 보니 나도 모르게 조숙한 아이로 성장하고 있었다.

그러나 지금에 와서 되돌아보면 장애를 가진 고모와 함께 생활하며 장애인들에 대한 이해와 약자를 위하는 마음을 배울 수 있게 되었고 그러한 것들이 내게 스펙이 되었다. 그래서 나는 단 한 번도 진로에 대해 고민하거나 걱정해 본 일이 없다. 오로지 장애인들과 약자들을 위해 살아가야겠다는 작지만 위대한 꿈을 꾸게 되었다.

그 후로도 나는 내가 굳이 이러한 상황을 만들려 하지 않아도 장애인들과 함께하는 환경에 놓이게 되었다. 현재 교회에서 운영하는 방과 후 주중사랑학교에서 주 2회 장애인들의 달란트 개발과 사회적응을 위한 수업을 진행하고 있으며, 주말에는 장애인부서인 사랑부에서 교사로서 장애인들을 섬기고 있다. 또한 장애인과 비장애인의 통합에 관련된 교재와 장애인 교육에 관한 교재를 전문가들과 공동 제작했다. 그리고 사이버대학에서 학점은행제로 특수교육을 전공해 현재 재활원에서 경제교육 교사로 근무하고 있다. 틈틈이 장애인들의 인식 개선을 위한 책도 쓰고 있다.

세상에는 밥벌이 때문에 일하는 사람들이 많은데, 나는 내가 가장 잘할 수 있는 일, 내가 좋아하는 일을 하며 산다는 것만으로도 참으로 복되고 감사한 일이라 생각한다. 이렇게 좋아하는 일을 하다 보니 장애 학생들도 진심으로 나를 따르고 좋아해 준다. 함께 일하는 다른 직원분들이 이런 말씀을 해 주신 적이 있다. "김태진 선생님은 장애를 가진 우리 아이들에게 연예인을 넘어 신(god)급입니다."라고. 물론 농담으로 하신 말씀인 줄은 알지만 그만큼 학생들이 나를 특별하게 생각하고 있다는 것을 많은 이들이 느끼고 있다는 생각에 괜히 어깨가 으쓱해졌다. 뿐만 아니라 학부모들에게까지 주제넘은 큰 사랑을 받고 있어 참으로 감사하게 생각한다.

어느 날, 한 어머님과 상담을 하게 되었는데 마음속 깊은 고민을 내게 이야기해 주셨다. 영화 〈마라톤〉에 나온 장면과 정확하게 오버랩되는 내용이었다.

“선생님, 제 소원은 제가 아들보다 하루 더 사는 거예요. 이 아이를 책임질 사람이 아무도 없거든요. 그런데 혹시나 제가 먼저 하늘나라에 가 버리면 이 애는 누가 봐 줄지 벌써부터 걱정이 됩니다.”

그 한마디가 나에게는 굉장히 충격적으로 다가왔다. 물론 영화를 보며 그러한 환경을 고민해 보지 않은 것은 아니지만, 이렇게 어머니를 통해 직접 이야기를 들으니 다가오는 무게감이 달랐다. 나는 그때 결심했다. 장애인들을 교육하는 것도 중요하지만 현실적인 답을 찾아 도움을 주기로. 그래서 생각한 것이 장애인들의 일자리를 많이 만들어 부모님들의 사후에도 장애인들이 계속해서 삶다운 삶을 이어 갈 수 있도록 해 주자는 것이었다.

그러던 차에 우연히 미디어를 통해 ‘베어베터’라는 회사를 알게 되었다. 이 기업은 발달장애인들을 고용해 쉽게 일할 수 있도록 직무를 재구성하고 세밀하면서도 단순하게 작업할 수 있도록 돕고 있었다. 직원의 80% 이상이 발달장애인으로 구성되어 있으며 일반기업과 손잡고 장애인의 자립을 돕고 있었다. 이러한 회사가 있다는 이야기를 듣고 얼마나 가슴이 떨렸는지 모른다. 장애인이 주인공인 기업! 내가 만들고 싶어 하던 그러한 기업이 아닌가!

이 사회적 기업이 너무나도 궁금해 홈페이지에 들어가 보기도 하고, 관련된 기사와 동영상들을 모두 찾아보았다. 그것도 부족해 퇴근한 뒤 바로 달려가 그들이 일하는 모습을 직접 눈으로 시각화하며 나는 큰 꿈을 꾸게 되었다. 장애인들이 행복하게 일할 수 있는 사회적 기업을 10곳 이상 만드는 작지만 위대한 꿈 말이다. 물론 지금은 방법도 모르고 어디서부터 시작해야 하는지도 잘 모른다. 하지만 뜻이 있는 곳에 길이 있다고, 계속해서 꿈을 꾸고, 글로 적고, 입으로 선포하고, 간절히 바라면 이루어지리라 믿는다.

뿐만 아니라 나는 국내에 국한하지 않고 해외로 진출해 아프리카와 같은 빈민국에서도 이러한 기업들을 통해 장애인들이 삶다운 삶을 누리며, 행복한 사회생활을 할 수 있도록 도울 것이다. 그리고 직원에서 만족하지 않고 장애인이 사장이 되는 살짝은 또라이 같은 큰 꿈도 꾸고 있다.

나는 생각한다. 아무리 이 세상이 어둡고 혼란하다 해도 아직은 살 만한 세상이라고. 누군가 나에게 이러한 질문을 한 적이 있다.

"하나님은 왜 이 세상에 장애인들을 보내 주셨을까요?"

내가 하나님이 아니기에 그 깊은 뜻은 알지 못하지만 내 나름대로의 생각을 말해 주었다.

"장애가 없는 사람들이 장애인들을 도우라고 보내 주신 거야."

장애인이 세상에 많이 있으면 있을수록 해가 되는 것이 아니냐는 말들을 하지만, 나는 장애인이 이 세상에 있음으로써 사람들의 마음이 더 선하게 변화된다고 믿는다. 아무리 악한 사람이라 해도 장애인을 돕는 척이라도 하게 된다면, 그 사람은 점점 선한 사람이 되어 갈 것이 분명하다. 마치 '큰 바위 얼굴'의 이야기처럼 말이다.

08

쐐기벌레와 어미 닭 같은 삶 살아가기

의식조각가, 동기부여가, 1인 창업 컨설턴트, 자기계발 작가

뻔한 일상 속에서 성공 요소를 찾아 주는 '뻔한 이야기' 등 다양한 칼럼을 블로그에 기재해 사람들과 공감하며 '나다움'을 찾아 주는 작가이자 의식조각자다. 동기부여 전문가이자 1인 창업 컨설턴트로서 다양한 활동을 펼치고 있다. Great하게 생각하고, Great하게 말하며, Great하게 행동하는 'G.G.G Academy' 설립을 위해 '대한민국 나폴레온 힐'이라는 닉네임으로 활동하고 있다. 저서로는 《부모님에게 꼭 해드리고 싶은 39가지》가 있으며, 현재 자기계발에 관련된 개인저서를 준비 중이다.

E-mail blackmoon426@naver.com **Blog** www.gggacademy.co.kr

C · P 010-9482-3497

세계적인 영향력을 가지고 있으며 토크쇼의 귀재로 억만장자가 된 세계 최초의 흑인 여성이라고 하면 '오프라 윈프리'를 떠올릴 것이다. 하지만 그녀의 화려한 모습 뒤에는 말로는 표현할 수 없는 어린 시절의 아픔들이 있었다.

가난한 흑인 마을에서 미혼모의 딸로 태어난 그녀는 어렸을 때 친척들에게 성적 학대를 당하며 자랐다. 그것을 견디다 못한 그녀는 밖으로 나돌며 반항아가 되었고 그 과정에서 임신을 하게 된다. 그런 그녀를 감당할 수 없었던 그녀의 어머니는 이혼한 남편에게로 그녀를 보낸다. 오프라의 아버지는 재혼한 상황이었지만 오프라가 아이를 낳을 수 있게 도와준다. 하지만 낳은 아이는 결국 2주 만에 죽게 되고 충격을 받은 그녀는 자신의 기구한 운명을 원망하며 자살을 시도한다. 하지만 자살에 실패하고 그 뒤에는 마약에 의존하며 현실을 잊으려고 했다. 이런 구렁텅이 같은 삶 속에서 그녀를 구해 준 것은 무엇일까? 어느 날 그녀의 아버지 버논은 그녀에게 다음과 같이 물었다고 한다.

"세상에는 세 종류의 사람이 있다. 첫 번째 사람들은 일을 일으킨다. 두 번째 사람들은 남이 일을 일으키는 것을 바라본다. 세 번째 사람들은 무슨 일이 일어나는지조차 모른다. 너는 어떤 사람이 되겠니?"

이 질문에 그녀가 어떻게 대답했을지 당신도 짐작할 수 있을 것이다. 우연한 기회에 이 글을 읽게 되었을 때, 나는 조용히 눈을 감고 생각에 잠겼다. '지금의 나는 일을 일으키는 사람인가? 아니면 그저 다른 사람이 일을 일으키는 것을 바라보고만 있는가? 그것도 아니라면 일이 일어나는지도 모르는 사람인가?' 점점 더 생각이 깊어질수록 나는 일을 일으키는 사람이 아니라 일에 끌려다니는 사람이라는 것을 알게 되었다. 하루하루 주어지는 일들을 숨 가쁘게 처리하고, 그 과정에서 아무런 성취감도 없이 그저 삶이 흘러가는 대로 흘러가고, 누군가가 걸어간 길을 걸어가는 삶을 살아가고 있었다. 꼭 쐐기벌레처럼 말이다.

인재양성소 'IN·Q'의 윤소정 대표는 그녀의 저서《인문학 습관》에 쐐기벌레라는 흥미로운 곤충 이야기를 담았다.

"세계적 곤충학자 장 앙리 파브르는 인간을 가장 많이 닮은 곤충으로 쐐기벌레를 꼽았습니다. 쐐기벌레는 앞에 가는 벌레의 자국을 보고 졸졸 따라가는 습성이 있습니다. 이에 흥미를 느낀 파브르는 재미있는 실험을 합니다. 쐐기벌레를 원형의 대형으로 줄을 세우고 서로의 엉덩이를 졸졸 따라가게 만들었죠. 그러고 나서 아주 맛있는 먹이를 대형 밖에 설치했습니다. 상식적으로 생각하면 한 마리라도 대형을 이탈하고 먹이에 달려들어야 하겠죠? 그러나 결과는 참혹했습니다. 쐐기벌레는 무려 6일 동안 먹지도, 자지도 않은 채 앞에 가는 벌레의 꽁무니만 졸졸 따라갔던 것입니다. 그러다 대다수가 죽어버렸습니다. 만약 이 중에 단 한 마리라도 용기 있게 대형을 깨고 이탈했다면 모두 살 수 있었을 테죠. 그러나 쐐기벌레는 끝까지 앞 주자의 길만 따라갔습니다. 과거의 저처럼 말입니다."

앞서 걸어간 벌레의 꽁무니만 따라가는 쐐기벌레의 모습이 남들이 걸어간 길을 그대로 걸어가며 그것에 대해 아무런 의문도 가지지 않았던 나의 모습 같았다. 남들이 대학교를 가니까 대학교에 가고, 취업하기 위해 자격증을 공부하니까 자격증을 공부하고, 영어를 공부하니까 영어공부를 했던 과거의 나는 다른 이의 뒤꽁무니만 졸졸 따라가는 쐐기벌레의 삶을 살고 있었다. 그때는 이유도, 목적도 없이 그저 남들이 하니까 당연히 해야 한다고만 생각했었다.

그 대열에서 이탈해 '나답게 사는 인생'을 만들어 가고 있는 지금의 나는 쐐기벌레로 살아온 삶에 대해 오히려 감사한 마음을 가지고 있다. 다른 사람이 걸어갔던 길을 그저 생각도 없이 걸어간 과거의 내가 있기에 나만의 삶을 만들어 가고 있는 이 순간이 너무나도 행복하다는 것을 안다. 하지만 안타깝게도 아직도 많은 사람들이 직장이라는 대열에서 벗어나는 것을 두려워한다. 두려움과 불안함 때문에 그저 다른 사람이 걸어간 길을 생각 없이 걸어가고 있다. 그 길에서 언제 팽 당할지도 모른 채 말이다.

물론 그 대열에서 이탈한다는 것은 기존의 세계를 깨부수는 것이기에 두려운 마음이 생기는 것은 당연하다. 하지만 새로운 세계를 만나기 위해서는 반드시 기존의 낡아 빠진 세계를 깨뜨려야만 한다. 낡아 빠진 세계를 깨뜨리고 나오는 순간, 당신이 상상도 할 수 없었던 세상이 눈앞에 펼쳐질 것이다.

'줄탁동시(啐啄同時)'라는 말이 있다. 알 속의 병아리가 세상 밖으로 나오기 위해 알을 쪼는 것을 줄(啐)이라 하고, 밖에서 기다리던 어미 닭이 그 소리에 화답해 알을 쪼는 것을 탁(啄)이라고 한다. 줄과 탁이 동시에 일어나야만 병아리가 온전한 생명체가 되어 나온다는 세상의 가르침이다. 알 속의 병아리가 연약한 부리로 단단한 알을 깨고 나오는 것은 여간 쉬운 일이 아니지만, 그 소리를 듣고 어미 닭이 밖에서 같은 곳을 쪼아 깨뜨려 준다면 알 속에서 사투를 벌이던 병아리도 세상 밖으로 나올 수 있다.

이처럼 나는 자신을 둘러싸고 있는 알을 깨고 새로운 세상으로 나오려고 분투하는 병아리들에게 어미 닭이 되어 줄 것이다. 나에게는 그 알을 깨고 나와 새로운 삶을 살아간 경험과 그 과정에서 얻은 지식이 있다. 그것을 바탕으로 다른 사람의 가슴을 뜨겁게 하고, 새로운 세계로 안내하며, 낡은 세계를 부수는 것을 도와주는 1인 기업가로서 살아갈 것이다.

이런 나에게 몇몇 사람들은 '괴짜다', '미쳤다', '자신이 뭐 대단한 줄 아나 봐'라고 말하지만 그 길을 향해 걸어가고 있는 이 순간이 너무나도 행복하다. 명성, 지위, 부와 같은 세속적인 기준으로만 본다면 지금의 내 모습은 성공한 사람과는 거리가 멀다. 하지만 나에게 그런 것은 크게 중요하지 않다. 누가 뭐라고 해도 난 내 길을 걸어가고 있으며, 그 길에서 얻어지는 경험과 지식으로 다른 사람들을 돕는 행복한 인생을 살아갈 것이기 때문이다.

걸어갈 길이 빤히 보이는 정해진 삶이 아니라 원하는 것을 마음껏 그려 나가는 삶, 누군가의 뒤꽁무니만 따라가는 삶이 아니라 나의 길을 스스로 만들어 가는 삶, 나의 경험과 지식으로 다른 사람의 가슴을 뜨겁게 하고 인생을 변화시킬 수 있는 삶, 그들의 인생을 도움으로써 스스로 충분히 만족스러운 삶을 살았다고 말할 수 있는 삶. 이런 삶을 위해 난 오프라의 아버지인 버논의 말처럼 누군가의 가슴을 뜨겁게 하고, 대열에서 이탈한 쐐기벌레가 되어 누군가를 새로운 세계로 안내하며, 그 세계로 나오려고 분투하는 병아리의 부름에 화답하는 어미 닭이 되어 줄 것이다. 나의 이야기가 누군가에겐 한 줄기의 빛이 되어 줄 것이라고 믿는다.

09

희망을 주는 동기부여가 되기

하주연

정신보건 간호사, 희망 멘토, 자기계발 작가, 동기부여가

전업주부로 15년간 지내다 과거의 직업인 간호사로 새롭게 근무한 지 7년 차다. 주부생활이 더 길었지만 직업의 관점에서 새로운 세계의 경험이 더 많다고 거꾸로 생각하는 창의적인 직장인이다. 나를 필요로 하는 곳에 도움이 되고자 하는 소명이 있다. 저서로는《부모님에게 꼭 해드리고 싶은 39가지》가 있으며, 현재 '생활 속 마음'에 관련된 개인저서를 집필 중이다.

E-mail skyvlla@hanmail.net **Blog** http://bolg.naver.com/skyvllar

나는 엄마가 일찍 돌아가셔서 어릴 때부터 외가에서 자랐다. 외할머니께서는 어려움 없이 나를 길러 주셨다. 그러나 엄마의 부재는 나에게는 영원한 상처일 수밖에 없었다. 누구도 해결해 줄 수 없는 일로 사춘기를 힘들게 보냈다.

대학을 다니면서 대인관계가 넓어졌고 보고 느끼는 것들이 많아졌다. 여러 지역에서 온 과 친구들을 통해 새로운 것들을 많이 알게 되면서 덤으로 재미있는 일들도 많아졌다. 덕분에 열심히 놀았다.

간호과를 나온 나는 병원실습을 할 때 환자들에게 인기가 많았다. 나를 좋아해 주는 이유를 나름대로 생각해 봤다. 나는 외할머니, 외할아버지, 이모와 외삼촌 등 대가족의 울타리에서 자라다 보니 여러 세대들을 겪어 어떤 상황에서나 대화에 자연스럽게 참여한다. 이런 모습 때문에 환자들에게 편하게 느껴진 듯하다. 사회생활을 하면서 다시 한 번 외가식구들에게 감사함을 느끼게 된다. 남을 통해 내 모습을 보면서 한계에서 벗어난다. 외가의 도움으로 성숙한 성인으로 성장한 것이다.

대학생활은 고등학교생활에 비하면 신세계였다. 공부할 것들은 많으나 대학생 때 할 수 있는 것들은 가능한 한 다 해 보고 싶었다. 덕분에 1학년 교양학점은 평균 이하였다. 몸치면서 치어리더도 해 봤다. 대학생활을 하며 다양한 친구들을 통해 나만의 개성이 있음을 알게 되었다. 멋을 부릴 줄 알게 되면서 화장의 힘을 이용할 줄도 알았다. 그렇게 청춘을 보냈다. 엄마가 없는 것 외에는 나를 괴롭히는 현실적인 문제는 없었다. 그렇게 철없이 20대를 보냈다.

"자신의 기운을 북돋는 가장 좋은 방법은 다른 사람의 기운을 북돋워 주는 것이다."

마크 트웨인의 말이다. 나는 나의 조언을 듣고 힘을 내는 사람들을 보면 즐겁고 보람을 느낀다. 나의 경험이 도움이 되어 그들이 성장하는 모습에 힘이 나는 것이다. 나도 남에게 도움을 줄 수 있다는 사실이 좋다. 도움을 받고만 살다 보니 받은 사랑을 베풀면서 살고 싶었다.

내 조언을 듣는 사람들을 보면서 나의 기분이 좋아지는 이유를 생각해 봤다. 나는 어린 시절에 부모가 없었으니, 부모로부터 제대로 된 사랑을 못 받고 자랐다는 사실에 애정의 부족을 느끼고 있었다. 외가로부터 동정만 받고 자란 것은 아닌지 되돌아봤다. 그런 까닭으로 성장한 뒤 남의 인정을 받고 싶어 하는 것은 아닌지 의심했다.

한편 다른 각도로도 생각해 봤다. 나는 스스로를 인정하지 않았다. 나와 엄마를 바꾼 것 같다는 생각에 외할머니께 죄책감을 가졌다. 사춘기 어린 나이다 보니 사고의 수준도 낮아 자신을 스스로 돌볼 생각 자체를 못 했을 수도 있다.

결혼 후 이웃의 또래 신혼부부들과 친하게 지냈다. 아이들이 태어나서도 같이 어울리며 아랫집 윗집 가릴 것 없이 낮에도 문을 열어 놓고 지냈다. 세월이 흘러 전직 수학 강사였던 이웃이 대학원 진학과 동시에 학원에 수업을 나가게 되었다. 나는 그녀의 아이와 우리 아이들을 같이 데리고 놀러 다녔다. 그녀에게 도움이 되고 싶었다. 그녀는 나를 부러워했다. 전업주부의 특권을 누리고 싶지만 그녀에게는 자신만의 꿈이 있었다. 나는 꿈이 있는 그녀가 부러웠다. 이후 그녀의 친정어머니가 그녀의 아이를 돌보기로 했다.

그 당시 어울려 놀던 아이들은 현재 스물두 살이 되었다. 아이들의 추억이 곧 나의 추억이다. 이제 사는 곳은 달라졌지만 그녀와는 아직도 만나고 있다. 나는 그녀의 소소한 고민들을 자주 들어 주었다.

6년 전부터 나도 전업주부에서 직장인으로 외부환경이 바뀌었다. 온전히 자발적인 사회생활은 아니었다. 남편의 사업이 잘못된 것이다. 현실적인 문제로 사회에 다시 도전하게 되었다. 전업주부로 15년을 살다 다시 간호사 면허를 사용하게 된 것이다. 다시 시작하는 일인 만큼 내가 하고 싶은 분야에 일자리를 구하고 싶었다.

내가 근무하는 곳은 정신병원이다. 전업주부 경력이 업무에 많은 도움이 되었다. 전업주부 생활 때의 다양한 취미생활들이 임상에 도움이 된 것이다. 다양한 직업의 환자들과 공감대를 형성할 수 있다는 장점이 있다. 환자들의 생활을 관리할 때나 환자 나름대로의 스트레스 상황들에 대처할 때 미혼인 간호사보다는 기혼인 간호사가 엄마의 마음으로 중재를 하니 효과가 더 컸다. 물론 개인 차이는 있다.

어떤 이는 나를 보면 불우하지 않게 잘 자랐을 것 같다고 한다. 표정이 늘 밝다는 것이다. 그런 말을 들을 때마다 외가식구들에게 감사하다.

나는 성장의 경험들을 주변과 나누고 싶다. 성장기의 고민들을 들려주면서 사춘기의 청소년들이 꿈을 잃지 않도록 든든한 배경이 되어 주고 싶다. 나도 이런 환경에서 자랐으니 '당신은 더 잘 살 것이다'라는 암시를 주고 싶다.

결혼생활은 성장환경이 다른 남남이 같은 곳을 바라보는 것이다. 나와는 사소한 것부터 다른 배우자와 살면서 겪는 일시적인 어려움들을 현명하게 해결하며 가정과 자신을 지키는 방법들을 알려 주고 싶다.

내 결혼생활은 평범하지 않았다. 나를 단련시키는 시간이었다. 바깥일이 많았던 남편 덕분에 아들 둘과 생활을 해 나갔다. 성격이 다혈질인 남편으로 인해 결혼생활은 만족스러울 수 없었다. 내가 마음 편하게 있는 시간은 남편의 잔소리가 없을 때였다.

나는 나를 위로하는 방법을 잘 알고 있었다. 바로 독서였다. 틈나는 대로 독서를 했다. 집안일이 서툴고 행동이 느린 나는 남편의 마음에 들지 않았다. 다행히 남편은 바빠 집에 있는 시간이 별로 없었다. 아이들과 나는 도서관에 자주 갔다. 어떤 때는 이달의 다독자로 도서관 명단에 오르기도 했다.

남편은 자신의 사업이 잘될 때는 주부인 나를 무시했다. 꾸미지 않는 외모를 비난하기도 했었다. 사회생활을 하며 화려한 사람들을 자주 만나니 육아에 집중하느라 꾸미지 않는 나를 이해하지 못한 것이다. 남편의 그런 모습은 젊은 시기 성공의 부작용이었다. 남편이 그럴수록 나의 독서량은 증가했다. 아이들이 유치원에 간 시간에는 자기계발을 하며 시간을 보냈다. 그런 습관들이 직장을 다니면서 전문성을 더하는 공부로 발전했다.

현재 남편은 내가 무슨 일을 하든 반대하지 않는다. 과거의 그는 경력단절 뒤 직장을 구하는 나에게 "당신이 벌면 얼마나 번다고?"라며 비난했었다. 능동적이지 못하고 어수룩한 나를 보며 사회생활에 맞지 않는다고 생각한 것이다.

지금은 남편에게서 전처럼 나를 비난하는 모습은 찾아볼 수 없다. 물론 나도 바빠지면서 더더욱 집안일을 하지 않게 되었다. 결과적으로 남편 덕분에 이만큼 성장했다고 볼 수 있다.

혹시 결혼생활에 불만이 있는 분들이라면 자신에게 관심을 가져 보기 바란다. 남을 바꾸기는 어렵다. 자신을 바꾸는 것이 가장 쉽다. 나의 길을 가다 보면 상대도 자연스럽게 나를 인정하게 된다.

나는 이제 나와 관련된 일은 스스로 결정한다. 내 인생이다. 가족도 결국은 나의 주변인일 뿐이다. 나를 책임질 사람은 나 자신이다. 이런 변화된 모습으로 한 단계씩 성장하고 있다. 글도 쓰고 있다. 이제는 도움을 필요로 하는 사람들에게 삶에 대한 노하우를 알려 주고 싶다. 우리는 스스로 변하고 있다. 그런 자신을 믿는 것이 나를 사랑하는 방법이라는 것을 우리는 알고 있다.

10

꿈친구 남편에게 외제차 선물해 주기

공무원, '아이행복연구소' 소장, 자기계발 작가, 동기부여가

엄마 경력 8년 차로, 두 아이를 키우는 워킹맘이다. 아이들의 행복을 위해 열심히 공부하고 있다. 저서로는《미래일기》,《부모님에게 꼭 해드리고 싶은 39가지》가 있다. 좌충우돌 두 아이를 키우면서 배운 것들을 담은 개인저서가 곧 출간될 예정이며, 연이어 두 번째 개인저서를 준비 중이다.

E-mail nohemi@nate.com Blog http://blog.naver.com/gmlakd2678

나는 평소에 책을 읽는 것을 좋아한다. 많이 읽지는 않았지만 책을 사는 것도 좋아해서 읽어야겠다는 생각이 들면 무조건 구입하는 습관이 있다. 둘째 아이를 낳고 휴직 중에는 책 100권을 구입했다. 책의 종류를 가리지 않고 눈에 띄는 책은 무조건 구입했다. 이때 구입한 책을 읽다가 〈한국 책쓰기 성공학 코칭협회(이하 한책협)〉를 알게 되었다.

카페에 가입해 살펴보니 좀 이상해 보였다. 책 쓰기 과정 수강료도 비싸고 다들 무엇인가에 홀린 것처럼 보였다. 나중에 알고 보니 실제로는 꿈에 미친 열정적인 사람들로 꽉 찬 곳이었다. 일반인의 눈으로 보면 또라이나 미친 사람들 그 자체였다. 그래도 나는 책 쓰기라는 꿈이 있었기에 가끔씩 카페에 들어가서 살펴봤다.

1년쯤 지났을 때 〈책 쓰기 과정〉 수강료가 내렸다는 공지사항을 보게 되었다. 나는 지금 아니면 안 된다는 생각이 들어서 바로 특강을 신청했다. 특강을 듣고 나서는 바로 〈책 쓰기 과정〉을 신청했다.

나는 〈책 쓰기 과정〉을 수료한 뒤 원고를 쓰기 시작했다. 초고를 완성하는 것은 무척 어려웠다. 온전히 나만의 시간을 갖고 엉덩이의 힘으로 글을 한 자 한 자 써 나가야 하는 과정이었다. 처음에는 한 글자도 적을 수 없었다. '내가 과연 할 수 있을까'라는 생각에 불안해졌다. '초고를 완성하지 못하면 나는 인생의 실패자다'라는 생각이 자꾸 들었고 시간이 지날수록 불안해졌다. 걱정하고 방황하는 동안 시간은 흘러갔다.

남편은 내가 작가라는 꿈을 이루는 데 가장 큰 응원군이 되어 준 사람이다. 내가 〈책 쓰기 과정〉을 신청했을 때도 아무 반대 없이 담담히 꿈을 응원해 줬다. 남편은 동생에게 부탁해 태블릿 PC를 구해 주고 키보드와 가방까지 사 줬다. 또한 내가 책 쓰기를 하면서 파워포인트를 써야 한다고 하자 노트북과 가방을 선물해 줬다. 내가 집에 없는 사이에 아이들을 돌봐 주고 놀아 주는 등 많은 역할을 했다. 내가 회사일 및 집안일과 육아로 초고를 쓰지 못하고 있을 때도 격려해 줬다. 내가 힘들어하면 "작가님이 빨리 돈 벌어서 나 차 사 줘야지."라는 말을 하곤 했다. 남편은 절대로 "책은 아무나 쓰는 줄 아느냐."라는 말을 하지 않았다. 항상 할 수 있다고, 나를 믿는다고 말해 주었다. 내가 책을 쓰는 것이 불가능하다고 말하는 대신 "그래, 잘할 수 있어."라고 말했다. 그런 남편의 격려 덕분에 나는 조금씩 힘을 낼 수 있었다. 책 쓰는 과정은 힘들었지만 결과가 있어서 지금은 행복하다.

나는 책 쓰기를 하면서 중간에 포기하지 않으면 결국 이루어낼 수 있다는 진리를 깨달았다. 때로는 속도가 엄청 빠른 사람들이 부럽기도 했다. 그러나 속도가 빠르다고 다 좋은 것은 아니다. 처음에는 열정적이다가 중간에 지쳐서 포기하는 사람도 있다. 책 쓰기는 마라톤과 같아서 열정과 에너지의 안배를 잘해야 한다. 처음에 진을 다 빼면 결국 완성하지 못하는 사태가 생기는 것이다. 속도가 느리다고 지치지 말고 어제와 조금이라도 나은 점이 있다면 나 자신을 격려해 줘야 한다. 그리고 자기 자신을 믿고 꾸준히 하다 보면 무엇이든지 이룰 수 있다. 나는 지금껏 공저 2권과 개인저서 1권을 쓰고 현재 네 번째 책을 쓰고 있다.

얼마 전 남편이 "차가 맘에 안 들어 죽겠어."라는 말을 했다. 내가 "차 수리해."라고 했더니 남편은 돈이 아깝다며 "오래된 차를 뭐 하러 수리해."라고 했다. 그러는 사이 딸 소윤이가 내가 시각화하려고 뽑아 놓은 벤츠 사진을 아빠에게 가져다주었다. 지난 주에 남편은 회사 근처에 차를 주차해 놓고 회식이 있어서 차를 가져오지 않았다. 그리고 다음 날 퇴근해서 아파트 주차장에서 차를 살펴보니 범퍼 부분이 망가져 있었다고 했다. 다른 차가 지나가다가 망가뜨리고 연락처도 남겨 놓지 않은 채 도망가 버린 것이다. 차에 블랙박스도 없어서 그 사람을 찾을 수가 없으니 차를 자비로 수리해야 했다. 그러나 남편은 차를 수리하지 않았다. 남편의 차는 기아자동차의 세라토로 구입한 지 11년이나 되었다. 나는 차를 한번 사면 오래 타야 한다고 생각하는 사람이다. 차는 그저 잘 움직이면 된다는 생각을 하고 있었다.

남편은 재작년 갑상선암으로 수술을 하고 보험금을 받았다. 그때 새 차를 사고 싶다고 했었는데 내가 아파트 담보대출금을 먼저 갚는 것이 나을 것 같다는 말을 해서 차를 사지 못했다. 그 뒤로 가끔씩 차를 바꾸고 싶다는 말을 했다. 그런 남편을 위해 지금 당장은 아니더라도 남편의 가슴을 뛰게 하는 고급 승용차를 선물해 주고 싶다.

요즘은 너나 할 것 없이 외제차를 구입하는 시대다. 집은 없어도 외제차를 구입하는 것이 요즘 추세다. 겉모습을 중시하는 세상의 풍조에 심리적으로 위축되어 '왜 나는 이렇게 살아야 하는가'라는 생각을 하게 되었다. 내가 사는 방식이 맞는지 가끔은 헷

갈리기도 한다. 부자가 되려면 부자처럼 생각하고 행동하라는 말이 있다. 부자이기 때문에 고급차를 타는 것이 아니라 고급차를 타고 다니면서 스스로 부자라고 생각할 수 있다. 이런 사고방식으로 행동한 결과 부자가 된 사람들이 많다는 것을 알게 되었다. 고급 승용차는 성공의 아이콘이기 때문이다. 성공한 사람들이 고급 승용차를 타고 다니는 것을 우리는 쉽게 볼 수 있다. 나는 평소에 근검절약해야 돈을 모을 수 있다고 생각했다. 그러나 부자들의 생각은 달랐다. 부자들은 돈을 써야 더 많은 돈이 들어온다고 생각한다. 단순히 멋을 부리기 위해 옷을 잘 입는 것이 아니라는 것이다. 하는 일과 상황에 맞게 옷을 갖춰 입으면 그 사람의 의식이 달라지고 행동이 달라진다는 것이다.

이노우에 히로유키는 《배움을 돈으로 바꾸는 기술》에서 공부에 대해서 이렇게 말한다.

"즐기는 공부는 잠재의식을 일깨워 줍니다. 그 결과 바라던 일이 하나하나 실현되면서 인생이 점차 생각하는 대로, 원하는 대로 흘러가게 됩니다. 이러한 공부의 선순환이 일단 궤도에 오르면 그대로 나아가기만 하면 됩니다."

이 책을 읽고 나는 배움이 단지 배움으로 끝나지 않아야 한다는 것을 알게 되었다. 무언가를 배운다면 반드시 수입이 창출되어야 한다는 것이다. 저자는 치과의사인데 세미나에 참석하기 위해서 미국까지 가는 것도 서슴지 않았다. 자신의 영역을 넓히기 위해서 배울 것이 있다면 외국에라도 나가서 배워야 한다는 신념이 있기 때문일 것이다. 저자는 현재 치과를 운영하면서 연봉 10억 원이라는 목표에 도달했다고 한다.

나는 책도 쓰고 강연도 하고 컨설팅도 하면서 성공자의 모습으로 살아가는 것을 꿈꾼다. 작가. 코치, 강연가, 컨설턴트로 살아가는 삶은 생각만 해도 멋지다. 욕망이 있으면 꿈을 꿀 수 있고 결국 부를 가질 수 있다고 한다. 나는 꿈을 이루기 위해서 열심히 공부하는 삶을 살아갈 것이다. 그리고 그것을 토대로 수입으로 연결되는 기술을 연마할 것이다. 이렇게 벌어들인 돈으로 남편에게 성공의 아이콘이라고 하는 외제차를 선물해 주고 싶다. 나의 욕망을 이용해서 꿈을 실현하는 사람이 되어 부를 이룰 것이다.

11

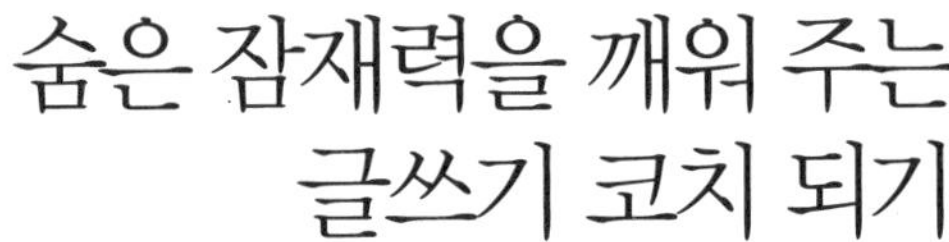

숨은 잠재력을 깨워 주는 글쓰기 코치 되기

글쓰기 코치, 자기계발 작가, 강연가, 동기부여가, 의식성장 메신저

수차례의 논문현상공모, 전국영어웅변대회, 문학상 수상 경력이 있다. '꿈'과 '희망'을 불어넣는 동기부여가이자 의식성장 메신저로서 '가슴 뛰는 삶'을 전파하고 있다. 저서로는《보물지도7》,《부모님에게 꼭 해드리고 싶은 39가지》가 있으며, 현재 그간의 경험을 토대로 인생 2막을 준비하며 '글쓰기'에 관한 개인저서를 집필 중이다.

E-mail uhsh@naver.com　　C · P 010-9003-1957

Kakaotalk ID jumpstarter21

군자란 누구인가? 군자는 생각이 깊은 사람이다. 그러나 생각만 깊다고 군자가 되는 것은 아니다. 군자가 되기 위해서 갖춰야 할 덕목으로 흔히 '신언서판(身言書判)'을 말한다. 말과 글 그리고 판단력은 반듯한 몸이 되기 위한 기본이다.

말을 잘하는 사람을 보면 부럽다. 글을 잘 쓰는 사람을 보면 그것도 부럽다. 그런데 말은 잘하는데 글을 못 쓰는 사람을 보면 안타깝다. 물론 그 반대인 경우도 마찬가지다. 말과 글은 자신을 표현하는 수단이다. 자신을 잘 드러내기 위해서 말과 글은 서로 떼려야 뗄 수 없는 관계다. 특히 글을 잘 쓰는 사람을 보면 생각이 반듯할 것이라는 생각이 든다. 생각이 정리되지 않은 사람이 글을 잘 쓸 리는 만무하다. 또한 글을 잘 쓰는 사람은 책을 많이 읽었을 것이라고도 생각한다. 많이 읽어야 쓸 말이 많아지지 않겠는가.

"어떻게 하면 글을 잘 쓸 수 있어요?"

답하기 쉽지 않은 질문이다. 글을 잘 쓰기 위해서는 구양수의 삼다(三多), 즉 다독(多讀)·다작(多作)·다상량(多商量)이 기본이라고 말하면 너무 무책임한 듯하다. 틀린 말은 아니지만 대번 한숨만 나올 듯하다. 거꾸로 말하면 책을 많이 읽지 않고 생각을 많이 하지 않으면 글을 쓸 수 없단 말인가. 그렇다면 초등학생은 어떻게 일기를 쓰고 독후감을 쓰는가. 반대로 어른은 왜 많이 알고 배웠는데 잘 쓰지 못하는가.

그것은 연습을 하지 않아서다. 말로 하면 청산유수인데 써 보라고 하면 지레 겁부터 먹는다. 평소 꾸준히 빈 종이를 메워 본 기억이 없는 데다 갑자기 쓰려니 막막하기만 할 뿐이다. 어떤 분야에서 무슨 일을 하든 일정 시간의 연습이 없으면 '잘한다'는 소리는 듣기 어렵다. 글쓰기도 마찬가지다.

여기에서 무엇보다 주의할 점은 한 문장을 쓰더라도 비문이 아닌 제대로 된 문장을 써야 한다는 것이다. 생활언어를 경계해야 한다. 글자로 쓰여 있다고 해서 전부 문장이라고 생각하면 오산이다. 적어도 주어와 동사의 위치가 가지런히 정렬이 되어 있어야 한다. 그래서 채팅어 또는 생략어를 자주 쓰기보다 완전한 문장을 자꾸 써 봐야 한다. 그렇게 문장 연습을 하다 보면 자연스레 생각이 정리되는 것을 알 수 있다.

'주차장이 많이 없어서 혼잡하다.'
'내가 좋아하는 긴 생머리의 그녀'

생활에서 흔히 쓰는 말이다. 언뜻 보면 맞는 문장인 듯하지만 틀린 문장, 즉 비문이다. 일상적으로 쓰다 보니 맞겠거니 생각하고 별 뜻 없이 그냥 말한다. 말만 통하면 되지 않겠느냐 하겠지만 자칫 잘못하면 헷갈릴 우려가 있다. 이래서 글을 정확하게 써야만 한다.

먼저 첫 번째 문장의 경우다. 본래 부사는 서술어를 꾸민다. 또한 어떤 부사는 습관적으로 특정 서술어를 동반한다. '마치 ~처럼 ~하다', '아무리 ~지라도' 같은 표현들은 서로 관용적으로 어울려 쓴다. '없어서'라는 말은 '없다. 그래서'의 줄임말이다. 따라서 '주차장이 (별로) 없어서 거리가 혼잡하다'와 같이 고쳐 써야 한다.

다음은 두 번째 문장의 경우다. 내가 좋아하는 것이 '긴 생머리'인지 '그녀'인지 불분명하다. 이중으로 수식하는 문장인 것이다. 이러한 경우 수식하는 말을 정확하게 하기 위해서 문장 부호

하나를 넣어 줘야 한다. 즉, '내가 좋아하는, 긴 생머리의 그녀'와 같이 고쳐야 한다.

글을 쓰는 것은 하나의 습관이다. 좋은 습관으로 쓴 글은 아름다운 문장이 될 수 있다. 그러나 잘못된 습관인지도 모른 채 문장을 쓰고 있다면 영원히 그 습관을 바꾸기 어렵다. 이럴 때 바로 코치가 필요하다. 코치는 말 그대로 익숙하지 못한 사람이 능숙해지도록 방향을 제시하는 사람이다. 그렇다면 코치는 어떻게 코칭할 것인가? 이에 대한 좋은 말이 있다.

우리나라 무형문화재 제108호이자 목아박물관 관장인 박찬수 씨에게 물었다.

"선생님은 어떻게 그렇게 아름다운 불상을 만들어 내십니까?"

"다른 사람 눈에는 보이지 않지만 제 눈에는 보여요. 죽은 나무를 보면 불상이 들어앉아 있는 게 보여요. 저는 그저 그 둘레를 깎고 다듬을 뿐이에요."

전문가의 눈에는 보이는 것이다. 다듬어지지 않고 미숙한 모양새를 어떻게 고치고 바룰지 보인다. 그래서 당연히 글쓰기에도 코치가 필요하다. 코치의 눈에는, 모르는 것이 부끄러운 것이 아니라 모르는 것을 알면서도 바꾸려는 노력을 기울이지 않는 자세가 안타까울 따름이다.

나탈리 골드버그는 자신의 저서 《뼛속까지 내려가서 써라》에서 이렇게 말한다.

"나는 좋은 사람이다. 그렇기 때문에 나에게는 좋은 글을 막는 벽을 뚫고 나가 그 글이 바로 나 자신임을 주장할 능력이 있다."

좋은 생각을 가진 사람이 좋은 글을 쓴다. 하루아침에 명문장이 쓰이지는 않는다. 부단한 연습과 노력 끝에 감동을 주는 문장이 나온다. 그러기에 앞서 자신의 글쓰기 단점을 알아차리고 꾸준히 보완하겠다는 마음가짐이 필요하다. 이러한 사람들이 있다면 나는 이들을 적극적으로 도와주고자 한다.

지식이 우리 몸 안으로 들어와 적절한 시간을 거치게 되면 '하나의 생각'으로 익는다. 그 생각을 밖으로 끄집어내는 과정이 글쓰기다. 글쓰기는 '자신의 생각을 드러내는 것'이다. 아무렇게나 마구잡이로 끄집어내는 것이 아니다. 자신의 생각을 정확하고 분명하게 다른 사람에게 전달할 수 있어야 한다. 나아가 다른 사람의 마음에 감동까지 전달할 수 있어야 한다. 그것이 군자의 글이다.

글쓰기에 관심을 갖는 사람들이 많아지고 있다. 그들은 한결같이 좋은 문장을 쓰고 싶어 한다. 나는 그들에게 아름다운 글을 쓸 수 있다는 자신감을 심어 주고 싶다. 그들의 숨은 잠재력을 깨워 주고 싶다. 숨어 있는 능력은 좋은 코치를 만났을 때 겉으로 드러난다. 적어도 글쓰기에 관한 한 나에게 배우고자 하는 모두를 '군자'로 만들고 싶다. 아름다운 글로 아름다운 세상을 만들고 싶다.

12~23

서명식 김슬기 이수진 이강희 박서인 박성혜

고수진 오정남 안재범 김명준 송희진 이보근

12

저자, 영업 및 마케팅 전문가, 대학 교수 되기

책 쓰는 회사원, 세일즈 메신저, 자기계발 작가, 글쓰기 코치

10년째 외국계 IT 회사에서 근무 중이다. 영업 대표, 마케팅 매니저로서의 경험과 깨달음을 통해 인생을 배우고 있다. 세일즈 및 마케팅 전문가를 꿈꾸는 이들에게 도움이 되고자 전문가로서 살아가는 방법들에 대한 이야기를 다룬 저서와 강연, 코칭 프로그램을 기획 중이다. 저서로는《보물지도7》,《부모님에게 꼭 해드리고 싶은 39가지》가 있다.

E-mail myungsiki@hotmail.com **Blog** http://blog.naver.com/perfect_sales

나는 외국계 IT 회사의 영업 대표로 10년째 재직 중이다. 입사 이후 중소기업 대상 마케팅 매니저, 신규 비즈니스 발굴 매니저 등의 역할도 했지만, 대부분 영업에 관련된 업무에 집중해 왔다. 10여 년 동안의 직장생활을 통해 전문성을 쌓아 왔다고 자부하지만, 항상 '나의 다음 무대는 어디인가?'라는 고민을 많이 한다. 험난한 직장생활을 표현하는 여러 단어가 있지만, 대표적으로 다음의 단어들을 꼽을 수 있다.

첫째, 이태백. 이십 대 태반이 백수라는 의미다.

둘째, 삼팔선. 삼십팔 세가 한계선이라는 의미다.

셋째, 사오정. 사십오 세가 정년퇴직할 나이라는 의미다.

넷째, 오륙도. 오십육 세에 회사에서 계속 근무하면 도둑놈이라는 의미다.

이렇게 만들어진 단어들이 다소 맹랑하고 허구같이 들릴 수도 있다. 하지만 지난 직장생활을 되돌아볼 때 이 말은 직장인이라면 누구에게나 해당될 수 있다. 나도 예외가 아니다. 물론 조직의 일원으로서 최선을 다하고 보다 나은 성과를 만들어 내는 것은 기본이라 생각한다. 그렇지만 개인적으로도 밝은 미래를 위해 더 늦기 전에 미리미리 준비해야 한다. 그래서 나는 아래와 같이 30대, 40대, 50대에 되고 싶고 하고 싶고 갖고 싶은 것을 정했다.

30대 – 내 이름으로 된 책을 낸 저자가 되고 싶다.

40대 – 영업 및 마케팅 전문 조력자 역할을 하고 싶다.

50대 이후 – 대학 교수 직함을 갖고 싶다.

나는 취업 준비 시절 신문기자를 목표로 했다. 어릴 때부터 일기를 쓰거나 메모하는 습관이 몸에 배어서 글 쓰는 것에 많은 관심을 가지고 있었기 때문이다. 실제 모 경제신문사의 1차 서류 전형, 2차 필기시험을 운 좋게 통과해 3차 면접을 앞두고 있었지만, 다른 회사와 면접이 겹치면서 참가하지 못했다. 물론 해당 신문사의 면접을 봤더라도 신문기자가 된다는 보장은 없었겠지만, 가 보지 못한 길에 대한 아쉬움은 지금까지 가슴속 한편에 남아 있다. 이후 지금의 직장에 자리 잡게 되면서 바쁘다는 핑계로, 피곤하다는 자기 합리화를 하며 글쓰기를 게을리해 왔다. 그나마 다이어리에 그날그날 있었던 중요한 일들이나 생각들은 계속 기록해 왔다.

그러던 2015년 5월의 어느 날 〈한책협〉이라는 곳을 알게 되었다. 김태광 코치가 운영하는 〈한책협〉은 "성공해야 책을 쓰는 것이 아니라 책을 써야 성공한다."라며 전 국민 1인 1책 쓰기 운동을 하고 있다. 너무나도 원하던 곳이라 만만치 않은 등록비에도 불구하고 〈1일 특강〉을 바로 신청해 김태광 코치의 스토리를 접했다. 가슴이 다시 뛰기 시작했다. 그만큼 동기부여가 확실히 되고, 내가 원하는 것을 할 수 있다는 확신이 생겼기 때문이다. 하지만 아내가 출산을 앞두고 있어서, 우선 1년만 보류하고 때를 기다리기로 했다.

시간이 흘러 2016년 10월, 나는 김태광 코치와의 1:1 코칭을 신청했다. 그는 주저 없이 책을 쓰라고 말했다. 내가 준비해 간 목차를 보면서, 단순히 책 쓰기뿐만 아니라 책 쓰기를 통해 가질 수 있는 꿈, 미래, 활동 영역 등에 대해 코칭을 해 주었다. 항상 고민거리였던 머릿속 생각들이 하나씩 풀리는 느낌이었다. 나는 즉시 책 쓰기 준비를 시작했고, 지금 쓰고 있는 이 과정도 하나의 기본 단계가 될 것이다. 그래서 30대에는 내 이름으로 된 책을 낸 저자가 되고 싶다.

책 쓰기를 시작하면서 드는 생각 중 하나가 책을 한 권 쓴다고 모든 것이 해결되지는 않는다는 것이다. 책 쓰기는 시작이자 기본이며, 그 이후도 준비해야 한다. 내가 일한 대부분의 영업 역할은 어떻게 하면 비즈니스를 함께하는 협력 파트너사들이 보다 나은 성과를 얻고 성공적인 스토리를 만들 수 있느냐 하는 것들이었다. 협업을 통해 일을 진행하는 것은 나의 성향에 굉장히 잘 맞았고 즐거운 일이었다. 특히 어려운 상황에서도 포기하지 않고 끝까지 집중해서 일을 끝냈을 때 오는 성취감은 이루 표현할 수 없을 정도였다. 그렇게 경험하고 배운 것을 업무에 잘 활용하고 있으며, 앞길을 헤쳐 나가는 데도 소중한 자산이 될 것이다.

나는 이런 경험과 자산을 혼자만 보유하지 않고, 나와 비슷한 목표를 갖고 있는 사람들과 함께 나누고 싶다. 영업 및 마케팅 전문가가 되어 강연가, 코치, 저자로서 활동하기를 꿈꾼다. 나는 40대에는 영업 및 마케팅 코치가 되어 많은 이들의 조력자가 되고 싶다.

내 인생의 중반기인 40대를 보내고, 50대 이후의 목표는 대학

교수 직함을 갖는 것이다. 책 쓰기를 통해 저자가 되면서, 내 인생은 보다 체계적인 목표를 가지게 되었다. 내가 가지고 있는 전문성을 바탕으로 많은 이들의 멘토 역할을 하게 될 것이다. 이는 내가 원하던 대학 교수라는 직함을 가질 수 있도록 도움을 줄 것이다. 물론 대학 교수라는 직함을 얻는 것이 다소 허황되고 헛된 꿈일 수도 있다. 하지만 내가 가진 현장 실무 경험과 그를 바탕으로 한 여러 코치 역할은 진취적이고 미래지향적인 삶의 질을 추구하고 준비하는 상아탑인 대학에서 환영받을 만한 경험이라 생각한다. 물론 단순히 대학 교수라는 직함을 가지는 것이 끝은 아니다. 설사 해당 직함을 갖지 못한다고 하더라도, 내가 성취하고 이루었던 경험과 노하우를 바탕으로 누군가에게 도움이 되고 주춧돌이 되는 역할을 하는 것이 삶의 궁극적인 목표다.

누구나 지나간 시간은 돌아오지 않는다며, 지금의 현실에 충실하고 미래를 꾸준히 대비하라는 이야기를 많이 한다. 특히 지난 10여 년 동안 직장생활을 하면서 회사 내외에서 만난 선배, 친구, 후배들과 가장 많이 나누던 대화의 주제이기도 하다. 자신의 미래를 정확히 알고 있는 사람은 없다. 나의 10대, 20대 때는 내가 원해서 하기보다 '부모님이 좋아하시니까', '주위에서 보기에 나쁘지 않으니까'라는 생각을 많이 했다.

하지만 세상은 점점 변화하고 있고 그 변화를 좇아가지 못하거나 준비하지 못한다면 많은 어려움이 생길 것이다. 그렇기 때문에 나는 준비하고 있으며, 30대, 40대, 50대 이후의 큰 이정표를 세웠다. 물론 만만치 않은 여정이 될 것이다. 하지만 준비를 한 것만으로 많은 자신감이 생겼고, 충분히 이룰 수 있을 것이라 생각된다. 떨리기도 두렵기도 하지만 서명식의 되고 싶고 하고 싶고 갖고 싶은 여정은 이제 시작되었다. 그 앞길이 험난하더라도 나은 미래를 꿈꾸며 한 발 한 발 내디딜 것이다.

13

가족과 함께 세계일주 하기

김슬기

교육 매니저, 자기계발 작가, 강연가, 동기부여가

외국계 기업과 대학 연구소를 거치며 누구보다 열심히 20대를 보내고 30대에는 출산과 함께 육아에 집중했다. 독서로 내면의 힘을 다지며 새로운 삶에 도전하고자 책을 쓰기 시작했다. 자신의 꿈을 이루어 가는 사람들에게 희망과 성공의 롤모델이 되기를 꿈꾸며 교육 매니저 그리고 동기부여가로 활동하고 있다. 독서에 관한 개인저서가 출간될 예정이다.

E-mail seulki.kim@mentorwithus.kr Homepage www.mentorwithus.kr
Instagram mentor_edu_manager

내가 어릴 때만 해도 해외여행은 특별한 일이었다. 요즘은 긴 연휴나 방학이 되면 가족끼리 해외에 나가는 일이 그리 어렵지 않지만, 당시만 해도 해외여행을 가는 친구들이 흔치 않았다. 요즘은 공항에 몰려든 사람들을 취재하는 뉴스도 심심찮게 볼 수 있다. 어린아이부터 노인에 이르기까지 해외여행은 보편적인 일이 되었다. 나의 첫 해외여행은 고등학교 때 박람회 참석을 위해 일본에 간 것이었다. 처음이라 얼마나 흥분되고 기대되었는지 모른다.

대학을 졸업하고 회사에 취직했다. 영업부 소속으로 지점 업무를 담당했고 처우나 복지는 괜찮았다. 그러나 아무런 흥미도 재미도 느끼지 못했다. 사람을 많이 상대해야 하는 것도 스트레스였고, 바쁜 업무도 힘들었다. 나를 가장 괴롭힌 것은 이 일이 나에게 도움이 되지 않는다는 생각이었다. 나는 아침마다 울며 출근했다.

매일 스트레스가 가득한 날을 보냈지만, 2가지 좋았던 점이 있었다. 정시에 퇴근해서 그 이후의 시간을 사용할 수 있었던 것, 그리고 마음만 먹으면 휴가 때마다 여행을 갈 수 있다는 것이었다. 그 사실이 나를 버티게 했다. 그러다 우연히 희망퇴직을 할 수 있는 기회가 생겼다. 누구보다 간절히 퇴사하고 싶었다. 퇴직을 신청했지만 결국 승인되지 않았다. 버텨 왔던 시간이 무너지는 순간이었다. 6개월 뒤 나는 스스로 직장을 그만두었다.

회사를 그만두면 유럽여행을 가겠다고 늘 생각했다. 퇴사하자마자 모아 놓은 돈과 퇴직금을 털어 3주간의 유럽여행을 계획했다. 비행기 일정, 숙소, 이동수단과 거리, 시간 등 결정해야 할 것이 한두 가지가 아니었다. 그러던 차에 친구가 소개시켜 준 여행사의 도움을 받아 여행을 시작했다. 나처럼 직장을 그만두고 온 청년들이 여럿 있었다. 서로 처지가 비슷했던 우리는 금방 친해졌고, 좋은 인연을 만들었다.

여행하는 동안 어려움도 있긴 했지만 그곳에 있다는 사실만으로도 행복했다. 성실하게 열심히 살아온 날들이 아까울 만큼 즐거웠다. 그동안 왜 이런 여유를 누리지 못했을까 하는 아쉬움도

켰다. 여행을 통해 나의 진짜 모습을 찾기 시작했고, 더 밝은 모습의 나를 만날 수 있었다.

나는 어릴 때부터 착한 아이로 살아왔다. 공부도 스스로 했고, 부모님 속도 크게 썩이지 않고 자랐다. 부모님과 주위 사람들의 기대에 부응해야 했기에 하고 싶은 일을 찾기보다는 해야 할 일을 했다. 넉넉지 않은 가정형편에 도움이 되고 싶어서 성공하고 싶었다. 너무 일찍 철이 들었고, 그래서 내가 진짜 원하는 일이 무엇인지 깊이 고민하지 못했다. 그러다 떠난 유럽여행이 내게는 오아시스 같았다. 유럽여행은 그동안의 답답함과 목마름을 해결해 주었다. 내가 정말 원하는 것이 무엇인지 생각하게 되었고, 나를 위한 선물도 필요하다는 것을 깨닫게 되었다.

유럽여행 뒤로 나는 여행애호가가 되었다. 백수였기에 틈만 나면 여행을 떠났다. 한 친구는 그동안 어떻게 참고 살았냐며 웃었다. 나는 지금도 떠나는 것을 즐긴다. 스스로도 역마살이 끼었다고 농담할 정도로 여행을 좋아한다. 새로운 곳에서 새로운 문화와 마주하는 것이 좋고 설렌다. 여행을 하는 동안 현재를 즐길 수 있고 순간을 소중하게 여기게 된다.

나는 여행을 좋아하게 된 순간부터 세계일주를 꿈꿨다. 세계지도를 사서 가 본 나라와 도시를 지도 위에 모두 표시하는 것이 나의 꿈이다. 그래서 서점 팬시 코너에 가면 항상 색을 채울 수 있는 세계지도를 찾는다. 얼마 전 서점에서 검은 바탕을 긁으면 예쁜 색이 나오는 세계지도를 보았다. 바로 샀어야 했는데 그러지 못해서 아쉬움이 남는다. 다음에는 꼭 사리라 다짐했다. 오늘도 세계지도 곳곳이 알록달록 예쁘게 색을 입는 상상을 하며 다음 여행지는 어디일지 고민한다.

며칠 전, 한 부부가 10년 동안 자전거로 세계일주를 하고 돌아왔다는 기사를 읽었다. 2007년 오세아니아를 시작으로 아프리카, 아시아, 유럽을 여행하고 마지막으로 아메리카 대륙을 횡단했다고 한다. 어려운 일도 많았지만 '지금 이 순간을 즐기는 것이 중요하다'라는 신념으로 극복했다고 한다. 함께할 수 있었기에 가능했다는 그들의 이야기를 보며 부러움과 아쉬움이 공존했다. 나는 왜 일찍이 그런 생각을 못했을까 싶었다.

미국의 한 할머니는 암을 치료하는 대신 가족과 함께 13개월 동안 미국 횡단 자동차 여행을 했다고 한다. 할머니는 32개 주 75개의 도시를 여행하면서 SNS를 통해 "90년을 살면서 한 번도 갖지 못한 귀중한 경험을 하고 있다. 지금 이 순간의 소중함을 배웠다."라고 말했다. 대단한 결정이었고 위대한 마지막 순간을 보내셨다고 생각한다. 여행은 그런 것이다. 현재의 소중함과 내가 살아 있음을 진하게 느낄 수 있다. 그리고 사랑하는 사람과 함께할 수 있으면 더욱 행복하고 감사한 일이다.

아이가 24개월 미만이면 비행기 표 값은 성인 가격의 10%다. 많은 엄마들이 이 기회를 놓치지 않으려고 아이가 두 돌이 되기 전에 해외여행을 떠난다. 우연한 기회가 닿기도 했고 이왕 갈 여행이라면 일찍 다녀오자는 생각에 남편과 나는 22개월 된 딸과 함께 유럽여행에 도전했다. 4일 만에 여행을 결정했고 3일 밤낮으로 계획을 세웠다. 영국에 계신 이모님 댁 방문을 시작으로 23일간 영국, 프랑스, 이탈리아를 여행했다.

우리 부부는 아이가 8개월이 되었을 때부터 해외에서 10개월 동안 생활해 본 경험이 있었다. 그래서 아이와 함께 여행한다는 사실 자체가 부모에게는 도전이고 모험이라는 것을 알고 있었다. 런던에 도착하자마자 경유해야 할 비행기가 연착되어 일정이 변경된 일, 공항에서 아이가 검색요원을 보고 겁을 먹어 울음을 멈추지 않았던 일, 6월이었지만 생각보다 날씨가 추워 고생했던 일, 유모차가 공항에 도착하지 않아 칭얼대는 아이를 안고 다녀야 했던 일, 아이에게 먹일 음식이 마땅치 않아서 스테이크와 감자튀김, 빵으로 끼니를 챙겨야 했던 일, 갑자기 무더워진 날씨에 아이를 안고 다니느라 땀 흘렸던 일, 미술관을 관람하며 긴 시간 동안 기다려야 하는 아이에게 스마트폰을 쥐어 줄 수밖에 없었던 일 등 이야깃거리가 한 보따리는 된다.

쉬울 것이라 생각하진 않았지만 역시 현실은 어려웠다. 시행착오를 겪으며 시간이 흐를수록 노하우를 터득해 갔다. 여행 마지막에는 조금 더 할 수 있겠다는 자신감도 생겼다. 함께할 수 있음이 즐겁고 행복했다. 다시 아이와 함께 여행할 수 있겠냐고 하면 나는 그에 대한 대답으로 짐부터 챙길 것이다. 그게 여행의 묘미 아니겠는가. 모두 추억이고 우리 가족만의 행복한 시간일 테니까. 지나가면 다시 오지 않을 시간을 위해, 우리만의 시간을 위해 얼마든지 도전할 수 있다.

다시 세계여행을 꿈꾼다. 세계 곳곳을 다니며 여행자로서의 새로운 삶에 도전해 보고 싶다. 머지않아 가족과 함께 세계일주를 할 것이다. 세계일주의 꿈 이야기를 글로 쓰고 있다고 하니 남편이 마흔 살에 도전하자고 한다. 나보다 믿음이 좋다. 마흔 살, 얼마 남지 않았다. 도전할 수 있는 열정과 의지, 함께할 수 있는 가족이 있어서 감사하고 행복하다. 세계지도 위의 모든 나라에 우리 가족의 흔적이 남는 그날까지 나의 꿈은 계속될 것이다.

14

디저트로 행복한 세상 만들기

이수진

앙금플라워 전문가, 동기부여가

현재 앙금플라워케이크 전문가로 활동하며 쌀디저트 전문점을 함께 운영하고 있다. 좋은 날을 더욱 행복하게 하고, 건강한 쌀디저트로 삶을 더욱 풍요롭게 만드는 데 기여하고 있다. 앞으로 앙금플라워와 쌀디저트를 많은 사람들과 나눌 수 있는 다양한 기회를 만들기 위해 노력하고 있다.

E-mail sjs9699@naver.com **Blog** http://blog.naver.com/sjs9699

나는 앙금플라워 전문가다. 앙금플라워란, 빵이나 떡 안에 넣는 충전물인 앙금으로 만든 꽃을 말한다. 일반적으로 꽃집에서 보는 생화나 공장에서 만드는 조화가 아닌, 오랜 시간의 노력과 숙련의 과정을 통해 아름답게 완성되는, 먹을 수도 있는 꽃을 말한다. 앙금플라워를 한 번이라도 본 사람들은 하나같이 "이걸 진짜 손으로 만들었단 말이야? 정말 대단하네. 이렇게 예쁜 작품을 어떻게 먹어."라며 감탄사를 연발한다. 생화처럼, 아니 생화보다 더 생생한 아름다움을 느끼게 하는 앙금플라워는 보는 사람 모두를 행복하게 하는 특별함이 있는 꽃이다.

나는 오랜 기간 홈베이킹을 계속해 오며 꾸준한 공부와 자기계발 등 다양한 활동을 하던 중, 정말 우연하게도 앙금플라워를 만나게 되었다. 그저 단팥빵이나 바람떡 안에 들어 있는 소로만 알고 있던 '앙금'으로 이렇게 아름다운 꽃을 완성할 수 있다는 사실을 경험했던 그 순간을 나는 지금도 잊을 수 없다. 너무나 감격했던 나머지 당시 운영하던 블로그에 상기된 감정을 모두 드러내며 마치 기다리던 선물을 받은 행복한 아이처럼 마냥 기뻐했다. 그때 비로소 알게 되었다. 내가 가장 좋아하는 일이 무엇인지.

그 좋아하고 행복한 일을 하기 위해 먼저 공방을 만들었고, 그 공방을 아지트 삼아 다양한 활동을 하게 되었다. 그리고 얼마 전 앙금플라워클래스, 앙금플라워케이크 주문제작과 함께 쌀빵, 쌀디저트를 제공하는 멀티숍을 오픈하기까지 숨 가쁘게 달려왔다. 모두 내가 좋아하는 일을 시작하면서 만든 결과라고 생각하니 너무나 감격스럽다.

사람으로 태어나 한 번쯤은 좋아하는 일에 미쳐 볼 필요가 있다. 내가 좋아하는 일을 할 때 얻어지는 에너지는 그 어떤 힘보다 강력하고, 상상 이상의 결과를 폭발적으로 만들어 낸다. 공자는 "좋아하는 일을 선택하라. 그러면 평생 하루도 일할 필요가 없다."라고 말했다. 좋아하는 일을 하게 되면 어떤 어려움도 이겨 낼 수 있을 정도로 즐겁게 일할 수 있음을 함축한 표현일 것이다.

좋아하는 일을 할 때, 우리는 몰입을 통해 '자체 음소거' 상태를 경험하게 된다. 주위 소음조차 들리지 않을 정도의 깊은 몰입은 진정 좋아하는 일을 할 때 얻게 되는 신비한 경험이다. 더구나 좋아서 하는 일은 일이라 느끼지 않으면서 깊이 빠져들 수 있기 때문에 완성도가 높을 수밖에 없다. 내가 앙금플라워를 만들면 만들수록 더욱 독특하고 아름답게 빚어 내게 되는 것도 그런 이유가 아닐까.

이렇게 내가 좋아하는 일을 시작한 지도 벌써 여러 해가 지나, 요즘은 매장을 운영하게 되면서 또 다른 새로운 꿈을 꾼다. 처음 매장을 운영하며 가진 초심은 '건강하고 바른 디저트를 만들자'였다. 앙금플라워떡케이크를 만들 때도 인공재료는 전혀 사용하지 않고 천연재료만으로 예쁘고 건강하게 만들어야 한다는 기본철학이 있었다. 쌀디저트 전문점을 함께 운영하면서부터는 건강한 재료에 더욱 신경 쓰고 있다. 이렇게 재료에 신경 쓰는 데는 남다른 이유가 있기도 하지만 엄마 손을 잡고 아장아장 걸어 들어오는 3~4세 꼬마손님들의 사랑스러운 눈망울을 보면 '이 아이들이 안심하고 먹을 수 있도록 건강한 간식을 만들어야겠구나'라는 깊은 사명감마저 느끼게 된다.

이런 결심을 더욱 굳건하게 만든 일화가 있었다. 나는 길을 가다 아장아장 걷는 아이가 눈에 들어오면 저절로 미소가 지어질 정도로 아이들을 좋아한다. 아이들은 대부분 낯선 사람들에겐 쉽게 눈길을 주지 않기에 말이라도 걸어 볼 요량으로 다가가면 엄마 뒤에 숨고, 내성적인 아이들의 경우엔 울기도 한다.

매장을 오픈한 지 얼마 안 되어 미모의 엄마를 닮은 인형 같은 아이가 엄마 손을 붙잡고 쭈뼛거리며 들어왔다. 너무나 귀여운 모습에 웃으며 다가간 나에게 아이는 극도의 경계심을 보이면서 온몸으로 '나는 당신이 낯설어요'라고 말하는 듯 눈길조차 주지 않았다. 그렇게 시작은 어색한 만남이었지만 시간이 흐르며 점점 익숙해지게 되었다. 그러던 어느 날, 매장에서 판매하는 제품 중 자신이 좋아하는 간식을 그릇째 들고 온 입에 묻혀 가며 냠냠 쩝쩝 너무도 맛있게 먹는 것이 아닌가. 그리고 나와 눈이 딱 마주쳤을 때 씨익 웃어 주던 그 모습… 나는 녹아 버렸다. 홈베이킹을 하며 내 아이들이 맛있게 먹는 모습에 행복해했던 그때 이후 이렇게 행복한 느낌은 아마도 처음이었으리라.

현재 우리 매장을 찾아오는 고객들은 속이 편한 간식을 찾아 헤매다 우연히 알게 되어 방문하는 사람들이 많다. 간식조차 자유롭게 먹기 힘든 여러 가지 이유로, 사랑하는 아이에게 첨가물 없는 건강한 간식을 주기 위해, 소중한 사람들에게 몸을 생각한 건강 디저트를 선물하기 위해 오는 수많은 고객들을 대할 때면 막중한 책임감을 느낀다.

앙금플라워클래스를 진행할 때도 그 책임감은 여전히 마음 깊이 각인되어 나타난다. 앙금플라워를 만들기 위해 다양한 재료를 사용할 수 있지만 완성된 앙금플라워케이크를 먹게 될 수강생과 그 가족, 친지들을 생각해 천연재료를 사용해 만들 수 있는 방법으로 수업을 안내한다.

언젠가부터 잊지 않고 마음속에 새기는 말이 있다. '내가 먹는 음식이 나를 만든다.' 내가 제공하는 디저트로 많은 사람들이 더욱 건강한 입 안의 행복을 느낀다면 그보다 더 보람 있는 일은 없으리.

나는 이제 진짜 꿈을 꾸기 시작한다. 소소하게 시작한 홈베이킹을 씨앗 삼아 앙금플라워를 줄기 삼아 여기까지 달려왔다. 이제부터는 앙금플라워의 대중화와 함께 건강하고 맛있는 쌀디저트로 새로운 디저트 문화를 창출하고 싶다. 앙금플라워케이크의 대중화로 남녀노소 누구나 쉽게 접하고 즐겁게 경험할 수 있는 앙금플라워 문화, 쌀을 활용한 다양한 디저트의 개발로 새롭고 독특한 맛을 전하는 건강디저트 문화, 맛있는 디저트를 즐기며 책과 함께할 수 있는 '라이스디저트&북'이라는 새로운 문화, 기타나 바이올린을 연주하는 인디뮤지션과 함께하는 '라이스디저트&뮤직'의 감성 문화 등 건강한 달콤함과 행복한 즐거움을 나누는 '라이스디저트&컬처랜드'를 꿈꾸며 오늘도 나는 열심히 달린다.

15

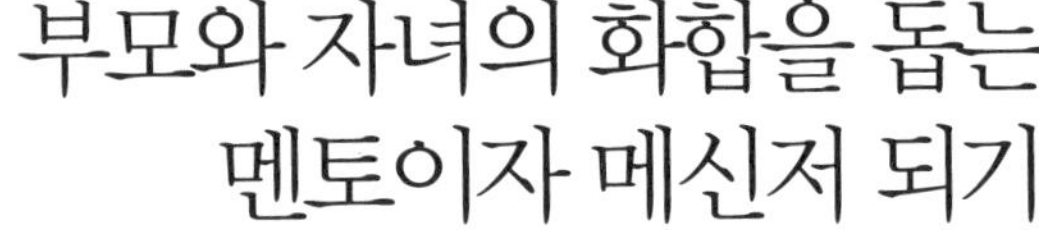

부모와 자녀의 화합을 돕는 멘토이자 메신저 되기

미술학원 원장, 희망 멘토

임상미술심리치료사 1급 자격을 갖추고, 청소년이 겪는 부모, 친구와의 관계에서의 문제와 미래의 진로 등을 상담해 주고 있다. 심리적 방황과 갈등을 미술을 통해 치료하고 마음을 안정시키며 스트레스를 해소해 주는 희망 멘토로 활동 중이다.

나는 유년시절부터 부모님에게 지대한 사랑을 받으며 자랐다. 지금은 돌아가셨지만 공무원이셨던 아버지는 화목한 가정을 우선순위로 여겨 유머와 위트로 우리 가정을 유쾌, 통쾌, 상쾌하게 이끄셨다. 동네사람들은 우리 집을 부러워했다. 아버지는 어버이날을 앞두고 우리 남매에게 "어버이날 가정행사를 너희들이 식순을 정해 준비하는 것이 어떠니?"라고 제안하셨다. 이에 우리 남매는 4절지를 꾸며 벽에 붙이고 부모님께 각자 편지를 쓰고 그것을 낭독한 뒤 '어버이 은혜' 노래를 부르는 것으로 끝을 맺었다. 해가 갈수록 식순이 다양해졌던 기억이 난다. 우리 남매가 장기자랑을 하는 내내 우리의 눈을 마주 보며 흐뭇하게 행복한 미소를 지으

시던 부모님의 모습이 눈에 선하다. 아버지가 어버이날 행사를 유도한 것은 부모와 잘 소통하고 부모를 공경하는 방법을 교육하시려는 의도가 있었던 것 같다. 나는 창의성과 배려가 뛰어난 아버지를 유독 따랐다.

아버지는 늘 독서의 중요성에 대해 이야기하셨다. 당신이 읽으신 내용을 이야기로 풀어 들려주셨고 배울 점을 간결하게 콕 짚어 주시기도 했다. 어머니는 말씀이 적으시고 무던한 성격의 소유자셨고 남다른 성실과 온전한 사랑을 실천하시며 일관성 있게 우리 남매를 정신적으로 편안하게 이끄셨다. 긍정적이신 아버지는 4명의 손주가 생겼을 때도 어린 손자들에게 직접 책을 읽어 주시는 수고로움을 마다하지 않으셨다. 요즘 말로 맞춤식 교육을 앞서 실천하셨다. 실제 생활에 적용할 수 있도록 맛깔나게 이야기를 해 주셨다. 나는 아버지가 어떤 이야기를 하실지 기대가 되어 미리 이야기해 달라고 조르기도 했다. 온전한 사랑과 여유로운 지혜로 손주들을 돌봐 주신 덕에 아이들은 부모의 사랑에 감사하는 마음이 크고, 책을 끼고 사는 편이다. 아버지는 돌아가시기 전까지 책을 쌓아 놓고 읽고 계셨을 정도로 독서광이셨다. 아버지는 자녀들 스스로 자생력을 가질 수 있도록 독서를 통해 자양분을 흡수하게끔 모범을 보이시며 우리를 교육하셨다. 시대를 앞서 나가며 자녀 교육을 일관성 있게 실천하셨다.

앞서 우리 집안 이야기를 다룬 것은 부모 스스로가 책을 가까이해야 함을 강조하기 위해서다. 초등학생 시기에는 그나마 부모가 독서의 필요성을 알고 책을 읽히지만 학년이 올라갈수록 청소년들은 바쁜 시간 탓에 녹초가 되어 대부분 스마트폰을 하며 휴식을 취한다. 이러한 자녀에게 책을 읽히기 위해서는 부모 스스로가 독서하는 습관을 가지는 것이 가장 빠른 방법이다. 데카르트는 "책을 읽는다는 것은 과거의 가장 훌륭한 사람과 대화하는 것이다."라고 말했다.

청소년들은 비슷한 고민과 좌절을 경험한다. 청소년들이 사춘기 때 방황하지 않도록 미리 예방주사를 맞았으면 한다. 나는 그 예방주사가 독서와 미술 활동이라고 생각한다. 독서의 소중함은 앞에서 서술했고 이제 미술 활동의 소중함을 서술하려 한다. 미술 활동은 창의적인 생각을 하는 매체가 되어 순차적으로 계획하고 집중해서 끝까지 마무리하는 책임감을 배울 수 있게 한다. 급하게 서두르지 않고 정제된 마음, 즉 생각하는 여유도 필요함을 깨닫고 그림을 통해 자신을 리드한다. 자신이 리드한 결과에 대한 만족은 자존감으로 이어져 삶의 질까지 향상된다는 것을 학생들을 지도하는 과정에서 알 수 있었다.

내가 학원을 운영하던 초창기에 한 원생이 나에게 심적으로 의지하며 고민과 고충을 털어놓았다. 나는 그 문제에 도움이 되어 주고자 심리와 성향 분석 그리고 미술심리치료를 공부하기 시작했다. 20년 전에는 심리치료에 대한 오해가 많았고 성향을 분석하면 점쟁이 취급을 받기도 했다. 지금은 상담치료가 보편화되어 심적으로 느끼는 고민이나 문제를 해결하는 데 많은 사람들이 관심을 가진다.

나에게 상담을 받은 많은 학생 중 기억나는 청소년이 있다. 그 학생은 공부에 자신감이 없어서 좌절하고 게임에 상당한 시간을 할애하고 있었는데 나와의 상담을 통해 조금씩 변화를 보이며 게임에 대한 열정을 공부로 전환해 원하는 S대에 진학했다. 나는 큰 보람을 느꼈다.

그 이후로도 나는 청소년들이 상담을 통해 하고 싶은 꿈을 찾고 가치 있는 삶을 살아가는 성숙한 어른이 되도록 기본에 충실하게끔 유도했다. 그러면 청소년들은 심적으로 안정을 찾고 방황에서 벗어나 공부에 흥미를 갖고 성적이 점차적으로 향상되면서 원하는 대학에 진학했다. 학생들은 어려움이 생기거나 혼란스러울 때 어떻게 해야 할지 몰라 나에게 자신의 고민을 털어놓으며 자문을 구하는 일이 종종 있다. 내 외동아들의 친구도 해답을 구하기 위해 나에게 고민을 털어놓은 적이 있다.

부모라고 예외는 아니다. 부모는 농부처럼 아이라는 씨앗을 잘 심고 건강한 싹을 틔울 수 있도록 환경을 만들며 건실한 열매를 맺도록 고군분투한다. 그러나 현실은 녹록지 않다. 스마트한 세상에 자녀를 욕심껏 키우고 싶으나 가정 경제 유지도 힘들다 보니 스펙을 쌓아 주기에만 급급하다. 자녀 또한 바쁜 일정에 마음의 여유를 느끼지 못하고 혼란스러워 한다. 공부에만 집중하다 보니 인성은 나 몰라라 하는 현실이다. 요즘 청소년들은 정서가 건조하고 이기적이며, 개인주의적으로 성장하고 있는 것 같아 아쉽고 씁쓸하다. 청소년들의 정서 문제를 심각하게 생각하고는 있지만 깊이 있게 다루지 않는 것이 안타깝다.

부모가 자식을 키우는 것은 농부가 농사를 짓는 것과 비슷하다. 농부는 농사를 잘 짓기 위해 지대한 정성을 들이고 겸손과 성실로 자연을 대하며 끊임없이 부단한 노력을 기울인다. "곡식은 농부의 발걸음 소리를 듣고 자란다."라는 말이 있다. 부모 또한 자녀를 위해 고민의 잡초를 뽑아 주고 비, 바람에도 견딜 수 있도록 자립심을 길러 줘야 한다. 청소년의 눈높이에 맞춘 온전한 사랑과 바람직한 교육을 통해 인격적으로 자녀를 대해야 한다.

나도 한때 자녀 문제로 고민했었으나 부모님을 생각하니 해답이 나왔다. 자녀를 인격적으로 대하고 일관성 있게 이해해 주면 된다는 것을 알았다. 살다 보면 숱한 어려움에 맞닥뜨리게 된다. 부모인 우리는 성숙한 어른이니 미성숙한 자녀의 입장을 이해해 주며 끊임없는 노력을 기울여야 한다. 자녀가 잘못했을 때는 화부터 내지 말고 이성적으로 지혜롭게 대처하자. 객관적인 관점에서 자녀의 입장을 이해하고 주관적인 관점에서 자녀의 입장을 공감하자. 쉽지 않지만 의지를 가지고 훈련하다 보면 자신도 모르는 사이에 성장한다. 자녀가 성숙한 성인이 될 때까지는 부모로서 자녀가 건강하고 가치 있는 삶을 살아갈 수 있도록 끊임없이 노력해야 하는 책임이 있음을 명심하자.

나 또한 자식을 잘 키우고 싶어서 지금도 노력 중이다. 자녀가 느리다고 조급해하지 말고 무한한 꿈을 펼칠 자녀를 기다려 주자. 그러면 반드시 자녀가 꿈을 실현하리라 확신한다.

행복해지려면 지혜를 써야 한다. 이 글을 읽는 모든 부모와 자녀는 행복하게 살 의무와 권리가 있다. 지금도 늦지 않았다. 이 글을 읽는 당신도 희망의 끈을 놓지 말고 자녀를 응원하자. 나는 고통받고 있는 청소년과 부모의 고통을 덜어 주고 행복한 꿈을 이룰 수 있게 돕는 멘토이자 메신저가 되고 싶다.

16

경험과 지식을 나누는 프로강사 되기

박서인

'창업인사이트' 대표, 자기계발 작가, 동기부여가, 창업 컨설턴트, 마케팅 강사

쇼핑몰 및 프랜차이즈 카페를 운영하며 마케팅 분야의 전문가가 되었다. '창업인사이트'를 운영하며 창업 컨설팅, 홍보 마케팅 대행, SNS 교육 등을 하고 있다. 저서로는《부모님에게 꼭 해드리고 싶은 39가지》등이 있으며, 1인 창업하는 사람들이 시행착오를 겪지 않고 빠르게 성공할 수 있는 노하우를 담은 개인저서를 집필 중이다.

E-mail donamo79@naver.com **Blog** http//www.parkseoin.net

Cafe http://www.parkseoin.com

우리는 아이들에게 장래희망이 무엇이냐고 묻곤 한다. 아이들은 의사, 변호사, 선생님, 경찰 등 자신이 선망하는 직업을 이야기한다. 어려서부터 뚜렷한 장래희망을 가지고 꿈을 이루기 위해 노력하는 어린이들을 보면 대견하기도 하고 부럽다는 생각이 든다. 많은 사람들이 성인이 되어서도 자신이 정말 하고 싶은 일이나 되고 싶은 것을 찾지 못하고 방황하며 무의미한 하루를 보낸다. 나는 우리 아이들이 장래희망을 말할 때 단순히 직업을 생각하기보다는 소명과 비전을 가지고 어떠한 사람이 되고 싶은지 생각해보라고 조언해 주곤 한다.

나의 어릴 적 장래희망은 선생님이었다. 하지만 어려운 가정형편에 실업계 고등학교로 진학해야 해서 그 꿈을 펼쳐 보기도 전에 좌절했다. 다른 일을 하면서도 가슴 한쪽에서는 선생님이라는 꿈을 놓지 않았다. 다른 사람을 변화시키고 성장시킬 수 있다니, 얼마나 아름다운 직업인가?

꿈을 가지고 있으면 언젠가는 이루어진다는 말을 요즘 실감하고 있다. 나는 선생님이라는 꿈 대신, 삶에 필요한 경험과 지식을 나누는 강사가 되고 싶다는 목표가 생겼다. 꿈이 없는 사람들에게 동기부여를 해서 꿈을 찾아 주고, 그 꿈을 이루어 가는 과정을 설계해 주는, 인생의 선생님이 되고 싶다. 또한 프랜차이즈 사업과 인터넷 쇼핑몰을 하면서 매출을 늘리기 위해 시도했던 여러 가지 마케팅 방법들을 소상공인들과 공유하고 싶다는 포부가 생겼다.

하루에도 수백 개의 인터넷 쇼핑몰이 생겨났다가 사라진다. 영업을 시작한 지 얼마 지나지 않은 상점에 새로운 간판이 올라가는 것도 쉽게 볼 수 있다. 나는 자영업자들의 아픔을 직접 느껴봤다. 자영업자들의 대부분이 대출을 받아 사업을 시작하고, 얼마 가지 않아 경영상의 어려움으로 폐업 수순을 밟는다. 투자했던 비용은 고스란히 빚으로 남게 된다. 이런 자영업의 어두운 그림자는 가정파탄으로도 이어진다.

나는 사업에서 어려움을 겪고 있는 사람들의 시행착오를 줄여 주고 성공에 한 발짝 다가설 수 있도록 도움이 되고 싶다. 나도 막막할 때 컨설팅을 받아 보고 직접 교육을 받아 적용해 보기도 했으나 큰 도움이 되지 않았다. 뜬구름 잡는 것 같은 막연한 내용이 대부분이었다. 이런 것들과 차별화된 나만의 교육프로그램을 만들고 진행해서 프로강사로 인정받는 것이 나의 목표다. 그러기 위해서는 준비해야 할 것도 많고, 배워야 할 것도 많고, 연습해야 할 것도 많다.

나는 사람들 앞에만 서면 발음이 꼬이고 목소리가 떨린다. 어려서부터 그랬다. 나이가 들면서는 사람들 앞에 설 기회가 적다 보니 발표력이 향상되지 않았다. 학창시절에는 그래도 남 앞에 서는 것을 좋아했다. 학급 반장이나 전교 부회장을 하기도 했다. 돌이켜 생각해 보면 다른 사람들에게 관심을 받는 것을 좋아했던 것이지, 선척적으로 언변이 뛰어나거나 발표력이 좋았던 것은 아니었다. 중학교 때는 방송반에 들어가고 싶었다. 방송반 입단테스트를 받을 때 버벅거리며 실수해서 낙방했던 아픈 기억도 있다. 언변능력이 뛰어난 사람을 얼마나 부러워했는지 모른다.

이제는 나의 부족한 면에 당당히 맞서서 개선해 보려고 한다. 무엇 하나 쉽게 이루어지는 것이 없어 불평하던 예전의 내가 아니다. 부족한 점이 무엇인지, 어떻게 극복해 나갈 것인지 나 자신에 대해 진지하게 공부하고 연구할 것이다. 나의 단점을 극복하고 어렵게 성취할수록 행복지수는 더 높아질 것이라 믿는다.

얼마 전 사람들 앞에서 프레젠테이션을 할 기회가 있었다. PPT 자료를 만들고 대본도 작성해서 여러 번 읽어 보긴 했지만 완전히 숙지하지 못한 상태였다. 시작 전에 우황청심환도 먹으며 마음의 준비를 했다. 그런데 바들바들 떨면서 너무 빠른 속도로 대본을 읽어 버렸다. 결국 내가 하고자 하는 이야기가 청중들에게 잘 전달되지 않았고, 좋지 못한 평가를 받아야 했다. 예전의 나였다면 실패를 계속 떠올리면서 스스로를 괴롭혔겠지만 지금은 더 도전해 보고 싶은 욕구가 생긴다. 위기를 극복해 나가면서 사람들에게 인정받는 프로강사로 성장하는 과정에 흥미가 생겼다.

사람들에게 인정받는 프로강사가 되기 위해서는 어떤 준비를 해야 할까? 먼저 꾸준한 독서와 자기계발로 내 분야에 많은 지식과 통찰력을 가지고 있어야 한다. 지식이 많다고 해서 잘 가르치는 것은 아니다. 사람에 대한 이해와 사랑이 전제가 되어야 한다. 내가 가르칠 사람들을 철저하게 분석하고 교감할 준비가 되어 있을 때 상대방에게 온전히 내 지식이 전달될 수 있다. 준비한 강의를 올바른 화법과 기술로 풀어서 전달할 수 있는 스피치 능력은 꾸준한 연습을 통해 좋아질 수 있다.

나는 남편과 같이 일하기 때문에 부부 간의 대화가 많다. 그런데 나의 화법 때문에 가끔 언쟁이 벌어지곤 한다. 나는 콩떡같이 말해도 찰떡처럼 알아듣길 원한다. 내가 50%만 얘기해도 상대방이 나의 마음을 100% 알아줄 것이라는 말도 안 되는 믿음을 가지고 살아왔다. 이런 점 때문에 완벽을 추구하는 남편에게 항상 지적을 받곤 했다. 이젠 뼛속까지 프로강사로 한 단계씩 나를 업그레이드시키려고 한다. 말투, 행동, 제스처, 외모까지 변화시켜야 한다. 사람들에게 신뢰를 주고 호감을 주는 내가 되어야 한다. 일상생활에서도 스피치 능력을 키우기 위해 노력할 것이다.

세상에 나를 알려 많은 사람들이 찾아 주는 프로강사가 되려면 퍼스널 브랜딩에 성공해야 한다. 강연에 나만의 색깔을 입힐 수 있도록 '나다움'에 대한 연구를 해야겠다. 나는 1년에 2권의 책 출간을 목표로 삼고 있다. 또한 블로그와 인스타그램 등 SNS를 통해 사람들과 소통하고, TED 강연 같은 동영상을 제작할 것이다. 아직 준비 단계라 무엇부터 시작해야 할지 막막하기도 하다. 하지만 과정과 경험 또한 소중한 자산이 되리라 믿는다.

단순히 가르치는 스킬이 좋은 강사를 꿈꾸는 것은 아니다. 상대방에게 감동을 주고, 그 감동이 다른 행동을 유발하는 촉매제가 되었으면 한다. 지천명의 나이에 찾은 내 직업에 가치를 부여하고 천직으로 만들고 싶다.

17

3040 엄마들을 위한 부자 멘토 되기

'맘스리치연구소' 대표, 부자엄마 만들기 멘토, 소액부동산투자 전문가, 주거복지상담 전문가

당당한 엄마가 당당한 아이를 만든다는 모토하에 '행복한 부자엄마 만들기' 코칭 및 컨설팅을 진행하고 있다. 결혼, 출산, 육아, 전세난을 거치며 경제적 어려움을 겪고 있는 이 시대의 모든 3040 엄마들의 '부자 멘토'로 활발히 활동하고 있다. 저서로는《부모님에게 꼭 해드리고 싶은 39가지》가 있으며, 현재 부동산 공부를 처음 시작하는 엄마들을 위한 실전지침서를 집필 중이다.

E-mail mamsrich@naver.com **Blog** http://blog.naver.com/mamsrich

"시간이 없어서 안 돼요."

"돈이 없어서 안 돼요."

"용기가 없어서 안 돼요."

"아직 준비가 덜 됐어요."

내가 엄마들에게 부동산 투자를 권하면 가장 흔히 돌아오는 답변이다. 과연 이 사람들이 시간이 있다면, 돈이 있다면, 용기가 있다면 부동산 투자를 하겠는가? 완벽한 시간이란 없다. 부자가 되기로 결심하고 가장 빠른 방법을 찾아 지금의 조건에서 시작하는 것이 부자엄마가 되는 지름길이다.

결혼과 임신·출산, 육아로 인해 여성은 직장생활을 접게 되고, 남편 홀로 외벌이를 하게 되면서 수입은 급감한다. 반면 전세자금 대출상환과 양육비 등 지출은 수직 상승하게 된다. 이 신혼빈곤은 해를 거듭하며 반복되어 뫼비우스의 띠처럼 그 연결고리가 끊어지지 않는다. 엄마들은 이 악순환의 늪에서 빠져나오는 방법을 맞벌이라고 생각해 돌도 안 지난 어린아이를 보육시설에 맡긴 채 눈물을 훔치며 전쟁처럼 하루하루를 버텨 낸다.

나 또한 이와 다르지 않았다. 4,000만 원의 8평짜리 작은 전세 주택에서 그마저도 상당 부분 대출을 받아 신혼살림을 시작했다. 신랑은 월급이 뻔한 공무원이었고 나는 수험생의 입장이었다. 몇 년 후 나도 취업을 하게 되어 맞벌이를 시작했다. 우리는 열심히 일하고 검소하게 살아가는데도 살림은 조금도 나아지지 않았다. 아니, 오히려 더욱 힘들어지는 것이 몸으로 느껴졌다. 결혼 10년 동안 총 다섯 번의 이사를 다녔으니 전세계약 기간만 겨우 채우고 내쫓기듯 떠돌았던 것이다. 서울에서 전셋집을 구하는 것은 무척 어려운 일이었다.

어렵게 얻은 전셋집이 너무 지저분해서 도배, 장판, 싱크대까지 교체하며 대대적인 인테리어를 한 뒤 이사했다. 집주인 아주머니는 신혼부부가 사니 집이 아주 깨끗해졌다고 좋아하셨다. 몇 달이 지나고 장마철이 되자 벽에서 물이 새어 나오고 천장에서도 물이 떨어져 누전이 되었다. 벽은 새까맣게 곰팡이로 가득했다. 집주인에게 이야기했더니 "저번에 방수 공사했는데…."라며 얼버무렸다. 지은 지 워낙 오래된 다가구 주택이다 보니 집 곳곳에 수리할 곳이 많았다. 저렴한 데다 인테리어까지 하고 들어왔으니 참고 살기로 했다. 그런데 명절을 맞아 며칠 집을 비우고 돌아왔더니 집이 물바다가 되어 있었다. 누전으로 인해 차단기가 내려와 냉장고 음식은 모두 상해 버렸다. 이사를 가겠다고 말했더니 집주인은 대뜸 기간을 못 채우고 나가는 것이니 복비는 우리가 지불하라고 했다. 울음을 삼키며 되뇌었다.

'집 한 채는 있어야겠다. 내 집을 마련하기 전에는 아이를 낳지 말자.'

'자본주의 사회에서 돈은 나를 잃지 않게 해 주는 힘이구나.'

'내 집 마련'이라는 목표가 생기니 몸은 자연히 부지런해졌다. 부동산 관련 서적을 탐독하고 부동산 강의도 들으러 다녔다. 저녁이건 주말이건 개의치 않고 좋은 강의가 있으면 참석해 강사를 만나려고 애썼다. 종잣돈도 없고 방법도 찾기 어려웠지만 내 집을 마련하고 싶다는 열정으로 기적을 만들어 냈다. 당시 정부의 주력 정책인, 서민주거안정을 위한 '보금자리 분양주택'에 당첨된 것이다. 드디어 내 집을 마련하게 되었다. 그것도 강남에.

남들은 달콤한 결과만을 보고 운이 좋았다고 하지만 보금자리

주택에 입주하기 위해 수집한 자료만 A4용지 세 상자는 족히 넘는다. 거저 얻는 것은 없다.

내 집을 마련하니 그 뒤론 재테크가 술술 풀렸다. 집을 담보로 대출을 받아 종잣돈을 마련하고 부동산 투자를 시작했다. 분양권 투자와 경매, 갭투자, 상가투자 등 다방면의 고수들을 만나서 그들의 노하우를 배우고 익혔다. 여러 번의 시행착오를 거쳐 나에게 맞는 투자 방법을 찾았다. 투자 수익률이 좋아서 생각보다 빠르게 부를 쌓을 수 있었다. 부동산 공부와 더불어 부자들의 성공하는 습관을 익히고 부자가 되는 그릇을 키워 나갔다.

부자의 기준은 저마다 다르겠지만 나는 현재의 나를 부자라고 생각한다. 부자가 되고 나니 마음의 여유가 생겼다. 예전에는 직장생활을 하며 감정의 소모가 많았지만 현재는 직장에서의 스트레스도 어느 정도 부드럽게 넘길 줄 알게 되었고, 소외된 사람들을 돕고 싶다는 진심으로 일을 더욱 즐기게 되었다. 마음이 기쁘니 가족과의 관계도 더욱 부드러워졌다. 스스로에게 좋은 것을 선물하기도 했다. 나를 더욱 사랑하게 되었고 행복하다는 생각 또한 하루에 몇 번씩 떠올리게 되었다. 경제적 보상이 가져다준 달콤한 열매를 맛보게 된 것이다.

부동산을 통해 경제적 여유를 얻고 나니 소명의식이 생겼다. 예전의 나처럼 경제적인 문제로 힘들어하는 젊은 엄마들에게 부동산을 이용해 부자가 되는 노하우와 흔들리지 않는 인생을 사는 법을 알려 주고 싶다는 소명 말이다.

나는 사회복지 공무원으로 근무하며 늘 경제적 약자를 마주하다 보니 돈에 대해 많은 것을 생각하게 되었다. 경제적 어려움을 겪는 사람들 대부분은 여성이거나 한부모 가족이다. 특히 모자가족은 경제적으로 자립하지 못한 상태에서 갑자기 마주친 현실에 더 크게 흔들린다. 그녀들에게 가장 큰 어려움은 경제적 문제다. 내가 8년 동안 만난 그녀들은 무엇보다 주거비에 가장 큰 부담을 느끼고 있었다.

나는 사회복지사로서 그녀들과 주거복지에 관련한 상담을 꾸준히 진행했다. 전세임대, 영구임대, 국민임대 등 임대주택의 가점체계, 가점을 올리는 법 등의 정보를 제공했다. 더 나아가 내 집을 마련할 수 있는 청약통장을 꾸준히 납입할 것과 내 집을 마련하는 방법에 대한 상담을 진행했다.

입주 후 나에게 감사의 말을 전하며 인사를 하러 오는 이들도 있다. "주거문제가 해결되니 생활에 여유가 생겼어요. 이젠 더 열심히 살아서 아이들에게 각자의 방이 있는 멋진 집을 선물해 주고 싶어요." 이렇게 따뜻한 말에 보람을 느껴 아직도 나는 이 일을 멈출 수가 없다. 작은 정보를 제공하며 건네는 따뜻한 말 한마디가 그녀들의 마음에 뜨거운 열정을 심어 줄 수 있음을 잘 알기 때문이다.

돈이 없다는 것, 시간이 없다는 것, 용기가 없다는 것은 모두 핑계다. 모든 것이 완벽한 타이밍은 없다. 나의 환경과 현실을 인정하고 지금의 조건에서 일어설 수 있는 용기가 필요하다. 나를 둘러싸고 있는 현실의 벽을 무너뜨리는 법과 내가 몸으로 마음으로 애써 깨닫고 터득한 실전 투자 노하우를 예전의 나와 같은 젊은 엄마들에게 전해 주고 싶다.

나는 세상을 향해 두 번째 발걸음을 내딛는 3040 엄마들의 긍정적인 변화를 이끌어 내는 희망 멘토가 되고 싶다. 인생의 어려운 순간 나의 소중한 멘토가 내게 그래 줬듯이 말이다.

18

꿈이 있는 삶 살아가기

실내건축 인테리어 전문가, 동기부여가, 강연가, 자기계발 작가

꿈만 간직하고 달리다 보니 늦어버린 시간 속에 묻혀 버리기에는 너무도 아쉬워서 이제부터라도 작가와 동기부여 강연가라는 꿈을 실현시켜 보고 싶은 마음에 글을 쓰기 시작했다. 그동안 겪어 온 시련을 거울삼아 현재 개인저서를 준비 중이다.

내 고향은 아름다운 섬 제주도다. 대한민국에서 제일 큰 섬인 제주도는 공기 좋고 바람 많고 돌도 많다. 사방이 확 트인 바다에, 한라산 주위로 펼쳐진 368개의 기생화산이 어우러진 섬은 사람들이 많이 찾는 관광지이기도 하다.

'사람은 서울로 보내고 말은 제주도로 보내라'라는 속담이 있다. 하지만 몇 해 전부터 달라졌다. 아름답고 멋진 풍경을 자랑하는 내 고향 제주도로 사람들이 몰려오고 있기 때문이다. 돈을 벌려는 사람들, 아니, 투기꾼들이 전국에서 모여들고 있다. 여기에 큰 손 중국인들도 대거 참여하고 있어 안타깝다.

나는 가끔 생각한다. 태어나서 지금까지 살고 있는 고향이지만 이제는 떠나고 싶다고. 더 큰 도시에서 내 꿈을 찾고 미래를 향해 가고자 한다. 남들은 나이가 들어 가면 오히려 고향에 가서 살고 싶다고 하는데 말이다. 하지만 나는 언제부터인가 제2의 고향을 만들고 싶어서 지금까지 기다려 왔다. 나이는 들었지만 꿈만은 포기할 수 없기에 그 꿈을 꼭 실현시키고자 더 넓은 곳으로 가서 공부도 하고 여유로운 노년의 삶을 살고자 한다. 내가 하고자 하는 강연을 하기 위해서는 또 다른 목표를 잡고 공부를 해야 하기 때문이다. 주변 사람들은 그냥 지금처럼 살라고 말한다. 그러나 나는 그런 평범한 삶은 살고 싶지 않다.

시간은 한정되어 있다. 잠시 왔다 가는 인생에서 삶의 기준을 어디에 두고 살아야 하겠는가. 나는 많은 경험과 고통을 감수하면서 살아온 이유를 많은 사람들에게 알리고 새로운 삶을 살 수 있도록 돕고 싶다. 새로운 강연을 하고 싶다.

20년간의 결혼생활이 파탄 나면서 많이 고통스러웠다. 준비도 없이 다가온 고난은 내가 원한 것이 아니었다. 이 힘든 시간을 이겨 내면서 얻은 깨달음을 어렵게 살아가고 있는 사람들에게 전하고 싶다. 반드시 그런 기회가 오리라 기다리며 준비하고 있다. 하지만 마음만 앞선다고 할 수 있는 일은 아니다. 나 자신을 잘 관리하지 않으면 안 된다고 생각한다. 다른 누구를 위한 일이 아닌, 나를 위한 일이기에 철저하게 관리해야만 도전할 수 있다고 본다. 건강을 잃으면 아무것도 할 수 없다. 내 친구 중에 현재 시한부 삶을 살고 있는 친구가 있다. 건강은 건강할 때 지키지 못하면 아무 소용이 없다. 나는 나이 들어서도 도전할 수 있는 삶을 위해 오늘도 노력하고 있다.

전에는 그저 흘러가는 시간에 내 삶을 맡기며 살아왔다. 그러나 언제부터인가 책을 읽기 시작하면서 내가 가야 할 길은 어떤 길일까 의문을 가졌다. 내면 깊은 곳을 들여다보고 기나긴 생각을 한 끝에 정말 하고 싶은 일을 후회 없이 해 보자는 결정을 내리게 되었다. 포기하지만 않는다면 미래는 반드시 나를 기다리고 있을 것이다. 자신이 진정으로 원하는 길을 갈 수 있다면 그것이 바로 행운이다. 미래에 대한 희망과 꿈이 있기에 하루의 고단함을 잊을 수 있다. 가만히 생각해 보면 이런 행복을 알게 하기 위해 그 힘든 고통의 세월이 있었던 것은 아닐까 싶다.

돌이켜 보면 학창시절은 참 아름다웠다. 하지만 그때는 알지 못했다. 세월이 흐른 지금에서야 후회가 남는다. 누군가 나에게 미래를 위한 대비까지는 아니어도 자그마한 기회라도 알려 주었으면 하는 아쉬움이 많이 남는다. 그래서 취업이 되지 않아 희망을 놓아 버린 젊은 친구들에게 멘토가 되어 주고 싶다.

돈에 얽매여 꿈을 잊고 사는 청년들을 보고 있으면 안타까운 마음이 든다. 돈이 없으면 꿈을 펼치기가 어려운 것이 자본주의 사회의 현실이다. 하지만 돈만 생각하다 보면 오히려 원하는 길로 나아가기 어렵다고 생각한다. 현실의 냉혹함을 인지하고 빨리 대처하는 것이 좋은 길로 가는 지름길이다. 나는 어떻게든 살아가려 했기에 무엇이든 할 수 있었다. 힘든 일을 하면서 '이런 일을 하지 않으려면 어떻게 해야 할지'만 생각하며 지내 왔다. 그러나 생각만 한다고 되는 일은 아무것도 없다. 또 다른 도전과 노력을 해야만 한다. 그 누구도 아닌, 나를 위해서 행동해야 한다. 좀 더 나은 인생을 위해서 간절함을 안고 길을 찾아야 한다.

나는 힘든 하루 일과를 마치고도 쉴 수가 없었다. 초라한 노후를 만나기 싫었기 때문이다. 그래서 도서관을 찾았다. 처음에는 '책 속에 길이 있다'라는 말에 읽기 시작했지만 어느새 책을 읽는 재미에 빠져들었다. 가슴이 떨린다는 느낌을 드디어 알게 되었다. 내가 원하던 삶은 이런 것이었다. 그동안은 시간에 휘둘리며 무의미하게 살아왔다. 나는 나를 바꾸고 싶었다.

양광모의 《비상》에서는 인생을 바꾸고 싶다면 다음 3가지 버릇을 고치라고 말하고 있다.

"첫째는 마음버릇이다. 부정적인 생각은 버리고 항상 긍정적으로 생각하라. 둘째는 말버릇이다. 비난과 불평은 삼가고 칭찬과 감사를 입버릇으로 만들어라. 셋째는 몸버릇이다. 찌푸린 얼굴보다는 활짝 웃는 사람, 맥없는 사람보다는 당당한 사람이 성공한다. 운명을 바꾸고 싶다면 독서와 교육, 훈련을 통해 마음버릇, 말버릇, 몸버릇을 바꿔라. 성공도 버릇이요, 실패도 버릇이다."

편안하고 안정된 현실 속에 안주하려는 사람들이 많다. 나 역시도 그랬다. 길다면 길고 짧다면 짧은 인생에서 나는 이제 주저하지 않겠다. 삶의 기준을 상향 조정해서 얼마 남지 않은 시간을 잘 활용하려고 한다. 주위 사람들은 그 나이에 뭘 하려 하느냐며 말린다. 하지만 나는 이제 부정보다 긍정에 모든 마음을 집중하고 할 수 있다는 열정으로 준비하고 있다. 내가 움직이지 않으면 아무것도 이룰 수 없다는 사실을 잘 알고 있기 때문이다.

만약 내가 세월의 흐름에 따라 살아갔다면 그저 그런 인생을 살고 있지 않았을까 생각한다. 지금 새로운 길을 가더라도 늦은 것이 아니다. 나는 삶 속에서 나를 찾고 즐거움을 느끼며 할 수 있는 강연가가 되고 싶다.

기회는 준비된 사람에게 찾아온다. 지금까지는 내 고향 제주도에서 늘 하던 대로 살아왔지만 이제는 더 큰 도시에서 나의 생각을 펼치며 더 높은 곳을 향해 달려갈 것이다. 누구에게도 기대지 않는 노후의 삶을 확실히 준비하고 싶다. 그 길이 평탄하지는 않겠지만 노력과 열정만 있다면 할 수 있다고 생각한다. 일찍 시작한 사람들보다 시간은 좀 더 걸리고 더디겠지만 포기하지만 않는다면 멋진 인생이 기다리고 있을 것이다.

나는 힘들고 어려운 시간을 보내고 있는 사람들에게 인생의 즐거움과 용기를 줄 수 있는 강연가로서 전국을 누빌 것이다. 내가 꿈꾸는 인생을 위해서 나는 오늘도 달린다.

19

5년 뒤의 빅 픽처 그리기

오정남

초등학교 교사, 행복교육 메신저, 전문상담 교사, 자녀교육 작가
교사, 학부모, 학생 모두가 행복한 '행복교육'을 꿈꾸는 초등학교 교사다. 진주교육대학교 학교상담 석사학위를 받았으며, 25년 동안의 교직 경험을 바탕으로 아이들의 자존감을 향상시킬 수 있는 초등학생용 프로그램을 개발 중이다. 독서교육에 대해 고민이 많은 초등 부모를 위한 개인저서를 집필 중이다.
E-mail ojnami@hanmail.net **Blog** http://blog.naver.com/ojnami
Homepage http://www.ojnami.net

2016년은 나에게 있어 너무나 특별한 해였다. 2015년 겨울, 나는 책을 쓰고 싶다는 막연한 소망을 가졌다. 우연한 기회에 〈한책협〉을 알게 되어 10주간의 〈책 쓰기 과정〉을 밟았다. 매주 토요일마다 밀양에서 분당까지 먼 길을 오직 책을 쓰겠다는 일념으로 다녔으며 나의 모든 생활을 책 쓰기에 집중했다. 그 결과 초고를 완성하고 출판사에 투고한 결과 다산북스와 최종 계약에 성공해 올해 출간을 앞두고 있다.

2016년은 이렇듯 내게 작가로서의 발판이 된 한 해였을 뿐 아니라 내 인생의 모든 면에서 전환점을 맞은 해였다. 책을 쓰리라 마음먹으면서 그리고 책을 쓰면서 몰입했던 독서가 내 인생의 새로운 그림을 그리게 해 주었다.

평범하게 살아가는 것이 나쁘다는 것은 결코 아니다. 평범하게 사는 것이 제일 어렵다고들 하고 또 제일 소중한 것이 바로 일상이라는 것을 나도 잘 알고 있다. 그러나 일상에 감사하며 사는 것과 안주하며 사는 것은 다르다. 평범함의 소중함을 아는 것과 도전을 두려워하지 않고 더 나아가고자 하는 욕망은 반대되는 가치가 아니다. 그래서 나는 일상에 감사하며 더 나은 나를 위해, 더 나은 내일을 위해 꿈 너머의 꿈을 꾸며 살고자 한다.

올해가 나에게 더욱 인상적인 것은 내년이면 내 나이가 50세가 되기 때문이다. 40대의 막바지에서 나는 50세부터의 인생을 새로 정립해 보는 행운을 누리고 있다. 이것이 왜 행운이냐 하면 50세를 앞두고 있는 나 같은 여자들 중 남편이나 자식들 걱정을 접어 두고 오직 자신의 미래를 설계하고 준비하는 사람은 극소수임을 알기 때문이다.

이 세상에서 가장 소중하고 가치 있는 존재는 바로 자기 자신임에도 불구하고 '가정을 위해서'라는 이유를 들거나 다른 여러 가지 이유로 자신의 욕구를 포기하고 드러내기를 두려워하는 여자들이 많다. 좋은 대학을 나오지 못해서, 건강이 좋지 않아서, 남편이 싫어해서, 자식들 뒷바라지를 해야 해서 등 인생을 결코 자신을 위해 투자할 수 없는 것이라 여기는 여자들이 나는 너무나 안타깝다.

나는 5년 뒤의 빅 픽처를 그리고 또 이루어 낼 것이다. 그래서 나 같은 평범한 여자도 크게 성공해 더 행복한 삶을 주도적으로 살아갈 수 있음을 보여 주고, 평범한 현실의 틀에 갇힌 사람들에게 소망의 힘을 전하고 싶다.

나는 5년 뒤 명예퇴직을 고려하고 있다. 55세 이후가 되면 아이들과의 세대 차이를 극복하면서 교육할 자신도 없거니와 점점 가르치기 힘들어지는 아이들에게 정신적, 육체적으로 에너지가 달릴 거라고 생각하기 때문이다. 그래서 앞으로 5년은 명예퇴직 뒤의 삶을 준비하는 시기가 될 것이다.

2016년에는 많은 씨앗을 뿌렸다. 2017년에 거둘 첫 수확은 바로 나의 첫 저서다. 곧이어 두 번째 책으로 독서교육에 대한 책을 출간하고 나서 남편과 세계 명산 트레킹에 대한 책을 공저로 낼 계획이다. 세계 명산 트레킹에 대한 여행 책은 반은 트레킹, 반은 자유여행으로 기획해 다른 여행 책과 차별화를 두면서 해마다 시리즈로 출간할 것이다.

그리고 퇴직 후에는 나의 전공을 살려 상담센터를 운영할 것이다. 그러기 위해서 2017년에는 예전부터 관심이 많았던 EFT(Emotional Freedom Techniques) 과정을 수료하고 아이들과 학부모들에게 적용한 결과를 책으로 출간해 기반을 갖춰 나가고자 한다. 앞으로 향후 5년 동안 교육 관련 책, 여행 책, 상담 책을 출간하고 연수를 받고 강의를 다니면서 쌓은 경력을 바탕으로 그리는 5년 뒤의 빅 픽처는 다음과 같다.

"밀양강을 끼고 있는 전망 좋은 언덕에 4층으로 된 'I AM 센터'가 자리 잡고 있다. 이 건물을 소유하고 운영하고 있는 이는 오정남 대표로 얼마 전 명퇴한 전직 초등교사다. 다수의 책을 출간한 베스트셀러 작가이자 여행저널리스트이며 상담가다. 현재 센터에서 책 쓰기와 상담 프로그램을 운영하고 있으며 바쁜 강연 스케줄 속에서도 지역 사회 불우한 청소년들의 진로를 위해 다양한 사업을 기획, 운영하고 있다.

센터 1층에는 체력단련을 할 수 있는 건강 스포츠실이 자리하고 있다. 또한 1층에는 오정남 대표의 남편이 운영하는 'On Tour 여행사' 사무실이 있는데 자유여행을 기획하고 안내해 주는 여행사이며 청년들의 해외 봉사활동을 추진하고 있다. 해외 봉사활동을 통해 해외 취업을 알선해 주면서 밀양 지역 청소년들의 진로 교육의 한 축을 담당하고 있다.

2층에는 강의실이 있어서 책 쓰기 강좌 및 상담 강좌가 운영되고 있으며 아늑한 개인 상담실도 있어 개인 및 집단 상담 프로그램이 운영되고 있다. 한쪽의 널따란 사무실은 오정남 대표의 개인 도서관으로, 이곳을 찾는 많은 작가 지망생들의 자료실로 사용되며 집필을 하는 데 큰 도움을 주고 있다. 3층에는 급식과 카페를 겸한 레스토랑이 회원제로 운영되며 4층에는 오정남 대표 부부의 사적인 공간이 자리 잡고 있다.

책과 여행과 봉사와 진로 이 4가지를 모토로 센터가 운영된다. 자신의 꿈을 이루고 또 다른 사람의 꿈을 이루도록 도우며, 서로의 삶을 응원하고 격려하고 함께 나누는 꿈 공동체가 바로 'I AM 센터'다.

'I AM 센터'에는 회원들이 운영하는 독서 프로그램과 취미 프로그램, 진로 프로그램 등이 있으며, 정기적으로 회원들에게 연수와 교육을 실시해 함께 성장하고 성공해 사회에 선한 영향력을 펼쳐 가도록 도와주는 시스템을 갖추고 있다.

따뜻한 햇살이 밀양강에 물무늬를 아름답게 그리는 어느 가을 오후 센터 앞 잔디에는 센터 회원들이 청소년 해외 트레킹 프로그램을 마치고 돌아오는 대표 부부와 청소년들을 맞이할 준비를 하고 있다. 네팔 해외 트레킹 프로그램은 트레킹과 봉사활동을 통해 방황하는 청소년들을 몰라보게 변화시키는 프로그램으로 전국적으로 유명한 프로그램이 되어 가고 있다."

내 인생 5년 뒤의 빅 픽처는 결코 황당한 이야기가 아니다. 나이는 숫자에 불과하다는 말에 나는 100% 찬성하며 내 나이 50세에 새로운 인생을 시작하는 것이 늦은 것이 아님을 확신한다. 헤르만 헤세는 《데미안》에서 "알은 세계이며 태어나려는 자는 하나의 세계를 깨뜨려야 한다."라고 했다. 나는 자신의 알을 깨뜨리는 시기가 사람마다 다르다는 생각을 갖고 있다. 젊은 청년들이 자신의 알을 깨뜨리기 위해 고군분투하는 것을 볼 때 그 모습이 대견하면서도 그 젊음이 너무나 부러웠다. 하지만 지금껏 살아온 삶을 돌이켜 볼 때 내가 알을 깨는 시기는 바로 지금이며 오히려 더 늦지 않았음에 너무나도 감사하게 생각한다.

가수 조성모가 부른 '가시나무'에는 '내 속엔 내가 너무도 많아 당신의 쉴 곳 없네'라는 가사가 있다. 이 가사처럼 우리 마음속에는 내가 참으로 많이 존재하는 것처럼 느껴질 때가 있다. 자신의 가치를 찾고 꿈을 이루려면 그 많은 '나' 중에서 진정한 나를 찾아 그 '나'로 살아가야 한다. 매사 부정적인 나, 우울한 나, 다른 사람과 비교하는 나, 다른 사람을 비난하는 나, 다른 사람을 탓하는 나는 허상이다. 긍정적이고 진취적이며 밝고 완전하며 진정한 '나'를 먼저 바로 세워야 한다. 그래서 나는 소망한다. 이 세상에서 진정한 '나'의 존재를 각성하고 꿈 너머 꿈을 이루며 사는 사람들이 많아지기를, 거기에 일조하는 내가 되기를!

20

좋아하는 것을 찾아 자유로운 삶의 주인 되기

'와이즈 세무회계자문' 대표, 비즈니스 컨설턴트, 책 쓰는 회계사

EY 한영회계법인, SBS 콘텐츠허브 재무팀장을 거친 뒤 지금은 여러 금융기관 및 미디어 기업을 대상으로 다양한 경영자문을 제공하고 있다. 절세, 기획 · 제안 · 보고, 팀장 리더십, 외국어 공부, 빅데이터 분석, 비즈니스 인텔리전스, 다이내믹 프레젠테이션 기술 등 다양한 분야에 관심을 가지고, 어떻게 하면 많은 사람들에게 긍정적인 도움을 줄 수 있을지 고민하고 있다.

E-mail jaebeom.an@wiseadvisory.net **Blog** www.wise-consultant.com

나는 자유로운 삶이란 시간적으로, 경제적으로 제약이 없이 내가 하고 싶은 것을 마음껏 하면서 사는 삶이라고 정의하고 싶다. 그러기 위해서는 빠른 시간 내에 기하급수적으로 부를 축적해야 한다. 그러나 기존의 책들에 나와 있는 부자가 되는 방법으로는 쉽지 않다. 이에 비해 엠제이 드마코의 저서 《부의 추월차선》은 이 부분을 정확하게 지적하고 있다. 이 책에는 기하급수적으로 부를 축적하기 위해서는 임대시스템, 컴퓨터·소프트웨어 시스템, 콘텐츠 시스템, 유통시스템, 인적 자원 시스템 중 하나를 구성해야 한다고 언급되어 있다. 그리고 이 시스템을 구축하기 위해서는 힘든 과정을 겪어야 한다고 말한다. 사람들은 축적된 부라는 결과만 볼 뿐 부를 이룬 과정은 보지 않는다. 그러나 정작 이 과정이 가장 중요하며 힘든 부분이다. 부를 얻는 데 요구되는 대가는 분명 있다. 부의 추월차선을 통해 자유로운 삶을 살 수 있다면, 그 힘든 과정을 이겨 내야 한다. 나는 이런 힘든 과정을 견뎌 내기 위해서는 내가 좋아하는 일을 해야 한다고 생각한다. 돈을 부르는 시스템을 만드는 과정이 힘들더라도 내가 좋아하는 것을 하면 재미있게 일하며 쉽게 이겨 낼 수 있는 힘이 생길 것이다.

그러면 내가 좋아하는 것이 무엇인지 고민해 봐야 한다. 사실 내가 좋아하는 것이 무엇인지에 대한 고민은 살면서 가장 고민되는 질문이기도 하다. 내가 좋아하는 것을 어떻게 알 수 있을까? 내가 좋아하는 일은 아드레날린을 뿜어내는 일이라고 볼 수 있다. 바쁘게 살다 보니 그런 흥분을 제대로 느끼지 못하고 지나치는 경우가 다반사다. 하지만 이제 이 고민은 인생의 후반기가 달린 중차대한 이슈가 되었다. 나는 내가 살아온 과정에 답이 있을 것이라 생각했다. 온 신경을 곤두세워 그때 당시의 느낌을 되살려 기억해 내야 해답을 찾을 수 있다고 생각했다. 그러기 위해서는 지금까지의 내 인생을 돌아보고 가장 흥분되고 신나게 일한 때가 언제인지를 기억해 내야 했다. 결국 나 자신에 대한 냉정한 성찰을 하게 된 것이다.

나는 회사 재무팀장으로 있을 때 주거래 카드사로부터 '고객사 관점에서 본 ○○카드사와의 파트너십'이라는 주제로 강연 요청을 받았다. ○○카드사의 법인영업본부 본부장 및 직원을 대상으로 법인영업이 왜 어려운지, 우리 회사가 어떻게 ○○카드사와 파트너십을 이루게 되었는지, ○○카드사에 대한 고객사 입장에서의 느낌은 어떤지 공유하는 자리였다. 나는 회계법인에 근무할 때 금융기관을 대상으로 법인영업을 한 경험과 회사 재무팀장으로서 금융기관으로부터 서비스를 받은 경험이 동시에 있다 보니 서로의 입장을 잘 이해하고 있었다. 양쪽 상황을 모두 잘 알고 있으니 자신 있게 이야기할 수 있었다. 본부장부터 말단 직원까지 나에게 집중했다. 강연하는 동안 주인공은 나였다. 나의 생각과 경험을 다른 사람에게 전달한다는 사실에 매우 흥분되었다.

좀 더 시간을 거슬러 올라가 다른 일이 있는지 기억을 더듬어 봤다. 회계법인에 근무할 때 주위에서는 나를 '제안서의 신'이라고 불렀다. 그곳에서 퇴사한 지 4년이나 지났지만 아직도 제안서를 쓸 생각이 없냐고 물어 온다. 사실 법인 내에서 제안서 작업은 다들 힘들어하는 일이었다. 엑셀은 잘 다루지만, 파워포인트는 특히나 낯설어하는 회계사들이 많았다. 나는 오히려 반대였다. 제안서 작업이 힘든 것은 맞지만 즐기면서 했다. 내가 알고 있는 지식을 다른 사람에게 알기 쉽게 전달한다는 점이 나의 성향과 맞았던 것이다. 내가 좋아하다 보니 어떻게 하면 더 잘할 수 있을지 고민하게 되면서 제안서 작성 실력과 파워포인트 실력이 늘어 더 좋은 산출물을 만들어 내게 되었다. 그러다 보니 제안서 업무는 더더욱 나한테 몰렸다. 내가 만든 슬라이드를 보며 다른 사람들이 쉽게 이해하고 수긍하는 모습을 봤을 때의 그 희열을 잊지 못한다.

회사 재무팀장으로 있을 때의 일이다. 재무팀은 중요한 부서지만, 어디까지나 지원부서다. 나는 팀원들에게 우리의 봉급은 사업팀이 벌어들이는 수익에서 나오는 것이라 항상 주지시켰다. 그전에 회계법인에서 힘들게 서비스를 제공하는 어려움을 겪어 본 경험에서 나온 생각이다. 그래서 가능하면 세무·회계·자금과 관련해서 어려운 부분이 있으면 사업팀과 함께 고민하고, 사업이 되는 방향으로 함께 노력하라고 이야기했다. 사업팀에서 힘들어하는 부분을 알기 쉽게 설명해 주고, 함께 거래구조를 짜거나 해결방안을 제시하면서 즐거움을 느낄 수 있었다. 그리고 사업팀이 나의 진심을 알아주어 회사생활이 더욱 재미있었던 것 같다.

이렇게 예전 기억들을 더듬어 보니 나는 새로운 것을 알아가는 데 흥미를 느끼고, 그렇게 알게 된 지식과 경험을 다른 사람에게 알기 쉽게 전달하는 일을 좋아한다는 것을 깨달았다. 그리고 〈한책협〉을 통해 나의 지식과 경험, 노하우를 알기 쉽게 정리해서 책으로 또는 강연으로 전달할 수 있는 방법을 알게 된 뒤, 좋아하는 일을 하면서 자유로운 삶을 실현할 수 있겠다는 확신이 생졌다. 회계사로서의 세무·회계 지식과 업무 경험도, 일반 회사에서 팀장으로 일하면서 겪은 중압감도, 육아휴직을 받아 남자아이 셋을 키우는 데 전념하면서 느꼈던 감정도 모두 나의 책 쓰기 재료이자 다른 사람에게 알려 줄 수 있는 훌륭한 경험으로 바뀌었다. 이전에는 단지 고달프다고만 생각했던 모든 일상이 소중하게 느껴졌다.

좋아하는 것을 찾았으니 이제는 시간과 돈에서 자유로워지기 위해 수익을 기하급수적으로 창출할 수 있는 시스템을 만들어야 한다. 그 방법은 아주 간단하다. 〈한책협〉의 김태광 코치나 '임마이티 컴퍼니'의 임원화 대표처럼 이런 시스템을 먼저 경험해 본 사람들에게 자문료를 지불하고서라도 그들의 조언을 듣고 그대로 따라 해 자신의 것으로 체화하면 된다. 하지만 내가 좋아하는 것, 관심 있는 것은 자기 내면의 문제로 스스로를 되돌아봐야 하기 때문에 다른 사람이 쉽게 해답을 찾아 주지 못한다. 다른 사람이 내 인생을 살아 본 것이 아니기 때문이다. 어떻게 보면 제일 중요하고 제일 어려운 질문에 대한 답을 혼자의 힘으로 찾아야 한다. 좋아하는 것을 찾는 것이 부의 추월차선을 타기 위한 제일 첫 단계다. 그래야 힘들더라도 버틸 수 있는 힘이 생긴다.

경험이 계속 쌓이면서 또 다른 좋아하는 일이 생길지 모른다. 그럴 때도 예전처럼 다시 심장이 두근거리게 될 것이다. 이제는 그런 두근거림을 가볍게 넘기지 않겠다. 자신의 감정에 솔직해져 좋아하는 것을 바로 알아내고 삶을 채워 나갈 수 있다면 앞으로의 인생은 매우 즐거워질 것이다. 단지 좋아하는 것을 찾는 것만으로 막막하고 불안한 미래가 기대되고 기다려지는 미래로 바뀐다면 충분히 남는 장사 아닌가?

이제야 좋아하는 것을 알아낸 나는 즐겁게 일하면서 부의 추월차선을 달리는 일만 남았다. 돈을 부르는 시스템을 구축해 시간과 돈에서 자유로워질 것이다. 결혼기념일에 홍콩 리츠칼튼호텔 중식당 틴룽힌에서 미슐랭 코스나 디너 코스를 주문해 오붓이 부부 데이트를 즐긴다거나, 온 가족이 외국 도시에서 오랫동안 살아 보거나, 대륙별로 한 달 동안 살아 보는 등 나의 사랑스러운 아내 그리고 세 아이들과 다양하고 소중한 경험을 공유하면서 행복한 가정을 꾸리게 될 것이다. 벌써부터 머릿속에 그런 미래가 그려지니 요즘 나의 입술 끝은 항상 올라가 있을 수밖에 없다.

21

아내와 함께 카페에서 글을 쓰는 행복한 크리에이터 되기

공무원, 자기계발 작가

6년 차 공무원이다. 아웃사이더를 견지하지만 내 마음처럼 안 되는 직장인이다. 일할 때는 열심히 하고 퇴근해서 좋은 남편, 좋은 아빠가 되기 위해 노력하는 평범한 대한민국 남자다. 현재 네이버 카페 '작가를 꿈꾸는 사람들'을 운영하고 있다.

Cafe http://cafe.naver.com/iamcreator

가화만사성(家和萬事成): 집안이 화목하면 모든 일이 잘 이루어진다.

수신제가치국평천하(修身齊家治國平天下): 세상을 얻고자 하면 먼저 자신을 다스린 뒤 가정을 돌보고 그 후 나라를 다스려야 한다.

가정의 중요성을 나타내는 한자어다. 나는 가정이 행복해야 사회에서도 행복하게 일을 잘할 수 있다고 생각한다. 행복한 가정을 이루려면 무엇보다 내가 행복해야 한다. 그래야 상대방을 행복하게 해 줄 수 있다.

나는 아내와 함께 카페에서 커피를 마시며 글을 쓸 때가 가장 행복하다. 사랑하는 사람과 함께한다는 것은 말로 표현 못할 기쁨이다. 거기에 글을 쓰는 창조적인 활동을 하다 보면 모든 피로가 다 풀린다.

전에는 내가 글을 쓰게 될 것이라고는 전혀 생각하지 못했다. 예전의 나를 미루어 보면 책을 읽는다는 것조차 믿기지 않는다. 나는 20대 중반까지 책 한 권 제대로 읽은 적이 없다. 공부는 중학교 이후로 손을 놔 버린 상태였다. 고등학생 때는 매일 뒤에서 잠만 자던 조용한 학생이었다. 꿈도 없고 무엇을 해야 할지도 몰랐다. 적성은 생각지도 못했고 점수에 맞춰 들어간 곳은 수도권에 있는 전문대였다. 대학에 들어가서도 방황했다.

그렇게 1학년을 마치고 군대에 다녀온 뒤 무엇을 해야 할지 진지하게 고민하기 시작했다. 직접 사회에 부딪쳐 나 자신에 대해 알아보자는 생각이 들었다. 전공과 관련 있는 회사에 취업을 했다. 상하수도 설계회사였는데 현장을 돌아다니면서 측량을 하기도 하고 사무실에서 보고서를 작성하기도 했다. 현장을 돌아다닐 때는 며칠 동안 집에도 못 가고 지방 여관에서 잠을 자며 일하러 다녔다. 사무실 업무를 할 때면 새벽 1시에 끝나 택시를 타고 집에 가기도 했다. 말로만 듣던 중소기업의 어려움을 경험한 것이다. 환경은 열악했으며 월급도 많지 않았다. 무엇보다 적성에 맞지 않고 평생 업으로 삼아야겠다는 확신이 없었다. 왠지 공부가 하고 싫어졌다. 지금 하지 않으면 나중에 후회할 것 같았다.

결국 직장을 그만두고 편입시험을 준비하기 시작했다. 하지만 학교에 다닐 때도 하지 않던 공부가 갑자기 잘될 리가 없었다. 휴대전화도 정지시키면서 친구들과의 연락도 끊은 채 공부했지만 점차 우울증이 찾아왔다. 대인기피증도 생겼다. 세상 모든 것을 부정적으로 바라보게 되었다. 정신적으로 불안정한 상태에서 공부는커녕 무엇 하나 제대로 할 수 없었다. 시험 전날에는 극도의 불안감으로 수면제를 먹어도 잠이 오지 않았다. 정신만 몽롱한 상태로 시험을 보러 갔다. 결과는 당연히 불합격이었다.

더 이상 공부를 지속할 수 없는 상태였기에 자연스럽게 취업을 하게 되었다. 일하면서 우울증과 대인기피증이 점차 나아짐을 느꼈다. 그러나 공부를 하겠다는 생각은 변함없었다. 그러던 와중에 친하게 지내던 대학 동기 형이 공무원 시험에 합격했다는 소식을 들었다. 왠지 나도 할 수 있을 것 같았다.

회사를 2년여 정도 다니다가 그만두고 공무원 공부를 시작했다. 공무원 열풍과 주변의 공무원 합격 소식에 휩쓸려 한 것이기도 했다. 다만, 공부를 제대로 해 본 적이 없기에 나를 시험해 보고 싶기도 했다. 편입 실패의 아픔을 되새기며 다시 도전하고 싶었다. 지금 아니면 공부를 하루 종일 할 수 없을 것만 같았다.

사람들은 공무원을 준비하는 청년들을 보고 꿈이 너무 작거나 없는 것 아니냐고 말한다. 하지만 나는 오히려 공무원을 준비하면서 꿈을 꾸게 되었다. 수험생활을 하다 보면 혼자 있는 시간이 많아진다. 인생에 대해서 진지하게 고민하고 나 자신에 대해서 돌아볼 수 있는 시간을 갖게 된다.

나는 편입 실패를 밑거름 삼아 실패 이유를 분석했다. 사람들과의 관계를 아예 끊기보다 적정선을 유지하니 우울증과 대인기피증은 오지 않았다. 무엇보다 책을 읽으면서 마음을 다스리게 되었다. 도서관에서 공부를 하다가 너무 답답하거나 외로울 때 자연스럽게 책을 읽게 되었다.

지금 생각해 보면 책 한 권 제대로 읽지 않던 내가 얼마나 답답했으면 책에서 답을 찾았을까 싶다. 책의 한 줄 문구에 마음이 치유되고, 답답함이 뻥 뚫리는 시원함을 맛보게 되었다. 어느 순간 독서가 습관이 되었다. 저자들의 다양한 경험과 지식이 담긴 책들을 읽으면서 새로운 꿈을 꾸게 되었다.

마음이 안정되면서 공부도 효율적으로 할 수 있었다. 공무원 시험의 결과는 합격이었다. 사실 불합격이어도 큰 실망은 하지 않았을 것이다. 책 읽는 습관을 들이고서 세상을 살아가는 데 있어 강력한 무기를 가진 것 같았기 때문이다. 책의 힘은 대단했다. 세상을 바라보는 마음의 창을 완성한 기분이었다.

이제는 자연스럽게 꿈을 꾸게 되었다. 책을 읽는 독자에서 책을 쓰는 저자가 되는 것이다.

특히 저자를 포함한 크리에이터가 되고 싶다. 크리에이터의 정의는 명확히 내려져 있지 않지만 나는 콘텐츠를 생산하는 모든 창작가라고 생각한다. 책을 쓰는 작가, 그림을 그리는 웹툰 작가, 음악을 작곡하는 작곡가 등이 모두 크리에이터라고 볼 수 있다.

나는 콘텐츠를 생산해 많은 사람들에게 큰 도움을 주고 싶다. 그리고 나만의 경험과 지식을 다양한 방식으로 전하고 싶다. 책, 영상, 그림, 음악, 카드뉴스, 애플리케이션 등의 방식으로 쉽고 재미있게 다가가고 싶다. 더 넓게는 크리에이터들의 크리에이터가 되고 싶다. 크리에이터들을 도와주는 것 말이다.

아내와 함께 카페에서 커피를 마시며 글을 쓰는 꿈은 이미 이루어졌다. 주말마다 아내와 함께 카페에 가서 글을 쓴다. 실현된 꿈이지만 이제는 기억해야 한다. 항상 지금 이 느낌을 말이다.

얼마 전 <무한도전>에 나온 윤태호 작가는 일상의 중요성을 이렇게 이야기했다.

"지금 현대인들이 가장 많이 고민하고 있는 것들은 특별하게 꿈꾸는 여행을 못 가서가 아니라 일상이 무너지고 있기 때문에 고민하는 것이라고 생각한다. 그 일상이 무너졌을 때는 여행을 간다고 해서 채워지는 것도 아니고 돈을 많이 번다고 채워지는 것도 아니다. 나, 내 가족부터가 일상적인 언어로 보람 있게 채워져야 잘 살고 있다고 느껴질 것이다."

나는 일상의 소중함을 간직하며 행복을 전해 주는 크리에이터 김명준이다.

22

꿈의 로켓에 올라타 계속 성장하는 인생 살아가기

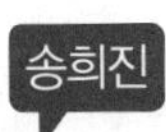

입시학원 원장, 독서 코치, 글쓰기 교육 코치, 변화경영 전문가

책을 읽으며 삶의 변화를 꿈꾸고, 마침내 꿈꾸던 삶의 모습을 하나씩 완성해 가고 있다. '꿈대로 되는 사람'이라는 닉네임을 사랑하며, 동기부여가, 변화경영 전문가, 사업하는 작가로 뜨거운 삶을 살아가고 있다. 변화를 꿈꾸며 멋진 인생을 살고자 하는 사람들을 돕고자 하는 비전을 가지고 있다. 저서로는《하루 10분 아침독서 습관》,《또라이들의 전성시대》등이 있으며, 현재 다양한 강연과 글쓰기를 통한 삶의 변화를 말하고자 글쓰기 책을 집필 중이다.

E-mail pig4903@naver.com **Blog** http://blog.naver.com/pig4903

서른이 되고, 마흔이 되면서 대부분의 사람들은 한 번쯤 고민하게 된다. '이 나이쯤이면 뭔가 되어 있을 줄 알았는데… 과연 나는 이대로 괜찮은 걸까?' 나 또한 그랬다. 이미 다 자라 성장할 것이 없는 어른이 되었다고 착각하며 살았던 젊은 날이 있었다. 더 이상 꿈꾸는 일을 멈춘 그 시간들에 온통 방황과 내면의 갈등으로 좌절했고, 여기저기 기웃거리며 세상의 비위를 맞추느라 몸은 항상 분주하고, 가슴은 메말라 갔다.

'이대로 괜찮은 걸까?', '과연 나는 계속 성장하는 사람이 될 수 있을까?' 스스로에게 질문을 던지고 답하면서 나는 성공보다 빛나는 성장하는 인생을 살아 보고 싶어졌다. 계속해서 성장해 나이 들수록 멋진 인생을 살아갈 수 있으면 좋겠다는 생각이 들었다. 그때부터 스스로에게 끊임없이 '내가 할 수 있는 일이 무엇일까?', '내가 정말 원하는 일은 무엇일까?'라는 질문을 던졌고 답을 찾기 위해 할 수 있는 일들을 생각해 보았다. 그리고 우선 내 인생에 특별한 기회들을 만들며 살아 보자고 결심했다.

그때부터 꿈에게 하나씩 기회를 주는 삶이 시작되었다. 사실 그렇게 어렵고 거창한 것들도 아니었다. 주어진 상황에서 '지금은 이걸 하자', '그다음은 이것' 이런 식으로 꿈에게 하나씩 기회를 주고 완성해 갔다. 나는 어느 순간 '꿈의 로켓'에 올라타 있었다.

구글의 입사 면접에서 더 높은 직책과 연봉을 원하는 페이스북 최고운영책임자인 셰릴 샌드버그에게 구글의 에릭 슈미트 회장은 "로켓에 올라타라."라고 말했다. 지금 당장은 직급도 낮고 보잘것없더라도 일단 로켓에 올라타면 나중에 회사가 로켓처럼 빠르게 성장할 때 함께 성장하게 된다는 뜻이다.

그랬다. 꿈을 향한 나의 시작은 정말 보잘것없었다. 하지만 나는 평범한 안정보다는 불안하지만 가슴 떨리는 삶을 선택했다. 남들보다 조금은 느리지만 정말 원하는 삶, 하고 싶고, 되고 싶고, 갖고 싶은 것들을 생각하며 일단 꿈의 로켓에 올라탔다. 그리고 꿈에게 기회를 주며 살아가는 것이 스스로에게 주는 최고의 선물이며, 하나의 꿈이 성장할 때 다른 모든 꿈들도 함께 성장한다는 사실을 깨달았다. 성장은 의외로 작은 변화로부터 시작되었다. 하지 않아도 괜찮은 것은 하지 않고, 원하는 일에는 반드시 나를 온전히 바쳐 집중하는 시간을 만드는 것, 이 작은 변화만으로도 삶은 크게 변화하고 성장했다.

이렇게 조금씩 꿈을 실현하기 위한 시도들과 실수들을 거듭하면서 오랫동안 미동도 없던 나의 '꿈의 로켓'은 조금씩 움직이기 시작했다. 그리고 마침내 원하던 꿈들을 하나씩 현실로 만들며 살아가고 있다. 더욱 놀라운 것은 한 가지 꿈을 이루기가 가장 어렵고 힘들었다는 사실이다. 오랜 시간이 걸렸다. 방법도 모르고, 두려움으로 망설임의 버퍼링 시간이 너무 길었기 때문이다. 그러나 한 가지 '꿈의 로켓'에 올라탄 순간, 다른 모든 꿈들이 동시에 꿈틀대며 실현되는 것을 경험했다. 에릭 슈미트 회장의 말은 옳았다.

나는 작가가 되고 싶다는 꿈을 실현시키기 위해 수많은 작가들을 배출하고 있는 〈한책협〉을 찾았고, 저서 《하루 10분 아침독서 습관》을 출간하며 작가가 되었다. '꿈의 로켓'이 발사되는 순간이었다. 이후 책 출간과 함께 강연, 칼럼 요청 등을 받으며 많은 꿈들이 동시에 이루어졌다. 여전히 나는 지금껏 해 왔던 일을 계속하면서도 이 많은 일들을 동시에, 아주 즐겁게 해내고 있다. 이제 나는 성공보다 빛나는 성장하는 인생을 살아가려고 한다. 그래서 나이 들수록 더 멋진 인생을 만들어 가려고 한다.

치열한 경쟁 속에서 '내 자리는 내가 만든다'라는 자세로 당장은 힘들고 어려워도 더 크게 성장하는 사람이 되기 위해 노력할 것이다. 나는 이미 나에게 유리한 전쟁터가 어디인지 알고 있다. 그리고 이제 그 싸움터를 옮겨 가고 있는 중이다. 나에게 유리한 환경에서 시작된 싸움이라면 반드시 이길 수 있다. 시간이 갈수록 힘에 부치는 것이 아닌, 자리가 위태로워지는 것이 아닌, 내가 잘하는 것들을 찾아 관심이 있는 곳에서 열정을 다해 싸워 볼 생각이다. 그곳이 나의 안전지대고 내가 서야 될 진짜 무대다.

나의 꿈의 로켓은 이미 발사되었다. 내 인생에 '아직 보지 못한 세계'가 있다는 사실이 새삼 감사하다. 지금까지 살아온 세계에서 빠져나와 이제는 살아 보지 않은 미래에 서 보는 일이 자연스러워진 지금의 삶이 감사하다. 나에게 주어질 역할과 그것을 해낼 역량은 어느 정도일지 생각해 보는 시간들이 참 행복하다. 단순히 이러한 몇 차례의 반복적인 상상놀이만으로도 마인드의 변화, 목표의 변화, 삶을 대하는 태도의 변화를 가져올 수 있었다는 사실이 믿기지 않는다. 몇 년 전만 해도 상상할 수 없었던 일이다.

꿈의 로켓에 올라타 계속 성장하는 인생을 살아가는 사람들은 자신의 미래를 위해 어떤 전략, 어떤 행동, 어떤 계획들이 필요한지 생각해 보는 시간을 가질 수 있다. 이러한 시간들이 쌓일수록 미래에 대한 두려움은 자신감으로 채워지고, 나태함보다는 적극성을 가질 수 있게 될 것이다. 사람은 성장이 멈출 때 죽는다. 그래서 계속 성장할 수 있는 많은 변화들을 시도하는 것은 잘 살아 내고 있다는 증거일지도 모른다. 자신의 미래에 대해 멋진 상상력을 발휘해 보자. 미래에 대해 상상력을 전혀 발휘하지 못하게 되면, 결코 성장도 없을 것이다.

어떤 변화든 하루아침에 갑작스레 일어나는 것은 없다. 내 꿈이 한순간 미래로 옮겨지는 일은 결코 일어나지 않는다. 서서히 성장하는 과정 속에서 변화의 결과를 갖기까지 수많은 징후들을 만나게 될 것이다. 그 징후들을 그냥 지나치지 않고 하나씩 퍼즐을 맞춰 가면서 스스로 삶을 바꿀 기회들을 만날 것이다. 미래에 내가 꿈꾸는 모습들은 지금 마주하는 수많은 위기의 순간과 변화의 징후들 속에서 맞춰 나가고 있는 퍼즐 조각들의 완성이다. 그런 생각으로 나는 삶의 퍼즐 조각들을 즐겁게 맞춰 나갈 것이다.

예측할 수 없는 미래는 없다고 생각한다. 어떤 모습으로, 어떤 마인드를 가지고, 어떤 계획들을 실천하며 살아가느냐에 따라 미래가 만들어지기 때문이다. 그래서 삶의 한 순간도 보잘것없는 순간은 없으며, 변화를 꿈꿀 가능성과 기회는 오늘도 내 주변 어딘가에서 꿈틀대고 있다고 확신한다. 관심이 가는 대상이 생기면, 시도해 보고 싶은 일이 있으면, 적극적인 자세로 정보를 수집하고, 몸을 일으켜 방법을 찾아볼 생각이다. 구하는 것은 반드시 받게 되어 있다는 믿음으로 내가 직면하게 될 원하는 미래 상황에 서 보려고 한다. 나의 꿈의 로켓은 발사되었고 그 목적지는 '아직 보지 못한 세계'다.

꿈의 로켓에 올라타 계속 성장하는 삶을 살아가기로 마음먹으면서 나는 삶의 매 순간을 스스로에게 던지는 질문들로 채워 가고 있다. '질문이 없는 삶'은 '답이 없는 삶'으로 이어진다는 생각으로 묻고, 또 물었다. 그리고 내면에서 들려오는 소리에 귀를 기울였다. 정답이 아닌, '나만의 답'을 찾아가면서 나는 계속 성장하는 꿈의 로켓에 탑승 중이다.

앞으로도 잘되는 꿈, 가슴이 뜨거워지는 꿈의 로켓을 찾고, 그것에 올라타는 일에 주저하지 않을 것이다. 한번 올라타면 다시는 멈출 수도, 멈추고 싶은 마음도 들지 않을 만큼 짜릿하다는 것을 알기 때문이다. 일단 로켓에 올라타면 비록 불확실하고 보잘것없더라도, 발사되는 순간 꿈이 눈앞에 하나씩 현실로 나타나기 시작할 것이다. 그 힘은 더욱 세지고 커지면서 빠르고 크게 성장하는 나를 만나게 될 것이라 확신한다.

23

삶이 완성되는 힐링 한옥 짓기

대학 강사, 수학교육 전문가, 진로 상담 전문가, 학습 컨설턴트

마흔 살부터 시작된 꿈꾸기로 아름다운 인생 역주행을 시작했다. 인생 2막은 가슴이 원하는 일을 하며 살자는 마인드로 꿈꿔 왔던 미래의 모습을 하나씩 현재로 가져오고 있다. 학생들에게 수학을 가르치면서 꿈과 희망을 멘토링하기 위해 노력하고 있다. 또한 초 · 중 · 고 · 대학을 아우르는 폭넓은 교육현장에서 교육경험을 쌓으며, 학생들의 진로와 학습 컨설팅을 활발히 하고 있다. 저서로는《또라이들의 전성시대》가 있다.

E-mail akiles12@naver.com

나는 어린 시절 방문을 열면 바다가 훤히 보이는 언덕 위의 집에서 살았다. 그 집을 떠올릴 때마다 참 행복해진다. 재미와 추억이 되살아난다. 집 구석구석이 아직도 머릿속에 그려진다. 'ㄷ'자형 구조로 앞마당에는 잔디가 깔려 있고, 감나무 두 그루가 있는 뒤뜰은 나의 놀이터였다. 창고 옥상으로 올라가는 계단은 나의 작은 아지트였다. 그곳에 앉아 한참을 놀다가 창고 옥상 위로 올라갔을 때 보이는, 바다가 펼쳐진 풍경은 장관이었다. 그 풍경을 바라보며 세상에서 가장 따뜻했던 햇살과 바다가 전해 주는 바람을 마음껏 즐기며 낮잠을 잤다.

그 집을 떠올릴 때면 마음이 한없이 따뜻해진다. 부유하지는 않았어도 부모님이 계셨고, 형제들이 함께했던 그 집에서의 밥상은 최고였다. 뒤뜰에 있는 작은 텃밭에서 부모님이 가꾸신 갖가지 채소들로 차려 낸 소박한 밥상과 불을 지펴 지어 주신 가마솥 밥맛은 지금도 잊을 수가 없다. 누룽지와 아궁이에 구운 고구마는 보너스처럼 주어졌던 밤참이었다.

찬 바람이 부는 계절이 되면 나는 어김없이 그 집을 떠올린다. 재래식 부엌 옆에는 아버지께서 한가득 장만해 두신 장작이 쌓여 있었고, 감나무 아래에는 어머니께서 담그신 김장 김치와 동치미가 담긴 장독이 묻혀 있었다. 그리고 바다에서 잡은 여러 생선들을 손질해 말려 두면 월동 준비가 어느 정도 마무리되었다. 손재주가 좋으셨던 아버지는 집의 이곳저곳을 직접 손보시며 애정을 쏟으셨다.

그런 추억 가득한 집은 어머니가 돌아가시고 이사를 하게 되면서 이제는 기억 속에서만 떠올려지는 추억의 집이 되어 버렸다. 고향에 찾아갈 때마다 나는 일부러 그 집을 먼발치에서 바라보곤 한다. 이제는 어린 시절 내가 살던 집의 모습과는 많이 다르지만, 여전히 바다가 한눈에 보이는 풍경을 품고 있는 그 집을 만나는 것이 나는 참 좋다.

그 집을 떠올릴 때마다 나는 또 한 번 이런 집을 지어 살아 보고 싶다는 꿈을 꾼다. 그때의 재미와 추억과 행복을 다시 재현해 보고 싶은 마음이 가슴속에서 살아난다. 내가 유난히 좋아했던 앞마당 옆 창고 옥상에서 내 아이와 바다를 바라보는 장면을 상상하는 것만으로도 행복하다. 계절별, 시간대별로 밀려오고 밀려나가는 바닷물을 보며 아이와 어떤 상상을 하며, 어떤 대화를 나눌지 생각만으로도 흐뭇해진다.

언젠가 이런 이야기를 아내와 나눈 적이 있다. 아내는 나의 즐거운 상상이 현실이 될 수 있도록 적극적으로 상상하고, 구체적으로 그려 보면 좋겠다고 했다. 그래서 가끔 여행을 갈 때면 한옥들을 유심히 살펴본다. 한옥으로 마을을 이룬 곳도 찾아다니고, 현대식 한옥에 대한 멋진 팁들은 모두 메모하고, 사진으로 찍어두기도 한다. 미래에 내가 지을 '삶이 완성되는 힐링 한옥'을 떠올리며 남기는 모든 기록들이 나를 더욱 행복하게 한다.

나의 '삶이 완성되는 힐링 한옥'은 크게 3가지를 갖춘 집이 될 것이다.

첫째는 '표정이 있는 집'이다. 어린 시절 방문을 열고 나오면 눈앞에 펼쳐진 바다 풍경을 바라보면서 우리 가족들이 지었던 표정들을 나는 잊을 수 없다. 모두들 가슴을 활짝 펴고, 기분 좋고 편안했던 그 표정들…. 때론 조용히 들렸던 기분 좋은 탄성도 생생하다. 그래서 나는 내가 짓게 될 미래의 집에서는 그곳에서 사는 가족들뿐만 아니라, 나의 집을 방문하는 사람들도 하나같이 표정이 살아나고 탄성이 터져 나오게 하고 싶다.

두 번째는 '사랑과 그리움이 있는 집'이다. 집은 언제나 '사랑'과 '그리움'이라는 단어가 떠올려져야 하는 공간이다. 그러나 요즘은 여러 가지 이유로 그런 집들을 찾아보기가 힘들다. 나 또한 지금은 사랑과 그리움으로 가득 채워진 어린 시절 고향집에 대해 좋은 기억들만 있었던 것은 아니다. 그곳을 떠나올 때를 생각하면, 그곳에 어머니를 두고 온 것 같은 아픔이 느껴진다. 그 집에서의 몇 년은 어머니께서 병마와 싸우셨던 흔적들도 남아 있다.

사실 집이라는 공간에 어떻게 기분 좋고, 사랑이 넘치며, 행복한 기억들만 있을 수 있겠는가? 사람의 인생에 희로애락이 있듯이, 살고 있는 집에도 똑같은 감정들이 고스란히 스며들지 않았겠는가? 그럼에도 불구하고 집은 사랑과 그리움이 있는 공간이어야 한다. 그래서 나는 내 아내와 아이에게, 그리고 또 많은 이웃에게 사랑과 그리움이 넘쳐 나는 멋진 집을 내어 주고 싶다. 그들에게 오랫동안 추억으로 기억될 만큼 멋진 힐링 한옥을 짓고 싶다.

세 번째는 '이야기가 있는 집'이다. 세상에서 가장 좋은 집은 누가 뭐라 해도 사람냄새가 나는 이야기들로 가득 채워진 집이다. 집은 가족 한 사람 한 사람의 이야기, 그들의 삶의 조각들이 맞추어지면서 성숙한 인간이 되어 가는 공간이 되어야 한다. 결국 한 인간을 기꺼이 품을 수 있는 공간이며, 삶이 완성되는 공간이어야 한다고 생각한다. 그래서 나는 어떤 이야기든 품어 줄 수 있는 거대한 우주 같은 따뜻한 공간을 짓고 싶다. 아픔도, 기쁨도, 슬픔도, 두려움도, 어려움도, 좌절도, 거대한 우주 안에서는 아주 작은 티끌에 불과하다. 우주 같은 그곳은 내가 사랑하는 사람들에게 최고의 힐링 공간이 될 것이다.

오랫동안 집에 대한 생각을 많이 해 왔다. 그리고 그것을 상상할 때면 늘 기분이 좋아진다. 막연히 '어떤 집에 살고 싶다', '어떤 집을 짓고 싶다'를 넘어서 구체적으로 집이라는 공간을 그려 보면서, 원하는 꿈들에 한 발짝 나아가는 시간을 가질 수 있어 행복하다. 이렇게 원하는 것을 기록해 두었으니 꿈의 실현은 곧 가속화될 것이라 확신한다. 불가능할 것 같았던 꿈들이 성큼 눈앞으로 다가온 기분이다. 어떤 행동을 취해야 할 것 같은 생각에 심장이 뛴다. 가슴속에 벌써 몇 채의 드림하우스, 드림랜드를 가진 부자가 된 기분이다. 앞으로도 되고 싶고, 하고 싶고, 갖고 싶은 것들은 반드시 이루어진다는 생각으로 마음껏 꿈꾸고, 마음껏 행복해할 것이다.

박혜리 문원기 고숙희 이채희 이하늘 이동규

성은희 송용섭 진찬란 정수진 주유희 이혜미

24

대한민국 1등 동기부여 영어 코치 되기

영어 강사, 동기부여가

현재 프리랜서 영어 강사 '헤이즐'로 활동 중이며, 글로벌어학원 종로본원에서 영문법 강의를 하고 있다. 직장생활을 하다 적성에 맞는 일을 하고자 사표를 내고 '헤이즐의 쉬운 영어'를 운영하고 있다. 세상에 긍정적인 영향을 주는 대한민국 최고 동기부여 영어 강사로 사는 것이 평생의 꿈이다.

Blog http://blog.naver.com/hyerish46

"The beautiful thing about learning is that nobody can take that away from you(배움에 있어 아름다운 점은, 누구도 그것을 당신에게서 훔쳐 갈 수 없다는 것입니다)."

이는 오프라 윈프리가 스탠퍼드 대학교 졸업연설에서 남긴 축사로, 내가 가장 좋아하는 영어문장이다. 이 명언의 울림으로 나는 '대한민국 1등 동기부여 영어 코치'를 꿈꾸게 되었다.

내가 처음 영어를 접한 것은 초등학교 2학년 때였다. 친구 어머니가 영어공부방을 하셨는데, 원어민들이 나오는 영어 동영상으로 수업을 하셨다. 동영상으로 영어를 익히고 선생님과 문법과 회화 연습을 하며 영어로 말하는 즐거움을 느꼈다. 그 흥미가 이어져 초등학교에서 영어연극반 활동을 하게 되었고, 외국어에 대한 무언의 동경으로 외국어고등학교에 진학하게 되었다.

하지만 외고를 들어간다고 무조건 영어를 잘하게 되는 것은 아니다. 입시와 경쟁이라는 틀 안에서 오로지 명문대 진학을 위해 하루하루를 보내야 했기 때문이다. 어쩌다 내가 외고에 다니는 것을 알게 된 사람들은 "그럼 영어 엄청 잘하겠네?" 같은 질문들로 나를 괴롭게 했다. 나는 수능 영어만 공부해서 회화는 잘 못하는데, 영어로 말을 시키면 어쩌나 걱정만 했다.

그 상태로 나는 대학에 들어갔고, 점점 자신감을 잃어 갔다. 들고 싶은 동아리, 인턴에 지원하려 하니 모두 영어 실력을 요구했기 때문이다. 또한 학교에서는 영어 토론 등 교양필수과목을 들어야 했는데, 나는 영어로 의사표현을 잘하지 못했다. 영어로 소통하는 것은 좋아하지만 실력이 뒷받침되지 않으니 그 답답함은 뭐라 설명할 수가 없었다.

그렇다고 다짜고짜 어학연수를 갈 상황은 안 되었다. 워킹홀리데이도 성공적으로 하려면 한국에서 기본기를 다져야 한단다. 그리고 나는 원래 다른 사람들이 하는 방법을 꺼려 한다. 그래서 한국에서 영어 실력을 키울 수 있는 방법을 찾기 시작했다. 나는 종이에 펜으로 적어 가며 공부하는 타입이 아니었다. 싫증을 금방 느끼는 탓에 즐겁게 놀면서 할 수 있는 공부법을 선호했다.

그렇게 시작한 것이 바로 '미드(미국 드라마)로 영어공부 하기'였다. 나는 고등학생 때부터 〈가십 걸〉, 〈프리즌 브레이크〉 등을 보다 밤을 새울 정도로 미드를 좋아했다. 당시 친구들은 스펙을 위해 토익학원을 많이 다녔는데, 나는 영어 실력을 키우려면 기본 회화 실력을 키우는 것이 맞다고 생각했다. 그리고 회화 실력이 늘면 따로 공부를 안 해도 자연스레 성적은 따라올 것이라고 믿었다(나는 시험을 싫어한다). 그래서 토익학원이 아닌 미드로 배울 수 있는 청취학원에 등록해 공부법을 익히고, 혼자서도 재미있는 미드를 찾아 보기 시작했다.

그리고 지칠 때면 동기부여를 해 주는 TED 강연, 유튜브에 있는 유명인의 유명한 졸업연설문 등을 찾아 암기하고 그대로 연기해 보며 다양한 표현법을 익혔다. 당시 미드 수업을 해 주신 선생님의 조언 아래 1년 이상 전화영어를 병행하며 회화 연습도 했다.

결론적으로 이 방법은 성공했다. 초등학교 때부터 영어를 10년 이상 배웠어도 영어회화가 어려웠던 내가, 외국인 친구를 만나도 막힘없이 대화를 나눌 수 있게 되었다. 실력을 확인하려고 이태원에서 무작정 외국인 인터뷰를 하기도 했다. 학교의 언어 교환 프로그램도 신청해서 외국인 친구들을 사귀었다.

영어로 말이 되니 자신감이 상승했다. 시험공부를 따로 하지 않고 오픽(스피킹)과 토익시험을 보아도 상위권 점수를 받았다. '외국어 능통'의 조건이 뒤따르던 국제 통역 자원봉사, 아르바이트 등에도 자신 있게 지원했고, 면접 때도 어학연수를 다녀온 친구들에게 뒤지지 않았다. 줄곧 한국에서만 공부했는데, "얼마나 연수했어요?"라는 질문을 받을 때는 통쾌하기까지 했다.

더불어 나는 '영어교육'에 대해 더 관심이 생겼다. 재밌게 영어 실력을 키운 만큼 내가 공부해 온 입시영어가 아닌, 실제 도움이 되는 영어를 가르치고 싶어진 것이다. 그 뒤로 나는 내가 배운 영어공부법을 활용해 스터디와 소규모 영어수업을 진행했다. 실제로 영어 실력이 나아지는 사람들을 보며 보람을 느꼈다. 이렇게 나는 영어로 자신감을 찾고 다양한 기회를 가질 수 있었다. 그래서 영어 강사를 꿈꾸며 비전카드를 만들어 방에 걸어 두었다.

그러나 시간이 지나면서 나는 다른 사람들과 비슷한 흐름으로 살게 되었다. 졸업을 앞두고 친구들처럼 기업 입사를 준비한 것이다. 영어 강사로 일했지만 다른 친구들과 비교하니 막다른 길을 가는 느낌이 들었다. 그래서 그나마 교육업과 가까운 기업교육 컨설턴트로 경력을 시작하게 되었다. 기업교육 컨설턴트는 여러 대기업 등을 돌아다니며 교육체계를 기획하고 운영하는 일을 한다. 하지만 역시 마음을 울리지 않는 일은 오래도록 할 수 없는 법인가 보다. 1년 남짓한 시간을 다른 강사가 강연하는 모습만 보니 마음이 답답했다. '나도 좋은 강연을 할 수 있는데… 내가 지금 뭘 하고 있는 거지?'

문득 앞으로의 날들이 두려워졌다. 점점 타인과 나를 비교하며 월요일 아침을 두려워하는, 내가 원하지 않던 어른의 모습을 갖게 된 것이다. 몸과 마음이 지쳐 가던 어느 날, 회사와 협의 후 한 달의 휴식기를 갖고 무작정 유럽으로 떠났다.

유럽에서의 방황은 내 꿈을 다시 깨닫게 해 주었다. 여행하면서 다양한 국가의 친구들과 이야기하니 다시금 내가 살고 싶은 인생을 살아야겠다는 확신이 들었다. 무엇보다 내가 좋아하는 영어로 말을 하니 다시 몸에 생기가 돌았다. 그 지역에 오래 살았던 사람처럼 영어가 편하게 느껴졌고, 여행을 하며 스쳐 지나가는 모든 이와 소통하는 것이 너무 즐거웠다. 같이 여행했던 언니에게서 "어떻게 영어공부 하니?"라는 질문을 받았을 때, 언니가 행인에게 영어로 말을 걸 수 있도록 도와주었을 때는 희열을 느꼈다.

'바로 이 길이다. 나는 영어 강사를 해야 산다.'

그길로 한국에 오자마자 회사에 복귀함과 동시에 이력서를 쓰고 여러 학원에 시강을 하러 다녔다. 그리고 다행히 가고 싶던 학원에 합격해 당당히 출강을 하게 되었다.

그렇게 나는 다시 가슴이 뛰는 영어 강사의 삶을 선택했다. 난 영어로 인해서 나뿐만 아니라 많은 사람들이 기회를 얻는 것을 수도 없이 보아 왔다. 영어로 고민하는 모든 사람들의 실력을 키워 주어 그들에게 자신감을 찾아 주고 많은 기회와 경험을 갖도록 돕고 싶어졌다.

나는 결심했다.

'그냥 단순히 책만 읊는 강사가 아닌, 대한민국 1등 동기부여 영어 코치가 되자.'

굳이 해외에 나가지 않아도 한국의 환경이면 이미 충분하다. 내가 다양한 외국 친구들과 교류하면서 깨달은 것은 한국의 교육 환경이 월등하다는 것이다. 심지어 한국의 교육 시스템이 잘되어 있다며 해외 국제학교에 다니던 아이를 한국으로 데려온 지인도 있다.

나는 앞으로 '한국에서 박혜리 선생님에게 배우면 영어는 웬만큼 잘한다'라는 평을 듣고 싶다. '진짜 실력을 키워 주는 대한민국 1등 영어 강사'라는 나의 소망이자 목표를 간절히 글로 담아 적어 본다.

25

청춘들의 멘토와 롤모델로서 주례 서기

기업교육 담당자, 강연가, 강사 코치, 자기계발 작가

스물일곱 살에 공부의 재미를 알게 된 늦깎이 대학생으로서 미국과 대만에서 공부를 마치고, 서른한 살에 국내 대기업에 입사했다. 사람의 성장을 돕는 일을 하고자 두 번의 부서 이동 끝에 현재는 기업의 교육 담당자로 재직 중이다. 진정으로 원하는 것을 찾고 일을 통해 성장하고 행복할 수 있도록 코칭하는 자기계발 연구가다. 현재 강사를 꿈꾸는 사람들을 위한 개인저서를 준비 중이다.

E-mail new071@naver.com **Instagram** one_key_moon

2012년 9월, 나는 마흔네 번의 소개팅을 한 뒤에야 결혼에 골인했다. 결혼식을 몇 개월 앞두고 내게는 2가지의 고민이 있었다.

한 가지는 '전방십자인대 수술을 했던 오른쪽 무릎 재수술을 언제 해야 하는가'였다. 신랑이 식장에 씩씩하게 걸어 들어가지 못하고 불편하게 걷는 모습을 상상하면 아내가 될 사람에게 너무 미안할 것 같았다. 그래서 조금이라도 빠른 시일 안에 수술을 받기로 결정했다. 그렇게 해야만 결혼식 전에 재활할 수 있는 시간을 벌 수 있을 것이라고 판단했기 때문이다. 결국 회사일로 바빠서 재활을 제대로 할 수는 없었지만 수술을 빨리 받았기에 결혼식장에 덜 불편하게 들어갈 수 있었다. 잘한 선택이었다.

또 다른 고민은 바로 '결혼식 주례를 누구에게 부탁할 것인가' 였다. 도저히 생각이 나지 않았다. 결혼한 친구들을 보면 대학교 교수님을 포함한 은사님께 부탁을 하거나, 부모님이 모시는 경우가 대부분이었다. 그때부터 내 결혼식 주례는 어느 분께 맡겨야 하는가를 생각해 봤지만 좀처럼 떠오르는 사람이 없었다. 참 슬픈 일이지 않은가? 인생의 큰 전환점을 맞이하는 순간에 생각나는 사람이 없다니. 내 인생에 밝고 긍정적인 영향을 주어 내가 따르고 싶은 롤모델이 될 사람이 그렇게 없었던가. 나중에 이 이야기를 친구들과 나눠 보니 다들 비슷한 고민을 했었다는 것을 알았다. 주례를 누구에게 부탁할 것인지가 너무 어려웠다고.

수십 년을 살면서 행복한 마음으로 주례를 맡기고 싶은 인생의 멘토를 갖지 못했다는 것이 너무 아쉬워서였을까? 언젠가부터 주례를 서고 싶다는 꿈이 생겼다. 누군가의 인생에 좋은 영향을 주는 롤모델이 되고 싶었다. 언제부터 이런 꿈을 꾸기 시작했을까? 이 질문은 나를 10년도 훨씬 지난 대학교 시절로 데리고 간다.

나는 미국 펜실베이니아 체스터 시에 위치한 와이드너 대학교에 다녔다. 회계학을 전공하고 있던 나는 졸업한 뒤 회계사가 될 것을 의심하지 않았다. 비즈니스의 공통 언어라는 표현에 매료되어 선택한 회계는 나의 성향과도 잘 맞는다고 생각했기 때문에 즐겁게 공부했다. 영어 실력이 뛰어나지 못해 나보다 7~8살 어린 학급 친구들과 잘 어울리지 못했었지만, 회계 관련한 과제에서는 누구보다 좋은 성적을 내고 있었다. 3학년이 끝나 갈 무렵부터 '왜 나는 영어를 못할까', '어떻게 하면 영어를 잘할 수 있을까' 생각하기 시작했다. 회계라는 것은 숫자로 표현해야 할 뿐 아니라 그 숫자를 말로 설명해야 했기에 내 영어 실력에 대한 고민이 깊었다. 졸업한 뒤 취업을 해야 하는데 당시의 영어 실력으로는 불가능해 보였다.

그 작은 질문이 내 인생의 목표를 결정하게 하는 중요한 시작점이 되었다는 것을 몇 개월 뒤 깨달았다. '어떻게 하면 영어 실력을 향상시킬 수 있을까'를 고민하던 나의 생각은 점점 '우리 학교에 다니고 있는 유학생 전부의 실력을 향상시킬 수 있는 좋은 방법은 없을까'로 확장되기 시작했다. 그리고 '우리 학교가 어떻게 하면 더 많은 유학생을 유치하도록 내가 도울 수 있을까'에까지 이르게 되었다. 생각이 깊었을 당시에는 사람들과 모이기만 하면 언제나 이 주제에 대해서 들뜬 마음으로 이야기했다. 당시의 내게는 이것밖에는 보이지 않았다. 주변에서는 "야, 네 공부나 신경써. 취업 어떻게 할 거야?"라면서 쓸데없는 데 에너지 낭비하지 말라고 충고했다. 하지만 나는 나를 포함한 유학생이 어떻게 하면 더 나은 환경에서 공부할 수 있을지를 생각하는 것이 너무나 즐거웠다.

이러한 나의 생각은 마케팅학과의 브라이언 라스 교수님의 귀에 들어가게 되었다. 질문에 대한 답을 찾기 위해서 우리는 다양한 이야기들을 나누었다. 브라이언 교수님의 아내분이 한국분이셔서 한국인의 정서를 잘 이해하고 계신 덕분에 정말 많은 도움을 받았다. 생각이 정리되어 갈 시점에 교수님은 학교에 정식으로 제안해 보자면서 나의 생각을 실행에 옮기도록 도와주셨다. 우리는 '유학생 유치를 위한 유학생 활용 방안 5가지'라는 제안서를 작성해 총장님을 만났다. 당시 총장님은 본인과 이야기하고 싶어 하는 사람을 위해 한 달에 한 번 한 시간 정도를 할애했는데 그때 만난 것이다. 총장님은 다행히 내 아이디어에 많은 호기심을 보였다. 결국 첫 만남의 자리에서 내가 가장 먼저 하고 싶은 일인, 한국 대학과 교환학생 프로그램을 추진하는 것을 허락해 주셨다.

나는 학교에서 정식으로 2명의 교수님의 도움을 받아 1명의 유학생 입학담당자와 함께 교환학생 프로그램 프로젝트를 시작했다. 나는 회계 장표의 숫자가 딱 맞아떨어지거나, 부정회계를 찾아낼 때와는 비교할 수도 없는 기쁨을 찾았다. 내가 미쳐 있었던 그것은 바로 사람에게 성장의 기회를 제공하는 것이었다. 이 생각과 경험이 나의 인생을 바꾸어 놓았다.

내가 찾은 방향은 바로 교육이었다. 당시 미국 내 유학생 중에는 한국인이 가장 많았다. 이후 중국에 순위를 내주었지만 여전히 수많은 한국 학생들이 미국에서 공부를 하고 있었다. 또한 미국에서 공부하고 싶은데 경제적인 이유로 유학을 경험할 수 없는 한국 대학생들도 많다는 것을 알고 있었다. 내 관심은 그들을 도울 수 있는 방법을 찾는 데 있었다. 그들에게 교환학생 프로그램을 통해서 와이드너 대학교에서 공부할 수 있는 기회를 제공하고 싶었다.

나는 1년 동안 부지런히 서강대, 중앙대, 한양대, 동국대 등 여러 대학교들을 찾아다녔다. 장학금을 왕복 항공요금으로 다 써 버렸지만 너무나 즐거웠다. 공부하고 싶어 하는 학생들에게 좋은 길을 열어 주고, 먼저 겪어 본 사람으로서 조언해 주면서 긍정적인 기운을 나눠 주고 싶었다. 목표가 생기자 세상을 봐 오던 생각의 틀이 바뀌기 시작하면서 내가 가고자 하는 길과 나의 가치를 새로운 시각으로 보게 된 것이다.

이때부터 나의 모든 관심은 사람의 성장을 돕는 것이 되었다. 그래서 입사를 결정할 때도 최우선으로 고려했던 사항은 해당 기업의 교육체계가 잘되어 있는지와 인재개발에 대한 기업의 마인드였다. 그런 기업이라면 직원들 모두가 성장에 대한 욕구가 높을 것이고, 그들의 성장에 대한 목마름을 내가 해결해 주고 싶었다. 나는 지금 사람의 성장에 큰 기회를 제공하고 그들이 잘해낼 수 있도록 꾸준히 동기부여를 해 주는 역할을 하고 있다. 앞으로도 잘해낼 수 있도록 정성을 다해서 공부하는 중이다.

시간이 지나 회사를 나오게 되면, 경력을 통해 쌓은 노하우와 전문지식, 그리고 인생을 통해 배운 값진 삶의 경험을 사회와 나누고 싶다. 내 인생에 큰 변화가 있었던 시점이 학생 때였기 때문일까. 내가 돌아가고자 하는 곳은 다름 아닌 학교다. '헬조선', '흙수저'에 초점을 두고 인생의 목표 없이 취업만을 향해 달려가는 현재 대한민국 학생들이 진정으로 원하는 바를 찾고 즐겁게 성장할 수 있도록 밝고 긍정적인 에너지를 나누어 주고 싶다. 그들이 계속 새로운 것에 도전하도록 동기부여 하는 것이 내 삶의 목표이자 소명이다.

힘들고 중요한 일이 있을 때 항상 곁에서 도움을 주는 멘토이자 롤모델이 된다면 결혼과 같이 인생에서 가장 중요하고 행복한 시간을 앞두게 되었을 때 내 생각이 나지 않을까? 그래서 나는 죽기 전에 꼭 주례를 서고 싶다고 이야기하고 그 모습을 상상한다. 학생들이 목표를 찾고 성장할 수 있게 도움을 주기 위해 나 역시 다양한 도전을 멈추지 않을 것이다. 생각만 해서는 아무것도 이룰 수 없고, 실패하더라도 실행에 옮겨야만 무엇이든 얻을 수 있다는 것을 경험으로 배웠기 때문이다. 나는 우리 학생들이 꿈을 가지고 행복하기 위해 도전할 것을 희망한다.

26

적게 일하고 가족과 행복한 삶 살아가기

베이커리 대표, 자기계발 작가

제주에서 태어나 제주에 살면서 남편과 작은 동네 빵집을 운영하고 있다. 지금은 비록 작지만 앞으로 큰 가게를 여는 것을 목표로 정성을 다해 매일 신선하고 맛있는 빵을 만들고 있다. 또한 작가로서 사람들에게 희망을 주고 꿈을 꿀 수 있게 도와주는 삶을 살고자 한다.

Blog http://blog.naver.com/jeju-dalgona

사람들은 많은 돈을 벌기 위해 계속해서 많은 시간 일을 한다. 수입이 늘어날수록 여유시간은 줄어들고, 그만큼 지출은 늘어난다. 또한 지출이 늘면 다시 더 많은 돈이 필요하게 되고, 결국 수입이 늘수록 행복해지는 것이 아니라 불행해지는 악순환이 계속된다.

내가 현재 이러한 삶을 살고 있다. 우리 부부는 결혼생활 초기부터 맞벌이를 하며 어린 아들을 키웠다. 그러다 우연한 기회에 남편이 베이커리를 인수하면서 처음 내 가게를 갖게 되었다. 우리 둘은 가게에서 새벽부터 밤까지 하루 종일 붙어 있으면서 일했다. 처음에는 신기하기도 하고 즐거웠다. 그러나 이러한 삶은 너무 힘들었다. 남편은 빵 만드는 기술자로서 새벽부터 밤늦게까지 빵, 쿠키, 케이크, 디저트 등을 만들었고, 나는 나대로 남편 보조, 매장 관리, 빵 포장, 손님 응대 등을 했다. 아르바이트생이나 직원을 구하고 싶었지만 월 매출이 사람을 구할 수 있을 정도가 되지 않았기에 우리 둘이서 하루 종일 일을 했다. 일은 일대로 힘들고 몸도 힘들다 보니 남편과 나는 툭하면 아프고 병원에 가야 할 일이 생겼고, 어린 아들은 가게에서 칭얼댔다. 그러니 몹시 예민해져 싸우는 일이 비일비재했다.

그러다 좋은 기회가 생겼다. 남편이 미국 베이커리 카페에 좋은 조건으로 스카우트 제의를 받은 것이었다. 우리는 현재 이 삶에 너무 지쳐 있었고 일생에 한 번은 외국에 나가 살아 보고 싶었기에 가게를 접는 방향으로 결정했다. 남편이 먼저 미국에 가서 무비자가 가능한 3개월 동안 일하게 되었다. 남편은 미국 생활이 아주 잘 맞았다. 적응도 잘하고 일도 잘하며 아주 잘 지냈기에 사장님께서 변호사를 통해 우리 가족의 영주권을 신청해 주셨다.

영주권 신청 후 남편은 미국에서, 나는 한국에서 일을 하고 있었다. 나는 미국에 가기 위해 우리가 살고 있는 집을 임대하고, 사용하던 물건들을 가져가기보다는 미국에서 새로 장만하는 것이 더 이득이라 생각해 물건들도 다 정리했다. 미국에 가기 전 몇 달간은 친정 부모님 댁에서 지내기로 했다.

그러나 친정에 들어와 산 지 얼마 지나지 않아 시부모님 두 분이 암에 걸리셨다. 시아버지는 위암이었는데 수술을 하고 괜찮아지셨다. 하지만 담낭암이신 시어머니의 상태가 많이 안 좋았다. 시어머니는 아들을 낳기 위해 9명의 딸을 낳으셨다. 그만큼 아들이 귀한 집에 태어났던 남편은 미국 생활을 접고 돌아오게 되었다. 다행히 시어머니의 담낭암 수술은 잘되었다.

이때까지만 해도 우리는 영주권을 포기하지 않고 영주권 신청을 진행하면서 제주도에서 지내고 있었다. 우리 셋은 친정 부모님 집에 얹혀살면서 다시 제주에서 무엇을 하며 영주권이 나올 때까지 살아야 하는지 고민했다. 시부모님 두 분이 모두 암에 걸리셨기 때문에 항암치료를 매달 받아야 했다. 시아버지는 서울대병원에 매달 한 번씩 검사를 받으러 가야 했고, 시어머니는 아프거나 열이 나면 위험하기 때문에 바로 병원으로 모시고 가야 했다. 한 달에 몇 번씩 병원에 주기적으로 다녀야 하기 때문에 직장생활을 하기에는 제약이 있었다. 모아 둔 돈도 없었고 매달 나가는 생활비가 있기에 무엇을 하면서 살아야 할지 빨리 결정을 내려야 했다.

첫 번째로 생각한 것은 저렴하게 창업할 수 있는 푸드 트럭이었다. 그러나 푸드 트럭을 알아보던 중 제주에서 이것은 불법이며, 어떤 장소는 합법적으로 모집을 한다지만 벌써 모집기간이 끝났고, 자리가 날 때까지 계속 기다려야 한다고 담당 공무원이 말했다. 불법으로 하기에는 양심에 걸리기도 하고 주변에서 푸드 트럭을 하던 사람들도 이런 고충 때문에 매장을 여는 것을 보고 이 아이템은 보류하기로 했다(현재는 제주시에서 밀어 주고 있는 것 같다).

두 번째로 생각한 것은 시부모님이 운영하시던 식당을 물려받아 전복죽을 판매하는 것이었다. 시부모님은 아마 우리가 이것을 하기를 바라셨을 것이다. 그러나 한식당은 우리가 해 왔던 일과 전혀 다른 방향이고 생각도 하지 않은 일이었기에 선뜻 나서질 못했다.

마지막으로 생각한 것은 제주 플리마켓에서 쿠키를 판매하는 일이었다. 이 생각이 들자 갑자기 해야 할 일들이 머릿속에서 정리가 되었다. 나는 인터넷으로 정보를 찾았다. 그리고 바로 플리마켓 셀러를 모집하고 있는 공고를 보고 무작정 신청했다.

그 뒤로 매주 제주 전 지역 플리마켓을 돌며 우리가 만든 쿠키와 디저트를 판매하고 있다. 나는 제주에서 더 큰 미래를 꿈꾸기 시작했다. 꿈이 생기자 이제는 안정적으로 쿠키와 빵, 디저트를 판매할 장소가 필요했다. 다행히 살고 있는 집 근처에 아주 저렴하게 가게가 나와 바로 계약했다. 그러나 우리는 처음 베이커리를 했을 때처럼 다람쥐 쳇바퀴 도는 것 같은 삶을 똑같이 반복하고 있었다. 한 번의 실수에서 끝났으면 좋았을 것을….

남편은 새벽부터 밤까지 주6일을 15시간 이상 일했다. 혼자 만들 수 있는 빵의 양은 정해져 있으며, 매출도 정해져 있었다. 이렇게 가다가는 예전처럼 둘 다 예민해져 매일 싸우고 몸이 아파 조만간 또 문을 닫아야 하는 날이 올 것을 알기에 다른 방법을 찾아야만 했다.

나는 이 고민을 해결하기 위해 생존독서라는 것을 시작하게 되었다. 나는 책 속에서 많은 아이디어를 얻고 자신감을 가졌으며 위로를 받기 시작했다. 여기에서 그냥 끝내면 안 될 것 같아 책 속의 좋았던 내용들을 하나씩 실행해 보기로 했다. 그 첫 번째가 버킷리스트를 만들고 그 데드라인을 정하는 것이다. 그리고 두 번째는 내가 시작할 수 있는 방법을 찾아 바로 행동으로 옮기는 것이다.

아리스토텔레스는 "희망은 잠자고 있지 않는 인간의 꿈"이라고 했다. 인간의 꿈이 있는 한 이 세상은 도전해 볼 만하다고 했으며 어떤 일이 있어도 꿈을 잃지 말라고 했다. 꿈은 희망을 버리지 않는 사람에게 선물로 주어진다고 말이다.

지금은 많이 힘들고 몸도 피곤하지만 이루고 싶은 목표가 생겼고 꿈도 훨씬 커졌다. 다시 한 번 도전해 보려 한다. 이번에는 구체적으로 목표를 적고 매일 읽으며 하루를 시작할 것이다. 우리는 현재 미국 영주권을 포기한 상태다. 시어머니께서 이번엔 간암 말기 진단을 받았다. 3개월 더 살 수 있다고 한다. 같은 제주에 살면서도 우리는 나름대로 일을 하느라 바빠서 시부모님을 자주 찾아뵙지 못했다. 일 때문에 많은 것을 포기하고 살아왔던 것이다.

이제 나는 다른 방법으로 가게를 운영할 것이다. 블로그 마케팅 등을 통해 우리 제품을 홍보할 것이다. 다시 우리가 살 집을 구해 부모님에게서 독립한 뒤 나는 쿠키 클래스, 남편은 베이커리 클래스를 열어 적게 일하고 돈이 나오는 시스템을 만들어 사랑하는 가족과 더 많은 시간을 보낼 것이다. 또한 많은 사람들이 오고 싶어 하는 제주에서의 삶을 즐기며 살고 싶다. 마지막으로는 내가 좋아하는 책들로 거실을 서재로 꾸밀 것이다. 책을 써서 사람들에게 희망을 줄 것이며 다른 사람들도 나와 같이 꿈을 꿀 수 있게 도와주고 싶다. 한 번뿐인 인생, 사랑하는 사람과 즐겁게 즐기면서 지금 이곳이 천국이라 생각하며 살고 싶다.

27

하고 싶은 일을 하며 하루하루 행복하게 살기

(주)온리원 커뮤니케이션 대표, 마케터, 자기계발 작가, 동기부여가, 강연가, 공인 마인드맵 강사, 데이터 분석 전문가

팔로워 230만 명을 보유하고 있는 SNS 채널 운영자이자, SNS 마케팅 전문 광고회사 대표다. 국내 유수의 대기업과 마케팅 파트너로 일하고 있으며 공공기관, 소상공인, 프리랜서, 직장인, 학생들을 위한 마케팅 강의도 진행하고 있다. '전 국민 1인 마케터 만들기'라는 원대한 꿈을 향해 끊임없이 정진 중이다.

E-mail happychaehee@nate.com **Homepage** prpr.co.kr
Instagram happychaehee

중3 때의 일이다. 검은 양복을 입은 아저씨들이 우르르 집에 들어와 빨간 딱지를 곳곳에 붙였다. 아버지 사업이 부도가 난 것이다. 그때부터 우리 집의 불행은 시작되었다. 심장에 지병이 있으셨던 어머니는 충격으로 몸이 더 안 좋아지셨지만 아프다고 누워 있는 것도 사치였다. 어머니는 정신력으로 버티며 새벽부터 밤까지 일을 하셔야 했고, 아버지는 어떻게든 재기해 보려 노력하셨지만 그마저도 쉽지 않았다.

나는 고등학생이 되었고 교복 살 돈이 없어 선배들이 강당에 버리고 간 교복을 수선해서 입었다. 학비 내기가 어려워 선생님을 찾아가 현재 상황을 설명드렸다. 그랬더니 가계곤란자로 등록해 줄 테니 학비 걱정은 말고 열심히 공부하라고 하셨다. 나는 부모님께 급식비를 달라는 소리를 하기가 죄송스러워 급식당번을 신청했다. 급식당번을 하면 급식비가 면제되는 대신 미리 복도로 나가 급식카트를 받아 오고 급식 준비를 해야 했다. 맛있는 반찬이 나올 때면 두세 번 담아 가는 친구들 때문에 나는 건더기 없는 국물과 김치로 한 끼를 먹어야 했다.

나는 친구들에게 단 한 번도 집이 힘들다는 이야기를 하지 않았다. 몇 년 전 어머니께 급식당번을 했던 이야기를 꺼냈다. 어머니는 왜 그때 이야기하지 않았냐고, "내 새끼 얼마나 힘들었을까…."라고 혼잣말하시며 하염없이 눈물을 흘리셨다.

운 좋게 대학교에 입학하고 2학년까지 다녔지만 도저히 학업을 지속할 수가 없었다. 그때 내겐 어떻게든 집안을 일으켜 세워야겠다는 생각밖에 없었다. 나는 학교를 자퇴하고 닥치는 대로 일을 하기 시작했다. 새벽 6시부터 시작된 일은 다음 날 새벽 2시까지 이어졌다. 그 무렵 아이스크림가게에서 일을 하다가 우연히 대학 동기를 만났다. 그 친구는 현재 졸업을 앞두고 있었고 곧 어학연수를 간다는 말을 했다. 그날 일을 마치고 집에 가서 엉엉 울었다. 내가 누구를 위해 이렇게 미친 듯이 일을 하고 있는 건지, 나 자신이 초라하게 느껴졌다.

그날 이후 나는 저녁 아르바이트를 그만둔 뒤 사이버대학교 수업을 들었고 1년 만에 학사학위를 취득했다. 그 친구가 아니었더라면 나는 아르바이트 인생에서 벗어나지 못했을지 모른다. 나의 첫 번째 터닝 포인트였던 셈이다.

학사학위를 취득하긴 했지만 학점은행제라는 타이틀로 취업을 하는 것은 쉽지 않았다. 아르바이트가 끝나고 집에 오면 곧바로 책을 펴고 영어와 자격증 시험 공부를 했다. 그 시기에 땄던 자격증이 10개가 넘었고 영어 실력도 하루가 다르게 늘어 갔다. 더 높은 꿈을 이루기 위해 야간 경영대학원에 입학했고 운 좋게 외국계 기업에 입사할 수 있었다. 아르바이트 인생이 끝나는 순간이었다. 하지만 살림살이는 여전히 팍팍했고 회사에 입사해서도 주말에 여행 가이드를 하며 용돈을 벌어야 했다.

모두가 퇴근한 토요일 새벽 2시, 나는 책상 앞에 앉아 울고 있었다. 일을 빨리 끝내야 퇴근할 수 있는데 갑자기 터져 버린 눈물은 멈출 줄을 몰랐다. '내 인생은 왜 이렇게 고달플까, 언제쯤이면 나도 남들처럼 돈 걱정 없이 살 수 있을까.' 고생했던 20대 시절이 주마등처럼 스쳐 지나갔다. 간신히 마음을 추스른 나는 인터넷에 '자살하면 보험금 나오나요?'를 검색하고 있었다. 이렇게 가다간 나도 모르게 극단적인 선택을 할 것 같아 너무 두려웠다. 다음 날 아침 부모님께 회사를 그만두고 싶다고 말씀드렸다.

"죄송하지만 딱 1년만이라도 저를 위한 시간을 갖고 싶어요."

그렇게 나는 세계여행을 떠났다. 배낭여행이라 몸은 피곤했지만 마음은 기쁨과 행복으로 충만했다. 내가 세계여행을 다녀왔다고 하면 어떤 것을 배우고 왔는지 묻는 사람들이 종종 있다. 나는 그런 물음에 이렇게 대답했다.

"어떤 것을 배우고 왔는지 저는 중요하지 않아요. 그냥 행복했어요. 여한이 없을 만큼…. 전 그거 하나면 충분해요."

여행을 마치고 한국으로 돌아온 나는 더 이상 '예전의 나'가 아니었다. 어떻게 하면 행복하게 살 수 있는지, 무슨 일을 해야 내가 더 행복할 수 있는지를 고민했다. 내가 먼저 행복해야 부모님도 행복하게 해 드릴 수 있다는 사실을 여행을 다녀와서야 비로소 깨달았다.

다른 기업에 이직을 한다 해도 상황이 크게 달라질 것 같지는 않았다. 전 직장에서도 크리에이터, 마케터로서 일을 해 왔던 나는 마케팅 하나만큼은 자신 있었다. 결국 이직을 하지 않고 마케팅 회사를 설립했다. 나는 남 밑에서 일하는 것이 아닌, 돈을 덜 벌더라도 내가 좋아하는 일을 하고 싶었다.

진심이 담긴 광고를 하다 보면 많은 고객들이 우리 회사를 찾을 것이라 생각했다. 하지만 클라이언트들은 레퍼런스가 제대로 갖춰지지 않은 작은 회사에 광고를 맡기지 않았다. 까다로운 질문에도 친절히 답하며 광고 전략까지 상세히 알려 주었지만 그들은 "생각해 보고 다시 연락드릴게요."라는 말만 남기고 두 번 다시 연락하지 않았다. 광고를 기획하고 세부전략을 짜고 콘텐츠를 멋지게 만들어 내는 상상은 그저 이상에 불과했다. 현실의 벽은 아득하게 높았다. 너무 쉽게 생각하고 시작했던 탓인지 6개월 동안은 참 많이 힘들었다. 포기하고 싶었던 순간들이 많았지만 언젠가는 꼭 나의 노력도 빛을 볼 수 있을 것이라는 생각을 하며 참고 견뎠다.

'지성이면 감천이다.' 나는 이 속담을 참 좋아한다. 정성이 지극하면 하늘도 감동하게 된다는 뜻으로, 정성을 다하면 아주 어려운 일도 순조롭게 풀려 좋은 결과를 맺는다는 말이다. 나는 '하늘도 감동시킬 만큼의 노력을 하자'라는 생각으로 하루하루 최선을 다했다. 감사하게도 '광고를 참 잘하는 회사'라는 입소문을 타고 클라이언트들이 꾸준히 늘어났다. 나로 인해 광고주의 매출이 수십 배 늘고, 폐업 직전이었던 가게가 대박가게로 자리매김하는 모습을 보면 그렇게 행복할 수가 없었다. 나는 그들이 내 가족이라는 생각으로 진심을 다해 컨설팅하고 광고를 진행했다. 진심은 결국 통하는 법이다.

나는 하고 싶은 일을 하며 하루하루 행복하게 사는 것이 꿈이다. 오늘도 나는 마케터, 크리에이터, 마케팅 강사, 컨설턴트, 동기부여가, 강연가로서의 삶을 살며 가슴 뛰는 하루를 보내는 꿈을 꾼다. 거창하고 원대한 꿈이 아니더라도 열정을 불러일으키고 자부심과 자긍심을 가질 수 있는 꿈이라면 충분하다고 생각한다. 나는 포기하지 않고 끝까지 도전하고 또 도전할 것이다. 바람이 불 때까지 기다리는 바람개비가 아니라, 바람이 불지 않더라도 스스로 바람을 일으켜 달려가는 바람개비가 될 것이다.

한 번도 상상해 보지 않은 꿈은 현실이 될 수 없다고 한다. 생생하게 상상하고 노력하다 보면 꿈꾸던 그 순간들은 분명히 올 거라 믿는다. 오늘도 나는 나를 응원한다.

28

선한 영향력을 미치는 동기부여가 되기

이하늘

'임마이티 컴퍼니' 코치, 힐링 코치, 자기계발 작가, 동기부여가, 희망드림 메신저

어느 날 한 권의 책으로 자신을 되돌아보고, 늘 궁금했던 '나'를 책을 통해 이해하고 진정한 모습을 찾을 수 있었다. 저서로는 《미래일기》가 있으며, 현재 그동안 겪었던 경험을 토대로 많은 사람들이 명확하게 표현하고, 주도적인 삶을 살아갈 수 있도록 거절하는 법에 대한 개인 저서를 집필 중이다.

E-mail skyl86@naver.com **C · P** 010-3624-3811

2012년 1월 어느 날, 나는 문득 '죽음'이라는 단어를 떠올렸다. 나는 어릴 때부터 낯가림도 심하고, 말 한마디 제대로 못하는 사람이었다. 남에게 주목받는 것이 죽기보다 싫었다. 학창시절에 발표 한번 제대로 한 적이 없을 정도로 소극적이고 내성적이었다. 중학생이 되어서 예체능으로 진로를 선택했고, 사람들 앞에 서는 기회가 많아질수록 나는 더 힘들었다.

판소리를 자의 반 타의 반으로 시작했지만, 날이 갈수록 자괴감에 빠졌다. 음악이 싫었던 것은 아니다. 음악을 누구보다 좋아했고 최선을 다했지만, 남들 앞에 서는 것이 큰 부담으로 다가왔다. 자신 없는 모습을 보일 때마다 다른 사람들과 비교를 당했고,

원치 않는 피드백을 받았다. “성격이 활발해야 사회생활을 잘하지.”, “그렇게 소극적인 성격으로 음악을 어떻게 할 거니?”라는 말을 자주 들었다. 사람들이 웃으면서 던지는 말에 나는 쉴 새 없이 흔들렸다.

판소리에서 해금으로 전공을 바꾼 뒤 우수한 성적으로 대학에 입학했다. 하지만 나의 이런 성향이 또 발목을 잡았다. 학년이 올라갈수록 실기점수가 서서히 떨어진 것이다. 거의 포기하는 심정으로 시험을 보기도 했고, 교수님께 죄송하다는 말을 달고 살았다. 하지만 나는 음악이 좋았고 계속 해금을 하고 싶었다. 아니, 더 잘하고 싶었다.

졸업한 뒤에도 크게 나아지진 않았다. 이제 나는 대학생이 아니라 어엿한 사회인이기에 그 무게도 갈수록 무겁게 느껴졌다. 예민해질 대로 예민해진 나는 갑자기 눈물을 흘리기도 했고, 사람들이 나를 힘들게 하는 것을 원망하기도 했다.

내성적인 성격과 소극적인 대인관계로 인한 스트레스는 결국 우울증으로 이어졌다. 살아야 할 이유가 없었다. 모든 것을 내려놓고 싶은 마음뿐이었다. 느닷없이 공포감이 밀려왔고, 세상과 내가 분리되는 느낌이 강하게 들 때도 있었다. 길을 걷다가 갑자기 한참을 서 있기도 했고, 시도 때도 없이 어지럼증과 가슴이 답답한 증상이 찾아왔다. 힘든 날들이 이어졌고, 결국 믿었던 사람과 멀어지게 되었다. 한때 마음을 터놓고 잘 지냈던 사람이기에 나는 더욱 충격을 받았다. 생각지도 못한 사람과의 상처로 나는 대인기피증까지 생겼고, 아무것도 하지 않는 날이 계속되었다. 그렇게 나는 몇 날 며칠을 집 밖으로 나오지 않았다.

무기력한 날을 보내고 있던 내게 유일한 돌파구는 서점이었다. 마음이 힘들었기에 무언가에 오롯이 집중하고 싶었다. 상처를 주는 사람들과는 다르게 책은 오로지 따뜻한 말과 위로를 건넬 뿐이었다. 마음을 위로하는 심리, 힘을 주는 자기계발 등의 책을 찾아서 닥치는 대로 읽었다.

책을 통해 힘을 얻은 나는 해결책을 찾기 시작했다. 난생처음 전문 상담사를 찾아 적극적으로 상담을 받았다. 약점을 극복하기 위해 스피치 학원에 등록하기도 했다. 무작정 새로운 도전을 하고 싶어 토익학원에 다니기도 했다. 적극적으로 행동하면서 두렵게만 느껴졌던 바깥세상이 달리 보이기 시작했다. 나를 힘들게 했었던 것은 주변 사람이 아니었다. 타인이 정한 틀에 나를 가둬 두려 했던 내가 문제였다. 나는 사람들이 쉽게 내뱉은 말에 소중한 내 인생을 낭비하고 있었던 것이다.

책을 통해 힘을 내고 상처를 극복해 나갈 수 있었다. 하지만 악단에서 연주하던 일을 그만두면서 나는 또다시 좌절했다. 미래에 대한 구체적인 계획이 없었기에 불투명한 미래가 두려웠다. 꿈은 있지만 어떻게 행동해야 할지를 몰라 나는 또다시 무미건조한 일상으로 돌아갔다. 그렇게 나의 20대는 열정도 없고 희망도 없는 날의 연속이었다.

고정적인 수입도 없고, 안정적인 직장도 없던 나는 30대가 되자 미래에 대한 불안감과 두려움이 말할 수 없을 만큼 커졌다. 지금의 힘든 상황을 그 누구에게도 말할 수 없었다. 밤마다 눈물이 마를 날이 없었다. 좋은 학력이 오히려 나를 더 초라하게 만들었다. 할 수 있는 것이라곤 학생들을 가르치는 것이었기에 음악 전공의 석사학위가 있음에도 불구하고 또다시 교육대학원을 알아보았다. 안정적인 정규직 교사가 되는 것이 썩 내키지는 않았지만 그때의 내가 할 수 있는 유일한 선택이었다.

교육대학원 입학과정을 알아보던 어느 날, 우연히 나는 한 권의 책으로 인생의 전환점을 맞이했다. 바로 임원화 작가의 《하루 10분 독서의 힘》이다. 첫 줄을 읽는 순간 내 마음은 크게 요동치기 시작했다. 인생의 위기를 독서로 극복한 스토리에 이끌려 나는 단숨에 책을 읽었다. 책에 소개된 〈한책협〉과 저자의 카페인 〈임마이티 컴퍼니〉에 가입했다. 카페활동을 하며 누구나 책을 쓸 수 있고, 평범할수록 책을 써야 한다는 말에 나는 힘을 얻었다. 책을 쓰면 스스로 성장하면서도 내가 원하는 삶을 살 수 있을 것이라는 확신이 들었다.

〈한책협〉의 〈책 쓰기 과정〉을 듣고 싶었지만 현실적으로 가능하지 않았다. 몇 달 동안 아무리 생각해도 책을 쓸 수 있는 방법을 찾지 못했다. 하지만 기회는 뜻하지 않은 곳에서 온다고 했던가. 나는 임원화 작가의 카페에서 스태프를 구한다는 글을 우연히 보게 되었다. 그리고 난생처음 용기를 내어 저자에게 함께 일하고 싶다는 메일을 보냈다. 간절하고 또 간절하게 답장을 기다렸다.

이튿날, 답장이 왔다. 너무 놀란 나머지 심장이 밖으로 나오는 줄 알았다. 그날 밤 나는 임원화 작가와 통화를 했다. 밝고 경쾌하고 따뜻한 말 한마디에 나는 그만 울어 버렸다. 문득 인생의 귀인을 만나 내 삶도 변화할 수 있겠다는 희망이 생겼다. 그녀는 스태프 지원을 긍정적으로 생각하고 있다며 내게 미션을 주었다. 나는 3일 밤을 지새우며 미션을 완료했다. 이 모든 일들이 내게 운명처럼 느껴졌다.

임원화 작가는 나를 위해 〈책꿈디자인〉 4주 과정을 추천해 주었다. 2016년 7월 첫 수업이 내 가슴을 울렸다. 분당서울대학교 중환자실 간호사에서 억대 수입의 1인 기업가로 홀로서기에 성공한 임원화 작가의 스토리를 들으며 나는 눈물을 흘렸다. 그녀의 스토리는 내게 큰 감동과 동기부여를 해 주었다. 나 역시 임원화 작가처럼 특별하게 살고 싶다는 뜨거운 열망을 가지게 했다.

나는 〈책꿈디자인〉 4주 과정을 수료했다. 이 과정으로 인해 내가 원하는 것이 무엇인지를 찾았고, 인생의 큰 그림을 그릴 수 있었다. 매주 꿈맥들과 함께하며 세상을 다 가진 기분이었고, 소극적이며 내성적인 과거의 나에서 조금씩 벗어나고 있었다. 나는 그렇게 사람들과 소통하고 적극적인 사람으로 서서히 변화되고 있었다. 꿈을 구체적이고 명확하게 문서화, 시각화하는 과정을 통해 미래에 대한 불안감은 사라지고 무엇이든 할 수 있다는 긍정적인 에너지가 채워졌다.

지금 나는 과거와 다른 삶을 살고 있다. 그토록 원하던 〈임마이티 컴퍼니〉에 입사해 주체적으로 일하고 있다. 예전의 나는 목적의식 없이 수동적으로 생활했지만 지금은 명확한 목표를 가지고 나답게 행복한 삶을 구축하고 있다. 진짜 내 인생의 주인이 된 것이다.

자신의 롤모델과 같이 일할 수 있다는 것만으로도 이미 성공 궤도에 들어왔다고 볼 수 있다. 성공자와 함께하며 생각이 변하고 의식이 확장되었다. 돈에 대한 두려움을 떨쳐 버릴 수 있었고, 스스로에 대한 믿음으로 행동할 수 있게 되었다. 성공자의 행동에서 수시로 깨달음을 얻으며 시행착오를 줄여 나가고 있다. 바닥을 치던 자존감 또한 빠르게 회복되면서 자신감도 생겼다.

내면이 단단해지니 외면도 당당해지기 시작했다. 생기 없던 나의 표정은 밝게 변했고, 튀지 않으려고 노력해 왔던 옷차림은 세련되게 바뀌었다. 과거와는 다르게 많은 사람들과 즐겁게 소통하고 있고, 좋은 사람이 아니라 명확한 사람이 되고자 노력하고 있다.

앞으로 나는 사람들 앞에서 카리스마 있게 강연을 하고, 내 이름이 적힌 책을 써서 몽블랑 만년필로 독자에게 사인을 해 주는 베스트셀러 작가가 될 것이다. 좋은 시설의 오피스텔에 입주해 나만의 드림하우스에서 행복한 시간을 보낼 것이며, 당당하게 명함을 건네는 멋진 커리어우먼이 되어 성공자의 삶을 살 것이다.

과거의 나는 변화를 꿈꿨지만 방법을 몰랐다. 그로 인해 방황했지만 책을 통해 위기를 극복할 수 있었다. 책을 통해 인생의 멘토를 만났고, 나답게 행복한 삶을 살며 성장하고 있다. 지금 어딘가에 분명 과거의 나처럼 방황하고 있는 사람들이 있을 것이다. 임원화 대표가 내게 그러했듯 나 역시 누군가의 꿈이자 롤모델이 되어 선한 영향력을 미치고 싶다. 생생하게 꿈꾸고 뜨겁게 도전해 나갈 나를 응원한다.

29

하고 싶은 것 지금 당장 시작하기

이동규

'돈학과' 대표, '㈜퀘이사인베스트먼트' 대표, 개인투자자, 투자동기부여가, 부동산임대사업가, 금융교육 강사
학생들에게 돈학과를 통해서 금융과 투자를 가르치는 금융 멘토다. 주식투자경력 11년 차에 부동산투자경력 5년 차다. 친구들이 국어, 영어, 수학 과외를 하는 것을 보고 '왜 국영수보다 더 중요한 금융과 투자에 대해서는 과외를 해 주는 곳이 없을까?'란 생각으로 직접 공부하고 연구해 만든 교육프로그램으로 과외를 시작했다. 투자를 가장 잘하는 사람은 아니지만 투자를 가장 잘 가르치는 사람이 되고 싶은 꿈을 가지고 있다. 저서로는 《미래일기》, 《우리는 부동산으로 월급받는다》, 《보물지도6》 등이 있다.
E-mail deekelly@naver.com **Blog** http://blog.naver.com/deekelly
Cafe http://cafe.naver.com/moneyeducation

우리가 태어난 것은 의도한 것이 아니지만 이왕 태어난 인생을 재미있게 살다 가는 것은 의도대로 될 수 있다. 빌 게이츠는 "가난하게 태어난 것은 당신 잘못이 아니지만, 죽을 때까지 가난한 것은 당신 잘못이다."라고 말했다.

원하는 것들을 하기 위해서는 돈의 힘이 필요하다. 돈은 내가 하고 싶고, 갖고 싶고, 되고 싶은 것들을 현실에 이룰 수 있게 도와준다. 이제는 남들이 알아주는 대학만 졸업하면 성공이 보장되던 시대는 갔다. 사교육으로 큰 부와 성공을 이룬 메가스터디 손주은 대표는 이런 말을 했다.

"학생들을 가르치면서 '공부만이 너희를 구원할 것'이라고 말했다. 그러나 시대가 바뀌었다. 지금 같은 시대에선 공부를 통한 신분 상승 가능성이 낮아졌다. 10년 후면 사교육이란 용어 자체가 사라질 것이다. 남들과 완전히 다르게 생각할 수 있는 능력이 중요해졌다. 지적 능력이 아니라 창의성이 미래의 경쟁력이다."

사교육시장의 대부라고 불리는 그가 사교육의 종말을 예언한 것이다. 나는 오히려 이런 시대가 온 것이 반갑다. 가정 경제에서 사교육에 들어갈 돈을 다른 곳에 쓸 수 있다고 믿기 때문이다. 나는 주식투자자다. 열여덟 살에 주식투자에 입문해 경력으로는 10년이 넘었다. 나는 주식투자자이자 동시에 금융교육가다. 청년들의 금융교육에 관심이 아주 많다. 현재 '돈학과'를 운영하면서 내가 겪은 10년의 경험을 바탕으로 금융과 투자에 대해 가르치고 있다. 아이들의 반응은 한결같다.

"이런 강의는 태어나서 처음 들어 봐요."
"왜 학교에서는 이런 걸 가르쳐 주지 않는 거죠?"
"이런 걸 좀 더 빨리 알았으면 하는 아쉬움이 들어요."
"이제라도 알았으니 다행이에요."

내가 돈학과 마지막 시간에 꼭 하는 말이 있다.

"여러분이 금융과 투자에 대해 눈을 떴다고 하더라도 단기간에 부자가 되는 방법은 없습니다. 여러분이 직장인으로 살아간다면 투자에서 승부를 봐야 합니다. 돈을 모으는 것만으로는 부족합니다. 모은 돈을 제대로 불려야 부자가 될 수 있습니다. 우리 10년에 한 번씩 돈학과 동창회를 합시다. 만날 때마다 나는 여러분이 투자를 잘해서 돈에 구애받지 않고 자신의 가치관에 따라 하고 싶은 것들을 마음껏 하면서 재밌게 살고 있다는 말을 듣고 싶습니다."

내가 돈학과를 운영하게 된 이유는 그냥 하고 싶어서다. 누가 시켜서 한 일이 아니다. 청년들의 교육에 집중하는 이유는, 그들은 시간이 풍부해서 가능성이 무한하기 때문이다. 투자는 결국 시간을 먹고 자란다. 오늘 사서 내일 '펑' 하고 터지는 것은 없다. 올바른 금융교육은 한 사람은 물론이고 그 사람이 속한 가족의 인생도 바꿀 수 있다고 믿는다.

한 사람의 인생에 가장 영향을 끼치는 것은 아무래도 직업이 아닐까 싶다. 앞으로는 한 사람도 여러 가지 직업을 가지고 살아갈 것이라고 한다. 이미 평생직장은 사라졌고 정규직이란 개념도 점점 희미해질 것이다. 어떤 직업을 선택하더라도 여러 가지 조건 때문에 어쩔 수 없이 끌려다니면서 일해야 되는 것만큼 불행한 인생도 없을 것이다.

대기업 취업만이 인생의 전부는 아니다. 찾아보면 참 다양한 인생이 존재한다. 나는 많은 사람들이 돈을 떠나서 자신이 진정으로 즐길 수 있는 일을 선택했으면 좋겠다. 물론 용기가 필요한 일이다. 소득이 많으면 투자도 유리할 것 같지만 꼭 그렇지만은 않다. 소득이 많은 사람은 그만큼 지출이 커서 생각보다 많은 금액을 저축하지 못한다. 자신이 원하는 것을 하는 데 방해되는 요소는 거의 대부분 돈일 것이다. 돈은 투자와 재테크로 준비하면 된다. 돈이 많아서 투자와 재테크를 하는 것이 아니라 오히려 돈이 없기 때문에 투자와 재테크를 하는 것이다.

나는 주식투자자니 주식을 예로 들어 이야기해 보겠다. 만약 어떠한 기업이 30년 동안 얼마만큼 성장해서 주가가 어느 정도 오를지 미리 계산할 수 있다면 미래에 대한 불안이 사라지지 않을까? 투자는 미래에 대한 불안을 없애고 현재를 있는 그대로 즐기려고 하는 것이다. 만약 당신의 미래에 대한 불안을 연금과 보험이 해결해 줄 수 있다면 그렇게 하면 된다(내가 생각할 땐 불가능해 보이지만).

"그렇다면 너는 무엇을 하고 싶으냐?"라고 묻는다면, 너무 많아서 무엇을 먼저 말해야 될지 모를 것이다. 우선은 '버킷리스트 100개 써 보기'를 추천한다. 아마 처음엔 생각이 잘 나지 않을 것이다. 그럴 땐 인터넷에서 '버킷리스트'를 검색해 남이 원하고 이루고 싶어 하는 것들을 참고하면 도움이 많이 된다. '이게 정말 내가 원하는 것일까?'란 의문이 들어도 우선 느낌이 좋다면 버킷리스트에 추가해 보라. 그리고 하나둘씩 해 보는 것이다. 직접 해 봐야 내가 진짜 원하는 것인지 흉내만 내고 싶은 것인지 안다. 인생이란 내가 흉내 내고 싶었던 것들을 걸러 내고 진짜로 내가 원하고, 되고 싶고, 갖고 싶은 것들을 발견하는 과정이 아닐까?

나는 20대에 이루어야 할 키워드로 '투자공부'와 '다양한 경험'을 뽑았다. 경험은 분야를 가리지 않았다. 그러다 보니 나의 전문영역은 아니지만 단편영화 감독으로 참여해 5개의 작품을 만들기도 했다. 이러한 경험들은 영상편집의 재미를 느끼게 해 주었고 현재는 알음알음 지인 소개를 받아 영상편집을 대행해 주는 회사도 운영하고 있다. 홍보는 따로 하지 않는다.

현재 내가 집중하고 있는 것은 투자교육회사인 '퀘이사 인베스트먼트'와 '돈학과'다. 투자경험은 10년이 넘었지만 비교적 젊은 감각을 무기로 나만의 경쟁력을 키워 나가고 있다. 아무래도 50대 아저씨 투자자가 가르쳐 주는 것보단 내가 더 편하지 않을까? 회사를 운영하면서 강의에도 재미를 느끼고 있다. 사람들 앞에서 나의 전문영역에 대한 이야기를 할 때 행복감을 느낀다.

회사를 창업하는 데 참 많은 분들의 도움이 있었다. 나도 그분들에게 도움을 주는 사람이 되고 싶다. 창업의 가장 큰 매력은 자신이 주도적으로 일을 해 나갈 수 있다는 것이 아닐까 싶다. 죽이 되든 밥이 되든 내가 만든 회사고 힘든 일이 아주 없는 것은 아니지만 과정이 재미있다. 내가 만든 회사들의 10년 후 모습이 어떨지 너무 궁금하다.

내가 꿈꾸는 삶은 사람들에게 재정적인 도움을 주면서 나의 능력도 인정받는 삶이다. 물론 나의 재정적 상황도 좋아야 한다. 나는 주로 주식으로 돈을 모았고 주식으로 돈을 불렸다. 현재 국민들이 가지고 있는 주식에 대한 오해와 편견을 깨고 올바른 방법으로 주식투자를 이어 나갈 수 있는 길을 인도해 주고 있다. 일반 대중들이 하는 주식투자와는 다른 길로 가야 한다.

인생도 마찬가지라고 생각한다. 대중과 다른 방향으로 가야 성공할 수 있다. 또라이들의 전성시대가 드디어 열리고 있는 것이다. 유튜브 1인 방송으로 한 달에 1,000만 원 이상을 벌 수 있다고 누가 상상이나 했겠는가? 앞으로 상상하지 못한 곳에서 상상 그 이상의 소득을 벌어들이는 사람들이 늘어날 것이다.

우선은 자신이 반드시 원하는 인생을 살아가겠다고 다짐하는 것부터가 시작이라고 생각한다. 반드시 성공해서 내가 사랑하는 사람들과 내가 좋아하는 곳에서 내가 원하는 음식을 먹고 내가 나누고 싶은 대화만 나누는 상상을 해 보라. 그러나 보통 사람들은 정반대다. 별로 존경하지도 않고 따르고 싶지도 않은 상사

밑에서 내가 싫어하는 일을 하고 점심시간은 그저 허겁지겁 배를 채우는 시간이다. 회의시간에는 자신이 별 관심도 없는 주제를 가지고 이야기를 나누기도 한다.

이제는 사고와 의식을 완전히 바꾸어야 한다. 내가 원하는 대로 살 수 있다. 단순히 숨을 쉬고 있다고 해서 살아 있다고 할 수 있을까? 회사의 노예가 되어 나의 소중한 시간을 몇 푼 되지 않는 돈으로 바꾸면서 시간과 에너지를 낭비하고 있는 사람들이 너무나도 많다. 지금 당장은 여러 가지 환경의 제약 때문에 어쩔 수 없다고 해도 대학을 졸업하듯이 반드시 회사도 졸업하고 나오겠다는 생각을 가져야 한다. 인생의 마법은 꿈을 꾸는 것에서부터 시작된다!

30

행복한 학교를 만드는 최고의 긍정교육 전문가 되기

초등학교 교사, 긍정교육 메신저, 자존감 전문가, 동기부여가, 자기계발 작가

아이들 속에서 몰입하고 호흡하는 시간 자체를 사랑하는 초등학교 교사다. 다른 사람과 함께 성장하는 기쁨을 즐긴다. '행복'에 관심이 많아 모든 아이들과 교사들, 부모들이 행복한 대한민국을 꿈꾼다. 현재 자녀를 자존감 높은 아이로 길러 내고 싶은 부모들을 위한 개인저서를 집필 중이다.

E-mail seh8027@naver.com

나는 어릴 적 꿈이 참 많았다. 내가 꿈꿔 본 여러 가지의 직업 중 교사의 길로 들어서게 되었다. 교생 실습 기간에 단지 교생선생님이라는 이유로 아이들에게서 조건 없는 무한한 사랑을 받은 기억은 아직도 진하게 남아 있다. 두 번의 실습 기간이 끝난 뒤 아이들과 함께하는 마지막 날에는 두 번 다 펑펑 울었다. 반 아이들이 택시를 타러 가는 곳까지 실습일지, 교구 등과 같은 각종 짐을 들어 주겠다고 졸졸 따라왔다. 고사리손으로, 초등학생에게는 큰돈이었을 3,000원을 나에게 쥐어 주기도 했다. 받지는 않았지만 그때의 기억을 떠올리면 울컥하고 뜨거운 것이 목구멍으로 올라온다.

따뜻했던 추억을 되새기며 교사가 되기 위해 임용고시 공부에 돌입했다. 치열하고 고민 가득했던 임고생 시절을 거쳐 드디어 첫 발령을 받았다. 2월 말에 발령이 급작스럽게 결정된 터라 갑자기 내가 담임을 맡게 된 5학년 교실에 들어섰을 때는 실감이 나지 않았다.

개학식 전날 밤 12시까지 아이들과 함께할 첫 활동 자료를 만든 것을 시작으로, 첫해는 배움과 생존, 긴장의 연속이었다. 노련해 보이고자 애를 썼기에 겉으로는 평화롭게 아이들을 잘 이끌어 나가는 것처럼 보였을 것이다. 아이들을 향한 나의 사랑은 크다고 자부할 수 있었지만 매일 쫓기듯 허둥지둥 바쁜 나날이었다. 결코 길지 않은 교직생활임에도 불구하고 희로애락이 무엇인지 배울 수 있었다.

기쁨과 열정으로 가슴이 뛰기도 했지만, 정말 깊은 애정을 가졌던 학생에게 큰 배신감을 느끼고 일주일 동안 무력감에서 헤어나오지 못한 적도 있었고, 왕따와 크고 작은 학교 폭력 문제도 경험했으며, 언제라도 팡 터질 것 같은 불안함도 겪었다. 그렇게 시간은 흘러갔다. 하루하루 별일 없이 지나가는 것이 다행이라고 느끼고 있었다.

그러다 '매일 무사히 퇴근하는 게 나의 목표인 건가'라는 생각이 문득 스쳤다. 이것이 목표라면 학생의 발전을 위해 늦게까지 학교에 남아 일을 하고 학부모와 상담을 하는 등의 일들이 나의 목표를 '방해'하는 모습이 되는 것이었다. 나에게는 적당히 만족하며 살아가는 것을 넘어 더 확고하고, 스스로가 납득할 수 있는 소명의식이 필요했다.

그래서 학교에서 아이들을 가르치며 살아남기 위해 애쓰는 중에도 계속 삶의 방향을 찾았다. 매일매일 일어나는 일들을 처리하며 그저 흐르는 대로 살고 싶지는 않았다. 등대처럼 의지하고 바라보며 살아갈 원동력을 만들기 원했다. '어떤 교사여야 하는가', '교사로 시작한 나의 길이 맞는 건가'라는 물음은 머릿속에 찰싹 붙어 있어서 수업을 할 때, 학생들 생활지도를 할 때, 동료 선생님들과 이야기를 할 때, 강연을 들을 때도 시시때때로 되새기며 답해야 했다.

나는 요즘 누군가를 가르쳐서 발전하는 모습을 보는 것에 커다란 보람을 느끼고 있다. 학생들과 소통하고 가르치는 일과 각종 생활지도에 몰입하는 그 순간순간을 사랑하고 있다. 학생이 나로 인해 성장했다고 느낄 때, 학교 안에서 행복해할 때 나는 무엇과도 비교할 수 없는 희열을 느낀다. 교사로 시작한 내 삶을 이제는 더 이상 의심하지 않는다. 그리고 직업인이 아닌 내 이름을 걸고 활동할 단단한 목표를 세웠다. 그것은 대한민국 최고의 긍정교육 코치가 되어 행복한 학교, 행복한 대한민국을 만드는 것이다. 그리고 누군가에게 나를 소개할 때 교사가 아니라 나 자체가 퍼스널 브랜드가 되는 것이다.

지금은 4차 산업혁명 시대로 우리는 엄청나게 거센 변화 속에서 살고 있다. 현재 7세 이하 아이들이 사회에서 직업을 선택할 때가 되면 65%는 지금은 없는 직업을 갖게 될 것이라고 한다. 학교는 아이들이 사회로 나가기 전에 필요한 것을 알려 주는 곳이지만, 누구도 미래가 어떻게 변할지 정확히 알 수는 없다. 그래서 아마도, 수많은 학생은 학교 울타리 밖으로 나오면 갈대처럼 흔들리는 경험을 할 것이다.

그런데 만약 자신과 타인을 긍정한다면 어떤 상황 속에서도 자신을 바로 세울 수 있다. 모든 아이들이 학교에서 조금이라도 자신의 잠재력을 찾고 스스로를 세상에 당당히 세웠으면 좋겠다는 바람을 가지게 되었다.

'긍정'이라는 단어에는 2가지 뜻이 담겨 있다. 하나는 인정하고 수긍한다는 뜻이고, 다른 하나는 자긍심, 기쁨, 쾌활함, 행복함과 같은 감정을 의미한다. 먼저 스스로를 인정하는 첫 번째의 긍정이 있어야 두 번째로 행복과 기쁨 같은 긍정적 정서를 계발할 수 있다.

《긍정심리학》의 저자인 마틴 셀리그만에 의하면, 긍정적 감정은 두뇌 활동을 활발하게 해 주고 신체적·사회적으로도 자원을 잘 구축할 수 있게 해 준다고 한다. 경쟁과 결과중심 사회에 지쳐 있는 아이들에게 긍정교육을 통해 자존감을 찾아 주고 희망과 행복이 가득한 세상을 주고 싶다. 그리고 그런 세상은 변화된 아이들, 어른들로부터 시작된다고 믿는다.

"먼저 그대가 무엇이 되려는지 스스로 말하라. 그런 다음 그대가 해야 할 일을 행하라."

로마의 철학자 에픽테토스가 한 말이다. 나는 긍정교육 전문가가 되기로 결정했으므로 바로 훈육, 생활지도, 수업 장면 등 모든 시간에 내가 생각하는 긍정교육을 녹여내고자 한다. 그리고 현재 학교 현장에서 아이들에게 영향을 미칠 수 있는 교사이기 때문에 의사, 일반 강연자들보다 더 직접적인 변화를 이끌어 낼 수 있을 것이라고 생각한다.

이 목표의 일환으로 접근할 키워드는 '감정'과 '강점'이다. 아이들이 자신과 타인의 감정을 돌보고 존중해 주는 공동체를 만들 것이다. 그리고 아이의 강점을 찾을 수 있도록 도울 것이다. 자신의 강점을 찾고 몰입이 주는 행복을 느끼며 살 수 있도록 하고 싶다.

아이의 삶에 직접 영향을 줄 수 있는 것도 보람되지만 나는 더 빠르게, 그리고 많은 사람들에게 도움을 주고 싶다. 그래서 교사, 더 나아가 학부모를 대상으로 강연하고 그들을 교육하는 긍정교육 코치를 꿈꾼다. 평소의 꾸준하고 심도 깊은 공부를 통해 당당한 전문가가 되고 싶다. 내 안에 담긴 풍부한 콘텐츠와 열정을 재료로 행복한 학교를 만드는 교사 교육, 행복한 가족을 만드는 학부모 교육을 진행해 나갈 것이다.

EBS 다큐 〈학교란 무엇인가〉에는 생활지도 및 진행의 어려움 등으로 원하는 모습의 수업을 하지 못하는 선생님들이 나온다. 그들은 한결같이 "좋은 수업을 하고 싶다."라고 말한다. 나도 항상 그런 마음을 지니고 산다. 교사는 잘 가르칠 때, 내가 학생들에게 좋은 영향을 미치고 있다고 느낄 때 자랑스럽고 힘이 난다. 그것이 이 직업에서 느낄 수 있는 보람이자 행복이다. 그런데 만약 교사가 교육 방향을 잃고 자존감이 떨어져 학생들과 있을 때 지치기만 한다면 어떨까? 학생들도 부정적 정서를 느낄 수밖에 없다. 행복한 교사가 행복한 아이들을 만든다. 대한민국의 미래인 학생들도 중요하지만 개개인의 삶은 모두 소중하다. 그래서 나는 학생들만을 가르쳐서 변화시키는 것이 아니라 선생님과 학부모 같은 교육자 본인의 삶을 더 윤택하고 자신감 있게 만들어 주는 코치가 되고 싶다.

다른 사람이 성장하는 것을 돕는 즐거움은 사실 나를 위한 것이다. 나로 인해 누군가 성장할 때 나도 그만큼 발전하고 성장한다. 나는 기쁨을 누리며 남의 행복을 위해 노력하는 사람이 되고 싶다. 나는 행복한 이기주의자, 마인드를 바꾸는 긍정교육 전문가가 되어 정신적으로나 물질적으로나 모두 풍요로운 삶을 살 것이다.

이 책을 통해 세상에 선언한다. 나는 대한민국의 교육계에 큰 획을 긋는 인재로 거듭날 것이다. 나의 활동이 세상에 선한 영향력을 미쳐 모두가 행복해지기를 꿈꾼다. 긍정교육을 통해 행복한 아이를, 행복한 학교를, 더 나아가 행복한 세상을 만들겠다는 나의 꿈은 〈한책협〉과의 만남을 계기로 확고해졌다. 내 꿈이 반드시 이루어질 것이라고 믿는다.

31

IWC 포르투기저 차고 다니는 남자 되기

의사, 자기계발 작가, 부동산 투자자, 동기부여가, 공부 멘토
서울대학교 의예과를 수석으로 입학해 엘리트 코스를 밟아 온 영상의학과 전문의다. 타인의 기대에 맞춰 살아온 인생에 회의를 느끼고 '스타벅스로부터 월세 받으며 책 쓰는 의사'라는 새로운 꿈을 향해 도약하고 있다. 저서로는《버킷리스트10》이 있으며, 공중보건의 시절의 자기계발에서 깨우친 점을 담은 개인저서 출간을 앞두고 있다.
E-mail gigasong@naver.com **Blog** md-author.co.kr
Instagram bookstarbucks

남자의 3대 사치품이라고 하면 사람마다 다 다르게 이야기한다. 그중 패션에 대한 것으로 한정한다면 아마도 시계, 구두, 벨트가 아닐까 한다. 이 3가지는 시선이 잘 닿지 않는 곳에 위치한다. 시계는 소매에 가려지고, 벨트는 슈트에 가려진다. 구두를 보려면 시선을 바닥으로 향해야 한다. 만약 시계가 없다면 답답해서 안 차고 다닌다고 둘러댈 수 있다. 벨트와 구두는 테이블에 앉으면 보이지도 않는다. 멀리서도 쉽게 알아볼 수 있는 슈트나 넥타이와는 큰 차이가 있다. 중요한 면접을 앞두고 돈이 충분하지 않다면 정장과 넥타이부터 맞춰야 한다. 우선순위가 낮은 아이템에 큰돈을 쓰는 것이 바로 사치다.

나는 패션에 관심이 없었다. 중·고등학교 시절에는 교복이 있어서 좋았다. 아침에 무엇을 입고 학교에 갈지 고민하지 않아도 되었다. 머리도 그냥 짧게 자르면 그만이었다. 학원에 갈 때도 귀찮아서 교복도 안 갈아입고 간 적이 많았다. 부끄러운 이야기지만 중·고등학교 내내 어머니께서 옷을 사 주셨다.

대학생이 되고 나니 발등에 불이 떨어졌다. 입을 옷도 없었고 어떤 옷을 사야 할지도 몰랐다. 입학 직전에 패션을 잘 아는 친구에게 코디를 부탁했다. 그 친구와 로데오거리에 가서 옷과 신발을 구입했다. 그러나 교복 스타일에서 벗어나지 못한 나의 의견이 적극 반영되고 말았다. 모범생이나 입을 법한 체크무늬 남방에 아이보리색 면바지. 패션에 관심이 없다고 광고하고 다니는 꼴이었다.

본과 3학년부터는 병원실습을 나갔다. 흰색 셔츠와 넥타이와 정장 바지만 있으면 충분했다. 수술실 실습을 할 때는 하루 종일 수술복만 입고 있어도 충분했다.

의사가 되어 병원에서 근무하면서 패션에 대한 압박은 완전히 사라졌다. 인턴 때는 거의 1년 내내 수술복만 입으면 되었다. 병원 밖으로 나갈 일도 거의 없었다. 전공의가 된 다음에도 정장이나 수술복이면 충분했다. 패션에 신경 쓸 이유도 시간도 없었다. 돈을 벌어도 입고 신는 것에는 거의 돈을 쓰지 않았다.

전공의 1년 차 겨울, 나는 미국 시카고에서 열리는 학회에 참석하게 되었다. 전 세계에서 온 의사들 앞에서 발표해야 했다. 필요한 정장과 구두를 챙기고 있는데 어머니께서 내게 말씀하셨다.

"이번에 공항 면세점에 가면 구두와 벨트와 지갑을 사거라. 구두와 벨트는 페레가모에서 사고 지갑은 프라다에서 사도록 하렴."

당시 나에게 페레가모는 매우 생소한 브랜드였다. 눈에 잘 띄지도 않는 물건에 돈을 쓰고 싶지 않았다. 하지만 처음 국제학회에 참석해 발표하는 나 자신에게 선물을 주기로 마음먹었다.

인천공항 면세점에 도착해서 페레가모 매장부터 찾았다. 고급스러운 매장 분위기에 움츠러들었다. 직원의 친절도 부담스러웠다. 직원의 안내를 정중히 거절하고 혼자 매장을 둘러보았다. 그런데 진열된 상품의 가격을 알 수 없었다. 마음에 드는 구두를 발견하고 직원에게 가격을 물었다. 직원이 530달러라고 대답했다. 순간 망설였지만 오기가 발동해 바로 구입해 버렸다. 영수증을 받아 보고 아찔한 기분이 들었다. 하지만 구두를 신자 왠지 모를 뿌듯함이 밀려왔다. 방금까지 신고 있던 구두와는 확실히 달랐다. 나는 그길로 지갑도 구입했다. 세관에 걸릴까 봐 벨트는 구입하지 않았다. 나는 지금도 그 구두와 지갑을 소중히 사용하고 있다.

남자의 3대 사치품이라는 말도 이맘때 들었다. 그때부터 사람들이 차고 다니는 손목시계가 눈에 들어오기 시작했다. 팔을 움직일 때마다 살짝살짝 보이는 고급 손목시계는 나의 시선을 빼앗는 매력이 있었다.

전공의 2년 차 휴가 때 손목시계를 사기 위해 면세점에 갔다. 생각보다 다양한 가격대의 시계 브랜드가 있었다. 나는 세이코에서 나온 메탈 시계에 한눈에 반해 버렸다. 가격은 300달러 정도였다. 내가 구입해 본 시계 중 가장 비싼 시계였다. 공항에서 시계를 수령했을 때는 산타에게서 장난감을 받은 어린아이처럼 기뻤다.

하지만 그 기쁨은 오래가지 않았다. 세이코는 대학생들이나 차는 브랜드라고 어디서 들었기 때문이다. 시계를 막 구입했을 때는 매일 시계를 차고 출근했다. 하지만 그 말을 듣고 나서는 시계를 서랍에 넣어 두는 날이 점점 많아졌다. 어느 날 보니 시계가 멈춰 있었다. 하지만 나는 건전지를 갈지 않았다.

하루는 대기업에 다니는 친구와 술을 마셨다. 그 친구가 시계를 차고 있어서 무슨 브랜드냐고 물었다. 그는 싸구려 시계라고 대답했다. 그러면서 덧붙였다.

"네가 20대 안에 태그호이어를 차면 내가 널 인생의 승리자로 인정한다."

태그호이어 손목시계를 하나 사려면 모델에 따라서는 내 월급의 2배 이상을 써야 했다. 나는 결국 태그호이어를 사지 못했다.

몇 년 전에 내게 운동을 가르쳐 주었던 트레이너가 있다. 그는 나보다 어렸지만 유명한 피트니스센터에서 실력을 인정받는 인재로 많은 단골을 보유하고 있었다. 하루는 그가 처음 보는 손목시계를 차고 나타났다. 눈여겨보고 있던 터라 얼마짜리냐고 물었다. 그는 머뭇거리더니 700만 원 정도 한다고 했다. 스위스 시계 브랜드인 브라이틀링이었던 것으로 기억한다. 매장에 가도 종업원 눈치가 보여서 제대로 구경도 못하던 브랜드였다.

"남자라면 시계 하나 정도는 제대로 된 게 있어야 한다고 들어서 큰맘 먹고 구입했어요."

나도 그의 말에 동의한다. 시계는 착용자를 돋보이게 하는 것은 물론 그것에 어울리는 사람이 되게끔 채찍질한다. 그는 이미 뛰어난 실력을 갖춘 트레이너지만 앞으로 더욱 성장할 것이다. 유명한 피트니스센터 몇 개를 운영하는 사장님이 되어 있을 그의 모습이 그려진다.

최근에 드림리스트에 넣을 손목시계를 고민했다. 태그호이어로 충분했던 20대는 지났다. 나의 '드림카'인 마세라티 콰트로포르테에 어울리는 '드림워치'를 골라야 했다. 롤렉스 정도는 되어야 했지만 황금과 다이아몬드는 내 취향이 아니었다. 그러던 중 눈에 들어온 것이 IWC 샤프하우젠에서 만든 IWC 포르투기저 시리즈다. IWC는 'International Watch Company'의 약자다. 번역하면 '국제시계공사'로 촌스럽게 들리지만 대표적인 명품 스위스 시계 브랜드다. 나는 IWC 포르투기저를 찰 것이다. 그리고 그에 어울리는 남자로 성장할 것이다.

32

나만의 콘텐츠를 만들어 월 1억 원 벌기

세일즈 코치, 자기계발 작가, 동기부여가

현재 세일즈 코치로 활동하며 지난 12년간 실제 세일즈 현장에서 터득한 노하우를 사람들에게 전수하고 있다. 더 상세한 노하우를 원하는 이들을 대상으로 TM 코칭 과정과 세일즈 코칭 과정을 준비 중이다. 저서로 《버킷리스트 8》, 《미래일기》가 있고, 현재 세일즈 관련 개인저서를 준비 중이다.

E-mail amazingchanran@naver.com **Blog** www.amazingchanran.com

잘난 척, 똑똑한 척, 예쁜 척. 내가 잘하는 3가지다. 그런 나에게 딱 맞는 직업으로 강사만 한 게 있을까? 나는 어릴 때부터 사람들 앞에서 말하는 것이 좋았다. 사람들 앞에서 책을 읽는 것을 즐겼고, 주목받는 인생을 살고 싶었다. 하지만 그것을 나타내는 직업이 무엇인지 정확히 몰랐었다. 그러다가 정확히 내 꿈에 대해 알게 된 것은 아이러니하게도 남의 꿈을 이뤄 주기 위해 공무원 공부를 시작하면서였다.

아빠가 돌아가시고 엄마는 등 떠밀리듯 가장이 되었다. 20년 넘게 주부로 살아온 엄마에게 세상은 마치 정글처럼 무서웠다고 했다.

"찬란아, 엄마가 주부로만 살다 보니 세상이 너무 무섭더라. 나는 네가 결혼을 하든 아이를 낳든 너의 책상을 지켜 주는 그런 직업을 가졌으면 좋겠다. 공무원이 되는 건 어떻겠니?"

공무원. 안정적인 직업이라고만 생각했다. 하지만 나는 합격한다는 기쁨보다 '과연 내가 시험에 붙는다고 해도 어두컴컴한 동사무소, 구청에서 30년을 버틸 수 있을까'라는 의문이 먼저 들었다. 친구들은 컴컴한 독서실에 엉덩이를 붙이고 스톱워치의 시간을 늘려 나갈 때, 나는 교재를 읽으면서 '어떻게 말해야 더 효과적으로 말할 수 있을지'를 고민했다. 그리고 한 시간도 채 되지 않아, 독서실 여기저기를 다니며 친구들을 불러 모았다.

"매슬로우의 욕구위계이론에 보면 사람들은 누구나 의식주가 채워지면 누군가에게 존중을 받고 싶어 해. 그걸 우리 아이들 교육에도 적용해 보자."라고 하며 임용고시를 준비하는 친구에게 교육학개론에 대해 설명했다. 또한 "헌법에는 모든 국민은 인간으로서의 존엄과 가치를 가지고 있다고 되어 있어. 그런데 오늘 일어난 사건을 보면 과연 자연인이 이 모든 권리를 가졌다고 할 수 있을까?"라고 하며 사법고시를 준비하는 친구에게 법에 대해 설명했다. 그렇게 잘난 척을 하며 지낸 지 몇 달 후, 친구들이 나를 불렀다.

"너는 공부와는 맞지 않는 사람이야. 차라리 약을 팔러 가는 건 어때? 내 남자친구가 제약 세일즈를 하는데 너랑 성격이 똑같아! 아니면 차라리 강사를 하든가."

세일즈? 그동안 나는 학생복, 꽃, 화장품처럼 눈에 보이는 재화부터 카드나 서비스처럼 눈에 보이지 않는 무형의 상품까지 항상 사람들에게 무언가를 팔고 권유했었다. 하지만 당시에 나는 세일즈란 어떤 직업을 거쳐 가기 전에 잠깐 돈을 벌기 위해 하는 아르바이트 정도로만 생각했지, 하나의 직업이 될 거라고는 상상하지 못했다. 하지만 나만 떨어지고 친구들은 모두 공무원이 되자 그 조언을 무시할 수가 없었다.

한동안은 '이런 시험조차 떨어지다니, 내 인생의 바닥을 찍은 건가'라고 자책하며 스스로를 아프게 했지만 이내 내 마음의 소리에 따라 움직이기로 했다. '그래, 이건 내가 공무원을 하면 안 된다는 하늘의 계시일지도 몰라. 하늘의 뜻을 받아들이자!' 그렇게 스스로를 위로하며 직장을 구하기 시작했다. 어떤 게 좋을까? 교복, 화장품, 카드? 고민하던 중 보험설계사 모집공고를 보게 되었다. 숫자 1 뒤에 셀 수 없이 그려진 0의 행렬. 그 많은 0들이 내 통장에 찍힐 것을 그리며 나는 세일즈의 꽃인 보험에 빠져들었다.

스물여덟 살에 시작한 보험 세일즈는 학벌, 배경이 없어도 나만 잘하면 인정해 주는 정말 따뜻한 무대였다. 나는 여태껏 그보다 따뜻한 세상을 본 적이 없다. 그곳에서 처음으로 인정을 받았다. 해외여행도 가고 호텔에서 식사도 하고 '누구누구의 딸'이 아닌 '진찬란'으로 인정받았다. 하지만 묵혀 둔 가슴속의 꿈이 나를 괴롭혔다.

"제 꿈은 교육실장입니다. 저를 교육실장으로 키워 주실 수 있나요?"

"네, 지금 모습에서 교육실장의 모습이 보이네요. 2년 정도만 내 옆에서 열심히 배우세요. 내가 추천해 주겠습니다."

"아니요. 저는 5년 뒤에 교육실장이 되겠습니다. 그때까지 많이 가르쳐 주세요."

"왜 그때까지 꿈을 미루죠?"

"…돈을 벌고 싶어요."

보험회사에 입사하기 전에 면접관인 실장님과 나눈 대화다. 지난 4년간 두세 차례의 기회가 왔지만 포기했다. 돈을 더 벌고 싶었기 때문이었다. 그리고 지난 4월 나는 마지막 기회를 발로 차 버렸다.

"찬란아, 육성센터에 공석이 생겼다. 네가 원하면 너를 추천하고 싶어. 먼저 너에게 물어보는 거야. 처음 월급은 250만 원이고, 매년 20만 원씩 올라가서 최고는 310만 원이야. 오후 4시까지 말해 줘."

"아니요. 지금 말할게요. 싫어요. 제가 겨우 그 돈 벌려고 여기 있는 줄 아세요? 필요 없어요!"

"찬란아, 교육실장은 네 꿈이었잖아."

"…."

그 당시 나는 한창 자기계발 중이었다. 한 푼이라도 더 벌어서 자기계발비에 보태야 했다. 그래서 나의 꿈을 포기하게 되었다. '돈'과 '꿈.' 이 2가지를 모두 가진 사람이 과연 이 세상에, 아니, 우리나라에 얼마나 될까? 아빠가 돌아가시고 난 뒤 우리 식구들은 경제적으로 어려움을 많이 겪었다. 가장의 부재는 외로움보다는 가난이라는 실질적인 문제를 낳기 때문이다. 돈을 벌기 위해 시작한 일은 세일즈였다. 나보다 불과 서너 살 어린 아이들에게, 그리고 또 그들의 엄마들에게 나이 많고 경력 많은 사람처럼 보이기 위해 어설프고 진한 화장을 한 상태로 교복을 판매했다. 화장품 매장에서 화장품을 팔았고, 백화점에서 카드모집을 했다. 그렇게 여러 세일즈를 하게 되었다. 아이러니하게도 이렇게 돈을 좇아 살게 되면서 나는 자신감이 생겼고, 자존감이 높아졌다.

그러던 중 〈한책협〉을 알게 되었다. 이곳에서는 누구나 3개월 만에 책을 쓰고 작가, 강연가, 코치, 1인 기업가의 길을 갈 수 있다고 알려 주었다. '그래, 내가 원하는 삶은 바로 이거야!' 사내 교육 강사로서 똑같은 급여를 받고 앵무새처럼 똑같은 말을 하는 게 아니라 나의 노하우와 지식, 경험을 공유하고 싶었다.

미래는 자신의 지식과 경험을 나누는, 그리고 그 누구로도 대체되지 않는 1인 기업가들의 시대가 될 것이다. 나는 그들에게 내가 가진 노하우를 전달하고 있다. 나는 한동안 돈과 꿈을 두고 저울질했지만 이제는 꿈을 따라가기로 했다. 그 과정에서 돈은 절로 따라올 것이다. 나는 작가, 강연가, 코치, 1인 기업가로서 나만의 콘텐츠를 만들고 월 1억 원씩 벌 것이다.

33

무사고 운전 30년, 베스트 드라이버 되기

정수진

영어 통번역사, 자기계발 작가
프리랜서 통번역사로 활동하고 있다. 일반 기업, 정부기관, 외국계 기업에서 근무하며 많은 사람을 만나고 다양한 경험을 했다. 경험과 지식을 나누는 가치 있는 삶을 꿈꾼다. 저서로는 《버킷리스트10》, 역서로는 《콘텐츠 룰》, 《Calm: 이토록 고요한 시간》이 있으며, 현재 개인저서를 준비 중이다.
E-mail soujean@gmail.com

내가 아직 운전을 못한다고 하면 사람들은 놀란다. 운전을 엄청 잘할 것같이 생겼다나. 선글라스 끼고 한 손으로 핸들링하면서 음악 틀고 자유로를 달릴 것 같단다. 초등학교에 들어간 아이도 있다니 더 놀란다. "아니, 운전 안 하고 어떻게 버텨요?"

그렇다. 난 무사고 운전 12년 차 장롱면허 보유자다. 운전을 안 했으니 기록상 무사고 운전이다. 아예 안 한 것은 아니다. 미국에서는 가끔 렌트를 해서 다니기도 했으니까. 하지만 한국에서는 다른 운전자들이 무서워서 운전할 엄두가 안 났다. 별안간 끼어드는 차량들과 위협 운전하는 운전자들까지, 유리 멘탈에 가까운 나로서는 도전하기가 쉽지 않았다. 일단 소심한 성격이고, 결혼 전에 운전을 배울 타이밍을 놓쳤다. 차를 타는 동안 다른 일을 하는 것을 좋아하기도 했다.

어려서부터 나는 겁이 많았다. 그런데 아빠가 운전하는 차를 타고 가다가 얼음길에서 차가 미끄러져서 빙그르르 돈 적이 있었다. 그때 처음으로 기절이란 것을 해 봤다. 정신을 차리고는 '나는 운전하지 말아야지'라고 생각했다. 또한 어쩌다 보니 늘 운전을 하는 사람이 옆에 있었다. 어느새 운전하지 않는 삶에 익숙해졌다. 편안하게 탈 수 있는 택시가 많으니 운전하지 않아도 불편하지 않았다. 오히려 일이 바쁠 때 또는 일에서 잠시 벗어나 쉬고 싶을 때 버스, 지하철, 택시 안에서 책을 읽을 수 있어서 좋았다. 잠시나마 쉴 수 있는 시간을 번다는 점에서 비싼 택시비도 아깝지 않았다.

아이 낳고 몇 년이 지나도 운전을 할 수 없었다. 다른 아이들은 차에만 타면 그렇게 잘 잔다는데, 우리 아이는 지난 8년간 차에서 잔 적이 손으로 꼽을 정도로 적다. 항상 옆에서 내가 함께 놀아 주길 바랐다. 지금까지도 그렇다. 자기 옆자리에서 벗어나지도 못하게 하니 운전은 불가능해 보였다. 생각해 보니 아이가 아주 어렸을 적 정월 초하루에 차에서 아이를 안고 내리다가 넘어지는 바람에 아이 턱을 몇 바늘 꿰맨 불상사도 있었다. 에잇, 차에 대한 트라우마가 하나 더 늘어났다.

그동안 나를 도와준 것은 카카오택시였다. 고객등급이 있다면 나는 카카오택시 VIP일 게 분명하다. 카카오택시는 내가 가장 찬양하는 생활 속 혁신이다. 하루는 카카오택시를 불렀는데 폭스바겐과 카카오택시가 함께하는 이벤트에 당첨되어 폭스바겐 파사트가 찾아왔다. 택시비는 무료. 그동안 뿌린 택시비를 조금이나마 보상받는 것 같아서 좋았다. 야, 드디어 내가 택시계에서 VIP 대접을 받는구나! 이걸 보고 '웃픈(웃기면서 슬픈)' 상황이라고 해야 하는 걸까?

이런 나에게 마침내 운전을 해야겠다는 날이 왔다. 아이가 학교에 들어가니 운전을 못하면 학원에 실어 나르기가 어려웠다. 다들 아이가 초등학교에 들어가면 엄마가 운전기사가 되어야 한다더니, 나도 길에서 시간을 보내야 하는 건가 싶어 심란했다. 하지만 어쩌겠는가. 아이의 시간과 나의 시간을 절약하고, 눈이나 비 오는 날, 추운 날에는 아이를 위해서라도 운전을 하는 것이 좋을 것 같았다.

아이는 벌써 1년째 피겨 스케이트를 배우고 있다. 무거운 겨울옷에 스케이트 가방까지 짊어지고 다니려니 허리와 무릎이 나갈 지경이다. 게다가 같은 반 엄마들 차를 얻어 타게 되면 항상 미안한 마음이었다. 엄마가 되고 보니 운전을 못하는 게 일종의 장애처럼 느껴졌다.

이쯤에서 엄마들이 애 데리고 차를 끌고 나와서 교통체증이 심해진다고 하는 사람들에게 한마디 항변해야겠다. 내가 진짜 오랫동안 아이를 데리고 지하철이나 버스를 타고 다녀 봤는데, 도와주거나 자리를 양보해 주는 사람이 아무도 없었다. 엘리베이터나 에스컬레이터가 없어서 유모차를 직접 들고 내려가야 하는 전철역들도 제법 있다. 참 안타까운 일이다. 우리나라의 대중교통 여건은 아이를 데리고 다니는 엄마들에 대한 배려가 너무 부족하다.

그래서 얼마 전부터 용기를 내어서 운전연수를 받기 시작했다. 같은 반 아이 엄마의 격려가 큰 힘이 되었다. "운전을 못할 때는 꿈을 꿔도 운전하다 사고 나는 꿈을 꿨는데, 운전을 하게 되니까 아이들이랑 놀러 가는 꿈을 꿔요. 걱정 말고 시작해요." 그런데 웬걸, 늦게 배운 도둑질에 날 새는 줄 모른다더니! 나이 들어 아줌마가 되어서 배우는 운전이 이렇게 재미있을 수가 없다. 가끔 유턴하기 전에 맞은편을 안 보고 돌고, 비보호 좌회전하는 곳에서 비보호 유턴을 하려고 해서 운전 선생님을 식겁하게 만들긴 하지만, 포기하지 않고 100시간 정도 연수받으면 '김 여사'는 벗어날 수 있을 것 같다.

내 동생은 군대에서 운전병이었다. 그 DNA가 나에게도 조금은 있다면 언젠가는 나도 잘할 수 있을 거라 믿는다. 직접 해 보니 그사이 내가 좀 달라진 느낌도 들고. 예전에는 그렇게 무섭던 것들이 이제는 덜 무섭다. 제3의 성, 아줌마가 되긴 했나 보다. 아니면 엄마가 되어서 강해진 건가?

운전을 한다는 것은 나에게 큰 의미가 있다. 일종의 이정표랄까? 그동안 나는 늘 소심했고, 내 의견을 드러내는 걸 어려워했다. 좀 뜬금없지만 그래서 통·번역이라는 직업을 선택했는지도 모르겠다. 자기 의견을 드러내는 게 아니라 남의 그늘 아래 숨어 있을 수 있으니까. 다른 사람들의 메시지를 가감 없이 정확히 옮기면 내 할 일은 다 한 거니까. 그들의 메시지에 대해서 내가 비판을 받거나 책임질 일이 없었기 때문에 마음이 편했다.

그러던 내가 변했다. 조금씩 내 목소리를 내고 싶어졌고 내 미래를 스스로 결정하고 싶어졌다. 운전도 남에게 핸들을 맡기고 나는 내가 편한 대로만 살았던 것 같기도 하다. 직접 운전을 하려고 하니 내 인생의 핸들을 내가 잡은 것 같아 기분이 좋았다. 이제는 내가 원하는 속도와 방향으로 나아가고 싶다.

오랜 숙원이었던 운전에 도전하겠다고 하니 제일 반기는 사람은 남편이다. 2년만 기다리면 내가 '대리 요정'이 되어 주겠다고 큰소리를 탕탕 치니 뜻 모를 웃음을 보였다. 요즘은 점심시간이면 직장 동료들에게 아내 차로 뭐가 좋은지 묻는 모양이다. 남편의 직장 동료들이 내가 탈 차를 같이 골라 준다니 괜히 고맙고 마음이 훈훈해진다.

주말에는 온 가족이 자동차 전시장에 구경 가기로 했다. 기분

전환 겸 동기부여를 위해서다. 마음에 드는 차를 골라 놓고 운전 연습을 하면 왠지 더 기분 좋게 연습할 수 있을 것 같다. 요즘 자주 들르는 〈한책협〉 카페에는 온갖 굉장한 수입차들이 올라오는데, 진정한 의미로 무사고 운전 10년쯤 되면 나도 수입차에 도전해도 되지 않을까? 생각만 해도 흐뭇하다.

다른 사람들은 일찌감치 이뤘지만 나는 우물쭈물하다가 아직 되지 못한 것, 베스트 드라이버가 되고 싶다. 내 안에 자리 잡았던 오랜 두려움을 이겨 내고, 남에게 핸들을 맡겼던 수동적인 태도에서 벗어나 내가 원하는 삶을 주도적으로 이끌어 가고 싶다. 언젠가 자신만만하고 안전하게 내 아이와 남편을 태우고 도로 위를 누빌 그날을 그려 본다.

34

행복육아마을에 엄마꿈놀이터 만들기

주유희

책 쓰는 회사원, 크리에이터, 긍정 메신저

공기업에서 10년간 근무 중이다. 작은 일상에도 긍정적인 의미를 부여하고 항상 "좋은 일이 생깁니다!"라고 외치는 드림워커다. 마음의 소리를 놓치지 않고 생각하는 대로 살아가기를 실천하고 있다. 현재 긍정적으로 살아가는 실천론적인 방법들에 대한 자세한 이야기를 다룬 저서와 강연, 코칭 프로그램을 기획 중이다. 저서로 《버킷리스트7》, 《미래일기》, 《또라이들의 전성시대》가 있다.

E-mail surimaasuri@naver.com **Blog** http://blog.naver.com/surimaasuri

회사에서 정신없이 일을 하고 있는데 친구에게서 메시지가 한 통 왔다. 출산 후 육아휴직을 하고 생후 9개월 된 딸아이를 돌보며 지내고 있는 친구였다. 딸아이 이유식을 사러 이유식 카페에 왔는데 마침 내가 근무하는 회사 근처니 퇴근 후에 시간 되면 저녁이나 함께 먹자는 내용이었다. 고등학교 때부터 친하게 지내 온 친구지만 출산 후에는 얼굴을 보기 어려웠다. 그런 친구의 외출 소식에 내가 더 기쁘고 반가웠다.

우리는 아기를 데리고 가서 식사를 할 수 있을 만한 식당을 찾았고 신발을 벗고 편하게 앉아 먹을 수 있는 밥집으로 들어갔다. 친구의 딸아이는 세상 모든 빛과 소리가 신기하다는 듯이 눈을 크게 뜨고 귀를 쫑긋 세우며 식당 안을 기어 다녔다. 울지 않고 잘 노는 아이 덕분에 우리는 따끈한 수제비 국물에 파전을 곁들여 먹으며 서로의 근황에 대해 이야기하기 시작했다.

친구보다 먼저 아이를 낳고 육아휴직기를 가지며 육아를 경험했던 나는 복직 후 육아와 회사일을 병행하는 것은 집에서 육아만 하는 것과는 차원이 다른 일이라는 등의 이야기를 풀어 놓았다.

그렇게 한참을 혼자 신나게 이야기하다가 친구에게 "요즘 딸아이랑 어떻게 지내?"라고 물었다. 그러자 친구는 "육아 초기에는 딸아이 데리고 차도 마시러 가고 산책도 잘 다녔는데 요즘에는 집 밖으로 나가는 것도 귀찮게만 여겨지네."라고 답하며 힘없는 모습을 보였다. 그리고 "요즘에는 부쩍 나를 위해 시간을 투자하고 싶다는 생각이 들어."라는 말을 덧붙였다. 문화센터를 가도 아이를 위한 프로그램보다 자신이 참여하고 싶은 프로그램이 더 눈에 들어온다는 것이다. 그래서 한두 시간만이라도 신랑에게 아이를 맡겨 두고 이것저것 배워 볼까 생각하다가도, 아이를 떼어 놓고 어렵게 배워서 무슨 부귀영화를 누릴까 싶어 주저하게 된다고 했다. 심지어 예쁜 옷을 볼 때도 '입고 갈 곳도 없는데'라는 생각에 그냥 지나치게 되고, 맛있는 음식을 봐도 식욕이 생기지 않는다면서 의욕 없는 일상에 대해 한숨을 쉬며 체념한 듯이 말했다.

친구가 하는 말 한마디 한마디가 남의 일 같지 않았다. 나도 친구처럼 혼자 집에서 아이를 돌보며 모두 겪었던 일들이기 때문이다. 특히나 요즘처럼 해가 일찍 지는 계절이면 깜깜해지는 창밖을 보면서 남편이 퇴근하기만을 기다리며 시간을 보냈다. '엄마'라는 이름은 출산과 동시에 자동적으로 부여받은 것일 뿐이었다. 갓난아기와 하루 종일 어떻게 시간을 보내야 하는지, 아이가 울면 무엇을 어떻게 해 주어야 할지 막막했기 때문에 아이와 둘만 있는 시간이 두려웠다. 그런 시간이 점차 쌓이면서 육아에 지쳐 무기력해져 갔다.

하지만 어느 날부터 무기력하게만 보내 버리기에는 너무 아까운 시간이라는 생각이 들었다. 그래서 아이가 낮잠 자는 시간 틈틈이 10~20분이라도 책을 읽기 시작했다. 아이가 잠투정을 부려 업고 있을 때조차도 선반 위에 책을 올려 두고 한 페이지라도 더 읽기 위해 애를 썼다. 밤이면 깊은 잠을 못 자는 아이 때문에 새벽 2~3시까지 책을 읽으며 깨어 있었고, 그사이 자다 깨다를 반복하는 아이를 달래며 시간을 보냈다.

포기하고 싶었던 자투리 시간들이었지만 포기하지 않고 억척스러울 정도로 꾸준하게 책을 읽었다. 책을 읽으면서 내가 할 수 있는 일들을 조금씩 찾게 되었다. 그리고 지금은 3권의 책을 출간한 작가엄마가 되어 있다.

아이를 키우다 보면 아이가 내 맘 같지 않아 힘들 때가 많다. 그럴 때면 남편이 곧잘 하는 말이 있다. "조리원에 있을 때가 참 좋았어." 산모와 아기에 대해 경험이 많으신 선생님들께서 항상 옆에 계셨고 아이가 울어도 혼자 당황하지 않고 즉각적으로 도움을 받으면서 케어할 수 있었기 때문이다. 어떤 상황이 닥치든 옆에 조력자가 있다는 생각에 항상 든든했다.

조리원에서 퇴소한 뒤로도 조리원에서 받았던 정보나 도움들을 지속적으로 받을 수 있으면 좋을 텐데 하는 아쉬움이 항상 남았다. 그래서 나는 아이와 엄마가 함께 지속적으로 케어를 받을 수 있는 '행복육아마을'을 계획하게 되었다.

아이를 키우게 되면 모든 일의 중심은 아이가 된다. 오늘 하루 아이가 잘 자고 잘 먹고 잘 노는지, 아픈 곳은 없는지, 아이를 데리고 가서 함께 밥을 먹을 수 있는 식당은 어디인지, 아이와 함께 외출할 수 있을 만한 장소인지, 건물에 엘리베이터는 있는지…. 이렇게 몇 차례를 고민하다 지쳐 버리기 일쑤다. 모든 것을 아이 위주로만 생각하는 주 양육자인 엄마들이 끝까지 지치지 않을 수 있도록 도와주고 싶다.

행복육아마을의 모든 공간은 아이 중심으로 설계하고 엄마와 아이의 꿈이 함께 커 나갈 수 있는 프로그램들로 시간을 채울 것이다. 행복육아마을에서 엄마는 짧게는 한두 시간, 길게는 며칠을 아이와 편하게 머무를 수 있다. 이 마을에 아이와 함께 머무르기 위해 준비해야 할 짐들도 최소화할 수 있도록 엄마와 아기를 위한 용품들이 모두 마련되어 있다. 그리고 아이를 위한 놀이공간과 프로그램들뿐만 아니라, 엄마꿈놀이터에는 지쳐 있는 엄마들을 위한 프로그램들도 다양하게 준비되어 있다. 프로그램들은 시간에 구애받지 않고 언제든지 참여할 수 있도록 구성되어 있으며, 아이와 엄마를 케어해 주시는 선생님들 덕분에 아이와 엄마는 함께 어떤 프로그램이든지 참여가 가능하다.

엄마라면 누구나 '아이 때문에 아무것도 못해'라는 생각에 집 밖으로 산책하러 나가는 것조차 힘들어했던 경험, 임신기간 동안 조심하느라 먹지 못해서 정말 먹고 싶었던 음식 한번 먹으러 나가는 것조차 아이 때문에 꺼려 하며 혼자 집에서 아기를 보고 있는 편이 낫다고 말했던 기억들, 하루 종일 아기를 보느라 내 꿈 하나 돌보지 못하고 포기해야만 했던 시간들이 있을 것이다. 그러면서도 아이를 지켜 주고 싶었던 그 마음 하나하나를 행복육아마을에 담고 싶다.

나의 육아기를 돌아보면 끝날 것 같지 않았던 시간들의 연속이었다. 하지만 딸아이가 두 돌이 지나면서 점차 좋아졌고, 딸아이가 새근새근 잘 자는 요즘은 오히려 책 읽는 시간을 가지기가 더 힘들다. 어렵고 힘들었던 환경이 나를 움직이게 하는 더 큰 에너지가 되었던 것 같다.

엄마가 꿈꾸는 만큼 아이도 꿈꾸고, 엄마의 꿈이 성장하는 만큼 아이의 꿈도 성장한다. 포기하고 싶은 마음을 다시 시작할 수 있는 긍정에너지로 전환시켜 줄 수 있는 기적 같은 시간을 이 세상의 모든 엄마들에게 선물하고 싶다.

35

건강한 삶을 코칭하는 전국 워크숍 개최하기

자기계발 작가, 꿈 동기부여가, 호주 워킹홀리데이 컨설팅 전문가, 요가 · 필라테스 지도자
'꿈하라 호주 워홀연구소'대표로, 호주 워킹홀리데이 카페를 운영하고 있다. 5년간 재직하던 시중은행에 사표를 내고 호주 워킹홀리데이를 떠나 경험한 것을 바탕으로 호주 워킹홀리데이에 관한 개인저서를 준비 중이다.
E-mail dreamhara@naver.com **Instagram** soul_ish

나는 주변 사람들에게 꿈이 무엇이냐고 자주 묻는다. 나는 많은 꿈이 있고 오늘도 새로운 꿈이 하나씩 생겨나고 있기에 서로의 꿈을 공유하는 것은 매우 즐겁고 의미가 있다고 생각하기 때문이다. 하지만 그럴 때마다 안타깝게도 대부분 "글쎄요… 꿈이요?"라고 반문하는가 하면, "전 제가 뭘 하고 싶은지, 뭘 잘하는지 아직도 모르겠어요."라는 대답을 종종 듣는다. 자신의 꿈, 인생의 비전과 목표가 무엇인지조차 알지 못하는 젊은이들이 많고, 심지어는 꿈을 꾸기에는 너무 늦었다거나 '그게 되겠어?'라며 포기하고 하루하루 무의미한 삶을 연명해 나가는 이들도 부지기수다. 나는 그런 젊은이들에게 아무리 하찮고 망상에 가까운, 실현

불가능해 보이는 꿈일지라도, 자신만의 꿈을 갖고 그 꿈을 펼칠 수 있도록 동기부여를 해 줄 수 있는 꿈 제조 공장의 공장장이 되고 싶다.

나 역시 얼마 전까지만 해도 꿈을 잊고 또는 마음속에만 간직하고 일에 끌려다니는 평범한 직장인 중 한 명이었다. 어릴 적 내 꿈은 세계를 누비며 비행하는 승무원이었다. 하지만 연이은 낙방을 경험한 다음, 조급한 마음에 덜컥 시중은행 면접을 보게 되었다. 오랜 승무원 면접 준비 덕분이었는지, 운이 좋았던 건지 높은 경쟁률을 뚫고 은행원으로서 사회생활을 시작하게 되었다. 하지만 너무 쉽게 얻은, 생각지도 않은 직장이어서였을까? 일을 시작한 순간부터 크나큰 회의감이 밀려오기 시작했다.

'내가 원하는 곳은 이런 곳이 아닌데 왜 여기 앉아서 이런 일을 하고 있을까? 내가 있을 곳은 더 넓은 세계이고 저 하늘 위인데….' 하루 종일 고객들과 씨름하며 영업 압박과 야근에 찌들어 가면서 좁은 지점 창구에 앉아 있는 나는 마치 새장 속에 갇힌 새 같았다. 물론 주변에서 난 선망의 대상이었고, 자랑스러운 딸, 언니, 선후배, 친구로 여겨지면서 점점 그 자리에 안주할 수밖에 없는, 그저 그들이 원하는 수동적인 삶을 살 수 밖에 없었다. 난 그럴수록 더더욱 주변을 의식하며 그들의 기대에 부응하기 위해 노력했지만 정작 내가 행복한 삶, 나 스스로가 만족하는 삶과는 거리가 멀어져 갔다.

그렇게 정신없이 달려온 6년이라는 시간을 돌아보는 순간, 그곳엔 몸과 마음이 병든 초라한 내가 웅크리고 있었다. 꿈 많고 열정적인 나였는데, 왜 이렇게 되었을까? 고민하던 나는 '이젠 정말 하루를 살아도 나답게, 자기 주도적인 삶을 살아야 되겠다! 죽은 나로 살아갈 순 없다'라고 생각했다. 나는 커피를 무척 좋아해서 언젠간 커피에 대해 공부해 보고 싶었다. 나아가 바리스타가 되어 많은 이들과 맛있는 커피를 함께 마시며 이야기를 나누고 싶은 꿈이 있었다.

"그래! 너무 오래 고민했다! 나의 꿈을 찾아 떠나자! 내 가슴이 뛰는 일을 하자! 커피를 사랑하는 나라 호주로!"

지금이 아니면 안 될 것 같았다. 바로 지금 이 순간이었다. 그렇게 사직서를 제출하고 호주로 가는 비행기 티켓을 끊었다. 짐 가방 하나를 달랑 챙겨 들고 커피와 카페로 가장 유명한, 호주의 멜버른으로 날아가 온전히 나다운 삶을 시작하기로 마음먹었다. 물론 두려움도 있었다. '과연 내가 회사를 그만두어도 괜찮을까? 더 힘들어지는 것은 아닐까? 외국생활이 쉽지만은 않을 텐데….' 하지만 내 머릿속에는 '이런 걱정, 고민을 할 시간에 일단 가 보자, 행동으로 옮기자'라는 생각뿐이었다. 그곳이 아니라면 다시 돌아오면 그만이고, 다시 반복하지 않으면 되는 것이다. 막상 직장을 그만두고 보니 거기서 끝일 줄 알았지만 새로운 삶의 시작이었고, 타인의 시선을 신경 쓰지 않고 내 가슴이 뛰는, 진정으로 원했던 일들을 하나씩 해 나가며 크나큰 성취감과 행복을 경험할 수 있었다. 또한 긍정적이고 여유로운 호주인들의 삶 속에서 그동안 내가 잊고 살았던 중요한 것이 무엇이었는지 다시금 깨달을 수 있었다.

"봄이 어디 있는지 짚신이 닳도록 돌아다녔건만, 정작 봄은 우리 집 매화나무 가지에 걸려 있었네."

중국 시의 한 구절이다. 이렇게 우리는 너무 먼 곳에서 거창한 행복을 찾으려 하지만 생각해 보면 행복은 정말 가까이에 있다.

우리나라 젊은 직장인들의 삶의 만족도는 매우 떨어진다. 2016년 한국인의 삶의 만족도는 10점 만점에 5.8점으로 OECD 35개국 가운데 28위에 머물고 있다. 행복해지고 싶어 하지만 그 방법을 잘 몰라서 이유 없이 답답하고 끝을 알 수 없을 만큼 우울해진다. 하지만 우리가 생각하는 거창한 행복은 애초에 존재하지 않을지도 모른다. 남들이 보기에는 부와 명예, 모든 것을 다 갖추고 있지만 막상 본인은 불행하다고 느끼며 살아갈 수도 있다. 모든 것은 마음먹기 나름이다. 또 한 가지, 삶을 활기차고 행복하게 살려면 건강한 신체 또한 매우 중요하다.

많은 직장인들이 공감했던 드라마 〈미생〉에는 "네가 이루고 싶은 게 있다면 먼저 체력을 길러라!"라는 대사가 나온다. 몸이 아프고 피곤하면 만사가 귀찮고 의욕이 사라진다. 그렇기 때문에 꾸준한 운동으로 신체의 건강을 유지해야 한다. 하지만 나는 회사를 다닐 때 끝을 알 수 없는 피로감의 해결책을 알지 못했고, 기계적으로 일하며 지친 몸을 주말에 자는 것으로 보상받으려 했다. 그러다 보니 건강과는 더더욱 거리가 멀어지게 되고, 심할 경우 우울증까지 찾아오게 된다. 나는 혼자 손쉽게 할 수 있는 운동이 뭐가 있을까 생각하다가 헤드스탠딩(물구나무서기)을 하는 한 여자의 동영상에 매료되어 요가를 시작하게 되었다.

요가의 장점은 셀 수 없이 많지만, 특히 집 안과 공원, 산, 해변 등등 장소를 가리지 않고 요가매트, 또는 수건 한 장만 있으면 요가동작을 수련할 수 있다는 점을 꼽을 수 있다. 또한 동작에 집중하고 명상함으로써 정신적인 평온 상태를 유지할 수 있다. 특히 내가 즐겨 하는 헤드스탠딩은 혈액순환을 돕고 뇌에 산소 공급을 원활하게 하며 척추 근력을 강화시켜 주는 등 많은 이점이 있는 매력적인 동작이다.

나는 이러한 경험들을 바탕으로 특히 젊은 여성들을 대상으로 한 '꿈꾸는 라이프스타일 코칭과 정신적·육체적 힐링 워크숍'을 개최하고 싶다. 아직도 흔들리고 아파하며 방향을 잃고 헤매는 그들의 얘기를 차근차근 깊이 있게 들어 주고 공유하며 함께 고민하는 과정에서 그들 스스로를 찾고 좀 더 빨리 꿈을 펼칠 수 있도록 돕는 코치로서 말이다. 워크숍의 2부에서는 건강과 운동의 중요성을 모르는 이들을 일깨우며 요가, 특히 물구나무서기 전도사로서 함께하는 수련과 명상을 통해 몸과 마음의 평안을 느끼게 해 주고 싶다. 마지막으로 건강한 식습관에 대한 강의로 끝맺으며 다 함께 맛있고 건강한 음식과 차, 음료 등을 나누면서 뜻깊은 시간을 마무리하고 싶다.

꿈이 없다고, 도무지 내가 무엇을 하고 싶은지 모르겠다고 좌절하고 있지는 않은가? 그렇다면 단순하게 생각해 보자. 내가 평소에 무엇을 좋아하고 무엇에 관심이 있고, 어떤 장소가 좋은지 사소한 것을 떠올리며 나 자신을 진정으로 알고 이해하려는 자세를 가져 보자. 그렇게 반복하다 보면 나아가야 할 방향이 정해지고, 그에 따른 꿈과 목표가 생길 것이다. 주저하지 말고 당당히 꿈을 펼쳐 보자!

손성호 장성오 허동욱 김용일 포민정 김수진

하나현 이장우 신상희 김응규 권영욱 최정훈

36

무한한 잠재능력 개발하기

손성호

수능영어 강사, 독서경영 · 시간경영 코치, 자기계발 작가
영어를 매개로 청소년들이 잠재능력과 꿈을 펼칠 수 있도록 돕는 공부 코치이자 청소년 멘토로 일하고 있다. 사람들이 무한한 잠재능력을 개발하고 행복한 성공을 누릴 수 있도록, 자신의 지식과 경험과 노하우를 전해 주는 자기경영 코치를 꿈꾼다. 현재 독서경영과 시간경영을 주제로 개인저서를 집필 중이다.
E-mail sshope2020@naver.com **Blog** http://blog.naver.com/sshope2020

되고 싶고, 하고 싶고, 갖고 싶은 것을 꿈꾸면서 사는 것은 멋진 일이다. 나에게 있어 꿈을 꾼다는 것은 무엇을 의미할까?

첫째, 나의 무한한 잠재능력을 개발하는 일이다.

나의 잠재능력이 최대한 발휘되었을 때 나는 어떤 모습을 하고 있을까를 생각하면 희열감이 샘솟는다. 매일 매주 매년의 나의 삶은 그러한 순간을 꿈꾸며 조금씩 나아가는 행복한 과정이다. 독서를 하고 글을 쓰고 강연을 찾아 듣고 세미나에 참석하고 사람을 통해서 배우는 등 나의 행동 하나하나가 꿈을 실현하는 주인공이 출연하는 영화의 한 장면이다. 정복할 목표로서의 삶이 아닌, 그 과정 자체가 행복하고 빛나는 삶, 나는 그런 삶을 살고 싶다.

둘째, 적성에 딱 맞는 천직인 작가, 강연가, 코치, 컨설턴트로 살아가는 것이다.

내가 진정으로 좋아하고 즐기면서도 잘할 수 있는 일을 찾는 것은 축복이다. 오랜 시간을 거치며 숙성되었고, 드디어 찾았다. 사람들에게 나의 지식과 경험과 노하우를 전하며, 더 나은 삶을 살 수 있도록 선한 영향력을 미치는 메신저의 삶, 1인 기업가의 삶을 살고 싶다.

셋째, 딱딱 맞는 인간관계와 진정한 경제적 자유를 누리며 사는 것이다.

결국 사람 사이의 관계에서 인생의 행복과 성공이 결정된다. 사람의 마음을 얻을 수 있는 인간관계를 맺는 성숙한 사람이 되고 싶다. 또한 행복을 누리기 위해서는 자유로워야 한다. 하고 싶은 것을 하고, 갖고 싶은 것을 갖고, 가고 싶은 곳으로 가기 위해서 경제적 자유를 누리고 싶다.

넷째, 마음의 평화와 행복 그리고 건강 활력 에너지를 유지하는 것이다.

성공했지만 행복을 찾지 못하거나 건강을 잃어버리는 어리석음을 범하는 사람들이 많다. 이것은 한마디로 주객이 전도된 것이다. 우리가 꿈을 펼치며 인생을 살아 나가는 데 있어서 마음의 평화와 행복 그리고 건강 활력 에너지는 각각 정신적·육체적 양 날개와 같이 소중한 것이다. 나는 이것을 소중히 여기는 사람이 되고 싶다.

이제 내가 되고 싶은 4가지 꿈을 이루기 위해 다음과 같은 것들을 할 것이다.

첫째, 시간을 잘 경영해 나갈 것이다.

조선시대에 가장 오랜 기간 왕위에 있었던 사람은 52년간 집권한 영조 임금이다. 1년은 52주로 구성되어 있다. 그런데 오늘날 일주일 동안 나오는 지식의 양이 영조시대의 1년 동안 나왔던 지식의 양보다 50배 이상 많다. 그렇다면 현재의 1주는 영조시대 1년과 맞먹는 것이다. 이제 1주를 1년이라 생각하고 52배 더 강렬하고 활기찬 삶을 살아가야 한다는 생각이 든다. 10년을 살면 520주년을 사는 것이고, 조선왕조 519년과 맞먹는 것이다.

회사 창립 50주년, 결혼 10주년, 건국 70주년, 이런 말들을 들을 때면 가슴이 설렌다. 그래서 나는 1주를 1년이라 보는 '주년' 개념을 창안해 시간경영을 하고 있다.

둘째, 2017년부터 10년 3,650일의 인생게임에서 3,000승 이상을 기록하고 싶다.

다닐 알렉산드로비치 그라닌의《시간을 정복한 남자 류비셰프》라는 책이 있다. 류비셰프는 1분 단위로 기록하며 시간을 관리했다고 한다. 나도 시간을 철저히 기록하며 생활하고 있다. 하지만 류비셰프보다 더 재미있고 흥미롭게 기록하고 있다. 15분 단위로 하루 시간을 쪼개 쓰고 그것에 대해 평가하는 식으로 생활해 나간다. 하루를 잠자는 시간 6시간을 뺀 18시간이라 보고, 마치 골프 18홀을 도는 것처럼 경영해 나간다.

예컨대, 아침 시작 첫 번째 시간 1번 홀에서 15분씩 네 번 모두 플러스 평가를 받으면 버디, 세 번만 플러스면 파, 네 번 모두 마이너스면 트리플 보기로 평가하고 나면 하루 18홀 성적이 나온다. 평가기준은 마음의 평화를 유지하면서 동시에 그 15분이 꿈과 목표를 달성하는 데 유용하게 쓰였는지 여부다. 2시간 연속 버디를 기록하면 야구에서의 1점으로 기록해서 하루를 야구 스코어로도 표현한다. 1주를 1년이라 여기고 7일을 월드시리즈 7차전을 치른다는 생각으로 이끌어 나간다.

3시간 연속 버디를 기록하면 축구에서의 1골로 계산해 축구 스코어로도 표현하고, 월드컵축구 우승을 위한 7일간의 7게임이라 생각한다. 하루를 네다섯 시간씩 4쿼터로 나눠 농구 스코어로도 표현한다. 게임하듯이 재미있고 활기찬 하루를 이끌어 나가는 방식이다.

하루 일과가 끝나면, 나만의 스포츠뉴스를 통해 몇 대 몇으로 승리 또는 패배했는지 기록이 나온다. 나는 2017년부터 10년 동안 3,650일의 인생게임에서 82% 이상의 승률을 달성하고 싶다. 3,000승 이상의 승리를 맛볼 것이고, 650번 이하의 패배한 날들에는 더 나은 내일을 위해 반성할 것이다.

셋째, 〈세상을 바꾸는 시간, 15분〉에 출연해 강연을 하고 싶다.

나는 CBS 〈세상을 바꾸는 시간, 15분〉 강연을 거의 다 들으면서 나의 잠재능력을 개발해 왔다. 이 강연 프로그램이야말로 15분 시간전문가인 나와 코드가 일치한다. 나는 이 방송에 출연해 15분이 어떻게 내 인생을 바꾸어 왔고, 어떻게 사람들의 삶을 바꿀 수 있는지 이야기를 들려줄 날을 꿈꾸며 살고 있다.

넷째, 독서경영을 통해 나의 잠재능력을 개발하고 싶다.

2017년부터 10년 520주년 동안 1주년 평균 4권의 책을 읽어 총 2,080권의 책을 읽어 내는 프로젝트를 하고 싶다. 이러한 '2080독서프로젝트'는 1년 차에는 1주년 1권으로 시작해 마지막 10년 차에는 1주년 7권으로 점진적으로 확대해 가는 방식이므로 실현 가능성이 높은 계획이다.

다섯째, 1년에 2권씩 책을 쓰고 싶다.

책을 100권 정도 읽으면 1권의 책을 쓸 수 있는 역량을 갖추게 된다고 한다. 나는 책만 읽는 바보로 남지 않겠다. 읽은 책의 내용을 내 삶에 적용하고 생활 속에서 실천함으로써 나를 더욱 성장시켜 그 경험과 노하우를 책으로 써낼 것이다. 10년간 2,080권의 책을 읽고, 20권의 책을 쓰고 싶다.

이제 내가 갖고 싶은 것을 이야기할 때가 되었다. 세상에는 갖고 싶은 것이 참으로 많다. 하지만 그중에서도 나는 간절히 갖고 싶은 것이 딱 하나 있다. 위의 글에서 말한, 되고 싶고, 하고 싶은 것을 모두 이룬 나를 갖고 싶다. 나를 제삼자의 시각으로, 관찰자의 눈으로 객관적으로 바라볼 수 있다는 것은 참으로 좋은 것이다. 나는 내가 꿈을 이룰 수 있기를 늘 응원한다.

37

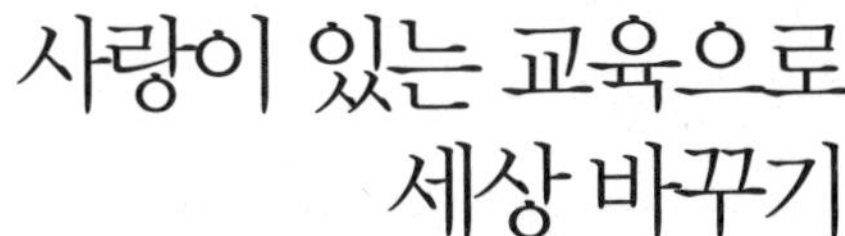

사랑이 있는 교육으로 세상 바꾸기

장성오

'드림 커넥트 비전스쿨' 대표, 유아교육 전문가, 동기부여가, 유아인성 및 리더십교육 전문가, 유치원 운영

세상에 아름다운 가치를 연결하는 플랫폼으로 '드림 커넥트 비전스쿨'과 유치원을 운영하고 있으며 "엄마가 행복해야 아이도 행복합니다."라는 슬로건으로 이 땅의 모든 어린이들과 부모들의 행복한 삶을 응원하고 있다. 저서로는 《화내는 엄마 눈치 보는 아이》, 《인생이 나에게 가르쳐 준 소중한 것들》 등이 있다.

E-mail jsopower@naver.com Blog http://blog.naver.com/jsopower

Cafe http://cafe.naver.com/connectedu (드림 커넥트 비전스쿨)

http://cafe.naver.com/eriaworld1 (장성오 육아멘토링 연구소)

"사랑이 있는 교육이 세상을 바꾼다."

이는 내가 사용하는 컵에 새겨진 글귀다. 매일 물을 마시거나 커피를 마실 때마다 마주하면서 늘 생각하고 반성한다. 언젠가 김형석 교수님께서 유아교육을 하는 원장들에게 던진 화두다. "사랑이 있는 교육이 세상을 바꾼다." 도대체 어떤 교육이 사랑이 있는 교육인가? 나는 사랑이 있는 교육을 하고 있는가?

유아교육과 함께한 세월이 30년이 넘어가고 있다. 20대에는 교사로서 아이들과 만나면서 어리석게도 조금 알고 있는 것을 마치다 알고 있는 것처럼 아이들을 대하고 부모들을 대했다. 어떤 아이는 동그라미, 어떤 아이는 세모, 어떤 아이는 네모였는데 동그라미로 키워야 한다고 온 힘을 다해 주장하면서 아이들을 전부 똑같이 동그라미로 만들려고 했던 초보교사 시절도 있었다. 그때는 엄마들도 아이들도 순수하고 순박했던지 선생님의 말이라면 거의 맹신하다시피 했다.

다음은 사랑으로 봐 주지 못하고 고쳐 주려고만 했던 초보교사 시절의 부끄러운 고백이다.

"어머님, 상수에 대해서 말씀드릴 것이 있어서 전화드렸어요."
"아, 네. 우리 상수가 잘못한 것이 있나요?"
"어머님, 우리 상수가 폭력적인 것 같아요. 교실에서도 너무 뛰어다니고 아이들을 밀치고 싸우고 싸움을 걸고 그래요. 아이들을 때리지 말라고 어머님께 지도 부탁드리고 싶어서 부득이 전화드렸습니다."
"어머, 선생님, 너무 죄송합니다. 정말 죄송합니다."

그런데 며칠이 지나 상수 엄마한테서 전화가 왔다. 나를 만나고 싶다는 것이다. 그래서 상수 엄마를 만나게 되었다. 상수 엄마는 나를 만나자마자 조그만 선물 꾸러미를 쥐어 주고는 눈도 마주치지 못하고 사라지셨다. 집에 와서 선물 꾸러미를 풀어 보니 10만 원과 함께 직접 집에서 재배한 듯한 나물이 들어 있었다. 당황스럽기도 했지만 뒤통수를 한 대 얻어맞은 듯한 충격으로 어떻게 해야 할지 몰랐다. 이 상황에 놓여 있는 나 자신이 너무나 부끄러워 숨고 싶었다. 부족한 아이를 잘 보아 달라고 부탁하는 마음으로 준비하셨던 모양이다. 나는 다음 날 아이 편에 편지 한 통과 현금을 즉시 돌려보냈다. 이렇게 하기까지 상수 엄마는 아마도 수없이 많은 생각과 고민을 했을 것이다. 교사가 아이를 두고 폭력적이란 언어를 사용했으니 그 충격 또한 만만치 않았을 것이다. 아마 그 순한 엄마가 취할 최선의 행동이었을지 모른다. 지금 같으면 나는 완전히 몰지각한 교사로 찍혔을 것이다.

이렇듯 아이의 특성도 이해하지 못하고 아이 마음이 어떤지, 왜 그런 행동을 했는지 살펴보지도 않은 채 눈에 보이는 현상만 갖고 아이를 폭력적이라고 정죄해 버린 나 자신이 부끄럽고 한심스러웠다. 쥐구멍이라도 있으면 숨어 버리고 싶고 회피하고 싶었다. 아이들을 볼 자신이 없었고, 특히 상수를 바라볼 자신이 없었다. 이 사건은 초보교사 시절 내가 겪은 가장 수치스럽고 부끄러운 일이다. 현재 아빠가 되어 있을 상수에게 다시 한 번 미안하다고 사과하고 싶다.

내가 젊은 시절 가르쳤던 아이들이 이제는 부모가 되었을 것이다. 그때 잘못 지도했던 반성으로 나는 현재 전국을 돌며 많은 부모들에게 부모교육을 하면서 시간을 보내고 있다. 아무리 강조해도 지나치지 않는 것이 부모의 역할이다. 부모가 어떤 철학을 가지고 어떤 세계관을 가지느냐에 따라 아이는 그대로 양육된다고 볼 수 있다. 부모에게 올바른 양육관을 심어 주고 아이를 잘 양육할 수 있게 하는 것이 곧 유치원을 잘 운영하는 것이다. 부모 마음이 아픈데, 엄마아빠 관계가 좋지 않은데, 엄마아빠가 행복하지 않은데, 부모가 양육하는 방법을 모르는데 아이들이 잘 자랄 수는 없다. 아무리 유치원에서 사랑으로 보듬어 준다 한들 그 힘은 미약할 수밖에 없다.

요즘 우리 유치원에서는 아이들이 그린 그림을 가지고 아이의 의견을 물어보는 발문으로 아이 마음을 알아차리는 활동을 하고 있다. 아이들이 하는 낙서 속에서도 의견을 발견해 내고 있다. 집착, 퇴행, 대인관계 및 경청 등의 어려움으로 힘들어하고 있는 아이들이 많이 발견된다.

어떤 아이는 부모가 부부싸움을 해 무서우니 구해 달라는 신호를 보낸다. 그런데 이러한 아이들의 마음을 모른 채 계속 공부나 잘하라고 밀어붙이고 학습지나 하라고 한다면 아이는 거부할 힘이 미약하니 부모가 하라는 대로 열심히 무엇인가를 수행한다. 그러면서도 아이들은 의지와 상관없이 틱증세나 낙서 등 여러 가지 모습으로 아픔을 표현한다. 어른들이 아이 마음과 상태를 알지 못하면서 양육한다면 아이는 그냥 아픈 채로, 곪은 채로 상처를 안고 살아갈 수밖에 없다. 그러면 또 자라서 그 방법이 옳은 양 자기 자녀를 똑같은 방법으로 양육할 수밖에 없다. 아이의 심리가 불편하면 교육은 절대로 될 수 없다는 것을 부모는 알아야 한다.

얼마 전 상담을 하러 유치원에 예준이 엄마가 왔다. 예준이 엄마는 직장생활을 하느라 다른 엄마들에 비해 아이와 많은 시간을 나누지 못한다. 그래서 예준이는 엄마를 그리워하고 어리광을 부려 엄마를 속상하게 하기 일쑤다. 유치원에서는 선생님의 말을 거의 알아듣지 못하고, 에너지가 넘쳐서 친구들과 다툼이 심하다. 그러니 친구들의 인정을 받지 못하고 미움의 대상이 된다. 그러다 보니 친구들과의 사이는 더 나빠지고 결국은 유치원에 오는 것을 싫어하는 것으로 오해를 한 엄마가 상담을 하자고 하신 것이다.

"선생님, 우리 예준이를 어떻게 키워야 할지 모르겠어요. 계속 아이에게 화만 내게 되고 짜증만 내게 되네요."

나는 예준이가 어떤 마음으로 생활하고 있는지 예준이가 그린 그림을 보여 주면서 이야기를 나누었다.

"예준이 집에 폭탄이 떨어져서 엄마랑 아빠랑 형은 도망갔는데 예준이는 혼자 집에 숨어 있어요. 예준이는 엄마를 잃어버려서 찾고 있어요. 선생님 요정이랑 함께 엄마를 찾으러 떠났어요."

예준이 그림을 보여 주니 모든 것을 들키기라도 한 것처럼 엄마는 눈물을 흘리면서 엉엉 울기 시작했다. 예준이는 계속해서 엄마를 찾고 있었고 엄마와 함께하지 못해서 속상하다고 표현하고 있었다. 그나마 예준이의 마음을 들어 주는 선생님이 있어서 천만다행이었다. 나는 "가족이 함께 즐거운 시간을 많이 가지면 예준이가 좋아질 거예요."라며 예준이 엄마를 위로했다. 그리고 예준이처럼 그림을 한번 그려 보라고 권했다.

그런데 예준이 엄마는 다른 부분은 잘 그리는데 놀랍게도 6세 시기의 그림이 다른 시기에 비해 너무나 부족했다. 엄마의 6세 시기가 거의 빠져 있었다. 그러니 예준이와 상호작용 하는 것이 어렵고 어떻게 아이와 대화를 나누고 함께 보내야 하는지 모를 수밖에 없었던 것이다. 나는 예준이 엄마에게 아이와 어떻게 소통해야 하는지, 영유아시기에 어떻게 양육해야 하는지 부모교육을 받아 볼 것을 권유했다. 예준이 엄마는 직장생활로 바빴지만 한 번도 빠지지 않고 한 달간 부모교육에 참여했다. 참여하는 동안 울었다, 웃었다를 반복하면서 마음속 응어리를 토해 내듯 뿜어냈다. 그러면서 차차 안정적이 되었고 얼굴빛이 기쁨으로 가득한 것을 느낄 수 있었다.

“원장님, 이제 마음속에서 미워만 했었던 우리 엄마를 용서할 수 있을 것 같아요. 그동안 많이 미워했거든요. 우리 엄마도 그때 그럴 수밖에 없었다는 것을 이해하게 됐어요.”

이렇게 한 사람이 변하는 모습을 보면서 뿌듯한 한편, 내가 하는 일이 정말 중요한 일임을 다시 한 번 깨닫는 시간이 되었다.

아이 양육에 있어서 부모교육은 정말 중요하다. 유치원에서 아이들을 위해 아무리 애를 써도 엄마 한 사람의 영향력이 훨씬 더 크다. 부모가 올바른 마음을 가지고 있지 않다면 아이는 행복하게 자랄 수 없다. 그렇다고 유치원의 역할이 미약하다는 것은 아니다. 즉, 유치원과 부모가 함께 건강하게 사랑으로 아이를 교육해야 한다는 것이다. 이것이 내가 부모교육에 관심과 정성을 쏟으며 사랑으로 삶을 살겠다고 약속하는 이유다.

“더 많은 사람이 인간답게 살 수 있도록 도울 수만 있다면 아직도 나는 누군가를 사랑하고 싶다. 그런 사랑이 있는 역사의 강물은 내가 태어나기 이전에도 내가 일을 멈춘 후에도 도도히 흘러 거친 광야를 옥토로 바꾸어갈 것을 믿는다.”

김형석의 에세이 《나는 아직도 누군가를 사랑하고 싶다》의 책 머리에 나오는 구절이다. 그렇다. 미약하고 부족하지만 내가 한 말 한마디가 누군가에게 위안이 되고 희망이 된다면 내가 아이들을 사랑하는 이유, 부모교육을 사명으로 삼는 이유가 되어도 괜찮지 않을까?

38

20대 청춘들의 잠자고 있는 욕망 깨워 주기

〈한책협〉 코치, 동기부여가, 자기계발 작가, 독서습관 컨설턴트, 청춘 멘토

현재 〈한책협〉에서 마케팅 담당 코치로 활동하고 있다. 군대와 직장에서 남는 시간을 오로지 독서에 투자했다. 그때 읽은 100여 권의 책을 통해 동기부여 강사라는 꿈을 찾게 되었다. 많은 사람들이 독서를 통해 자신만의 특기(특별한 기쁨)를 찾을 수 있도록 도와주는 동기부여가를 목표로 한다. 저서로는 《보물지도5》, 《미래일기》 등이 있으며, 현재 바쁜 현대인을 위한 독서법에 관련된 개인저서를 집필 중이다.

E-mail princebooks@naver.com **Blog** http://blog.naver.com/princebooks

인생을 살아가는 데 있어 누구에게나 한 번씩 터닝 포인트가 찾아온다고 한다. 누구는 그 시기가 빨리 오고 또 다른 누구는 늦게 올 수도 있다. 그 시기가 빨리 와도 알아차리는 사람이 있는 반면에 알아차리지 못하는 사람들도 많다. 그래서 언제나 그 시기를 알아차릴 수 있도록 미리 준비되어 있어야 한다.

나 역시 지금의 모습이 되기까지 몇 번의 터닝 포인트를 겪었다. 과거에 그러한 사건들이 없었다면 지금의 내 모습은 상상하지 못할 것이다.

어린 시절부터 나는 내가 하고 싶은 대로 자유롭게 생활했다.

부모님께서도 내가 하고 싶은 것을 마음껏 누릴 수 있도록 도움을 주셨다. 다른 친구들이 수학, 미술, 피아노, 논술 등 수없이 많은 학원을 다니는 동안 나는 밖에서 롤러스케이트나 킥보드를 타거나 집에서 블록이나 여러 가지 미술도구들을 가지고 놀며 시간을 보냈다. 부모님께서는 다른 부모들처럼 이거 해라 저거 해라 강요하지 않고 많은 경험을 자유롭게 할 수 있도록 해 주셨다.

어릴 때부터 자유로운 생활을 한 덕분일까? 당연히 나는 공부에 흥미를 느끼지 못했다. 공부보다 더 재미있는 일들이 많았기 때문이다. 매일 공부는 안 하고 친구들에게 장난만 치던 나는 초등학교 6년 내내 친구들에게 미운 오리새끼 대접을 받았다. 더군다나 사립초등학교를 다녀서 잘사는 집안의 친구들이었기 때문에 나의 그런 행동들을 이해하지 못하고 비상식적인 아이라고 생각했을 것이다. 사생대회에 나가 수상을 해도 친구들에게는 인정을 받지 못했다. 초등학교 생활은 시간이 지날수록 나를 바라보는 친구들의 찌푸린 눈빛들로 가득 찼다.

그렇게 시간이 흘러 중학교에 입학하게 되면서 첫 번째 터닝포인트를 맞이했다. 나는 과거와는 다른 모습으로 살겠다는 다짐을 했다. 왜냐하면 혼자 다른 중학교로 오게 되면서 초등학교 때의 짓궂었던 내 모습을 아는 친구들이 없었기 때문이다. 새로운 마음으로 새로운 친구들과 함께한다는 것은 상상만으로도 즐겁고 행복했다. 초등학교 6년과는 다른 중학교 3년을 보내게 되었다. 반을 이끄는 회장을 맡기도 하고 농구동아리에 들어가 친구들과 함께 대회를 준비하면서 팀워크의 소중함, 노력과 땀의 결실 등 많은 경험을 했다. 나는 과거의 나의 알을 깨고 나와 또 다른 나를 향해 매일 조금씩 나아가고 있었다.

남들처럼 대학을 가기 위해 들어간 고등학교에서 나는 진로를 취업으로 바꾸게 되었다. 결정적인 계기는 야간자율학습이 끝나고 집에 가는 길에 우연히 술에 취한 대학생을 보면서였다. 술에 취한 채 자신의 몸을 가누지 못하는 모습을 보고 나도 대학생이 된다면 저렇게 되지 않을까 생각했다. 그리고 그 순간 '진심으로 하고 싶은 것이 생기기 전까지 취업을 해서 돈을 벌자'라는 생각을 하게 되었다.

1년여의 취업준비 끝에 나는 원하는 기업에 취직을 하게 되었고, 스무 살이라는 나이에 사회생활을 시작했다. 사회생활을 하면서 대학교에 진학해 연애도 하고 캠퍼스 생활을 즐기며 여행도 다니는 다른 친구들이 부러웠지만, 그럴 때마다 미래를 준비하기 위한 여정이라 생각하고 하루하루를 보냈다. 나는 직장을 다니면서도 하루하루 무엇을 할 때 내가 가장 행복하고 무엇을 좋아하는지 발견하기 위해 끊임없이 고민하며 남는 시간에는 책을 읽었다.

두 번째 터닝 포인트가 된 21개월의 군 생활은 나에게 있어 너무나도 소중한 시간이었다. 처음 부모님과 독립적으로 떨어져 또 다른 조직생활의 시작인 군 생활을 하며 많은 것들을 깨우치고 배웠기 때문이다. 군에 입대하기 전에 2년 반 동안 만나던 여자 친구와 헤어져 마음의 상처도 입었지만, 나를 발전시키기 위한 최적의 시간이었다.

내 원래 계획은 전역을 하고 직장을 다니면서 대학교에 진학하는 것이었다. 하지만 군대에서 독서를 하면서 직장생활의 한계를 깨우치고, 다른 사람들에게 동기부여를 해 주고 독서의 장점을 알리는 강연가라는 새로운 도전을 하기로 마음먹었다.

마침내 찾은 나의 소명을 이루고자 나는 전역 후 과감하게 기존에 다니던 직장을 그만두게 되었다. 주변에서는 그 좋은 회사를 그만둔다며 많은 걱정과 우려를 했지만, 굳은 소명이 있었기에 흔들림 없이 실천으로 옮길 수 있었다.

나는 내 소명으로 조금이라도 더 많은 사람들에게 도움을 주기 위해서는 책을 써야겠다고 생각하게 되었다. 오직 책을 통해 나 자신을 알리고 나를 브랜딩해 다른 사람들에게 동기부여 해 줄 수 있다는 소명이 있었기에 가능한 일이었다.

나는 책을 쓰기 위해 책 쓰기 전문가를 찾기 시작했다. 그러던 중 20년 동안 200여 권의 책을 집필하고 5년 동안 수백 명의 작가를 배출한 김태광 코치가 운영하는 〈한책협〉을 발견하게 되었다. 나는 곧바로 〈1일 특강〉을 신청했다. 김태광 코치의 진심이 담긴 눈빛을 보고 '이곳이라면 책을 써서 내 소명을 이룰 수 있겠다'라는 강한 믿음과 확신을 가질 수 있었다. 그 결과 그 자리에서 곧바로 〈책 쓰기 과정〉에 등록해 나의 분신인 개인저서를 집필할 수 있게 되었다. 그리고 기회가 되어 〈한책협〉에서 작가들을 돕는 코치로도 활동할 수 있게 되었다.

지금 와서 돌이켜 보면 나의 선택과 행동들로 인해 겪은 작은 경험들은 내가 무엇을 좋아하는지를 찾게 해 준 힌트이자 열쇠였다. 나는 끊임없이 내가 무엇을 좋아하는지, 내가 어떤 사람인지 스스로에게 자문하며 하고자 하는 것을 찾고 또 찾았다. 그리고 내가 겪은 사건들과 경험들 속에서 느낀 감정과 행동들을 다이어리에 적으면서 나를 더 단단하게 만들고자 했다.

믿는 대로 원하는 미래를 그릴 수 있다. 나는 나 자신을 믿기 때문에 오늘도 끊임없이 발전하기 위해 노력한다. 〈한책협〉에서 작가들을 도와주고 동기부여 해 주는 코치이자 독서의 중요성을 알리는 강연가로 살아가는 오늘이 너무 즐겁고 행복하다.

아무도 가지 않은 길을 가는 것은 외롭다. 새로운 도전이란 항상 두렵게 마련이다. 하지만 실패하더라도 끝까지 이 길을 가고자 한다. 왜냐하면 나에게는 그 무엇보다 중요한 소명이 있기 때문이다. 평생 책을 쓰는 작가이자 동기부여가로서 많은 사람들에게 동기부여를 해 주고, 특히 나와 비슷한 연령대인 20대 청춘들의 잠자고 있는 '욕망'을 다시 깨워 주고 싶다. 그 출발점이 나라면 더없이 행복할 것이다.

처음엔 한 개였던 점이 여러 개가 되고 그 점들이 하나둘 연결되어 선이 된다는 말처럼, 어린 시절부터 겪은 작은 경험들이 나에게 터닝 포인트가 되어서 5년 뒤 내가 상상한 모습이 되어 있을 거라 생각하면 지금이 너무 행복하다. 정확히 5년 뒤 스물아홉 살에 지금과는 다른 내 모습을 마주할 날이 기대된다.

39

문화콘텐츠연구소 드래곤 컬처 아카데미 설립하기

삼성 라이온즈 아나운서, 이벤트 · 방송 MC, 대학 교수, 전문 강사, '드래곤 엔터테인먼트', '웨딩엔' 대표

프로스포츠 응원단장에서 시작해 현재는 야구, 농구, 배구단의 장내 아나운서로서 대한민국 프로스포츠 분야 전문 MC이자 아나운서로 활동하고 있다. 대학에서 레크리에이션과 스포츠 마케팅을 가르치고 있고 기업과 관공서에서 특강 전문 강사로도 활동 중이다. 이벤트기획사인 '드래곤 엔터테인먼트'와 웨딩 전문 업체인 '웨딩엔'을 운영하고 있다. 책 쓰기를 통한 성공학 코치와 동기부여가를 꿈꾸며 최고의 메신저로서의 삶을 살고자 한다.

E-mail kyi8943@naver.com **Blog** http://blog.naver.com/weddingnmc

예전에 SBS 〈박진영의 영재 육성 프로젝트 99%의 도전〉이라는 프로그램을 재미있게 본 적이 있다. 연예인이 되고자 하는 초등학생 꼬마친구들이 끼와 재능을 겨뤄서 연예 기획사에 발탁되는 프로그램이었다.

JYP의 박진영 씨가 심사위원이고 발굴된 친구들은 박진영 사단에 합류되는 것이었다. 우리나라 메이저 기획사 중 하나인 JYP의 일원이 되고자 전국의 수많은 학생들이 예선에 참가했다. '재능은 타고난다'고 했던가. 어린 친구들의 수준이 예상보다 훨씬 뛰어났다. 얼마나 연습을 했을까? TV를 보면서 혼자 중얼거리며 심사에 동참했던 기억이 난다. 이 프로그램을 통해 발굴된 대표적 아이돌이 바로 원더걸스의 선예와 2AM의 조권이다. 10여 년이 지난 지금, 그들은 자신의 꿈을 위해 도전했던 결과물을 제대로 얻었다.

이처럼 인간은 누구나 자신의 꿈을 향해 어릴 적부터 이루어내겠다는 집념 하나로 도전한다. 한편에서는 무모한 도전이라고 말하지만 성공의 문을 통과한 사람들은 다른 사람들에게 꿈이 되는 것이다.

인간은 무한한 재능을 가지고 태어난다. 이런 재능을 살려서 원하는 대로 살아가는 사람이 있는 반면에, 자신의 의지와는 전혀 상관없는 삶을 사는 사람들이 대부분이다. 요즘 대다수 어린이들의 꿈은 바로 연예인이라고 한다. 대중의 인기를 얻고 막대한 부를 쌓을 수 있기 때문에 부모들도 너 나 할 것 없이 자식의 재능을 찾으려고 애를 쓴다.

대한민국 사람들은 어떤 것이 좋다고 하면 귀를 막은 채 수단과 방법을 가리지 않고 달려든다. 물론 확고한 의지로 하고자 하는 일을 선택해 자신의 길을 간다는 것은 칭찬할 일이지만 본인의 의사와 관계없는 획일적인 사고방식과 행동은 바뀌어야 한다. 그들에게도 하고 싶은 것이 있지 않을까?

대한민국 한류열풍의 정점을 찍은 사람은 가수 싸이다. 유튜브를 통해 뮤직비디오 하나만으로 세상을 정복했다. 전 세계 모든 사람들이 말춤을 추며 '강남스타일'을 따라 불렀다. 싸이 개인의 영광은 당연하겠지만 강남이 어디인지 궁금한 세계 사람들이 한국을 방문하도록 만든 관광 전도사의 역할까지 했다.

시대가 바뀌고 세상이 변했다. 연예인이 되어야만 유명해질 수 있다는 것은 옛말이다. 자신만의 독특한 콘텐츠로 승부하는 시대다. 스마트폰을 통해 세계에서 일어나는 모든 일을 매 순간 내 손 안에서 볼 수 있다. 인터넷망을 통해 지구상의 모든 것들이 하나로 묶였기 때문이다.

나는 이벤트업을 20년째 하고 있다. 스무 살 때는 댄스 팀의 멤버로, 프로스포츠 구단에서는 응원단장으로 활동했으며, 현재는 장내 아나운서로 활동하고 있다. 대학에서는 '여가를 즐기기 위한 레크리에이션 이론과 실제' 그리고 '세상에서 가장 큰 산업인 스포츠를 어떻게 하면 제대로 즐기고 수익을 창출할 수 있을까'라는 명제로 스포츠마케팅도 가르치고 있다. 남녀가 만나서 결혼에 이르는 순간을 축복하고자 결혼식 관련 사업도 진행 중이다.

이렇게 다양한 방식의 접근을 통해 사람들에게 유익한 정보와 해답을 제시하면서 역량을 키워 나가고 있다. 이 모든 것이 문화의 일부분에 속하는 콘텐츠 사업들이다.

나의 최종 꿈은 세상 사람들에게 삶의 방식을 정립해 주고 그것을 누리면서 행복하게 살며, 나아가서는 그것을 통해 주변 사람들에게 영향을 미치도록 인도하는 메신저의 삶을 살아가는 것이다. 세상에 태어난 이상 사랑과 나눔 그리고 봉사를 통해 행복한 삶을 살아가는 것이 하느님의 뜻이자 계시라고 배웠지 않은가.

"사람이 책을 만들고 책이 사람을 만든다."라는 말이 있다. 책을 통해 인생의 변화를 일으키고 책을 읽음으로써 지식을 얻을 수 있다. 책을 통해 저자의 생각을 알 수 있을 뿐 아니라, 그 시대의 배경과 상황을 유추해 볼 수 있다. 그래서 시공간을 초월한 우주와 만물의 진리를 깨달을 수 있다.

최근에 생긴 나의 취미는 책 구매다. 매주 서점에 들러 관심 분야에 대한 정보나 이슈를 알고자 구입한다. 아직까지 다 읽지는 못했지만 보관하고 있다는 자체만으로 든든하다. 의식이 확장되고 부자가 된 느낌은 책을 많이 보유하고 있는 사람만이 느낄 수 있는 감정이다. 나의 버킷리스트 중 하나는 멋진 서재를 꾸미는 것이다. 그곳에서 커피 한 잔과 함께 클래식을 들으며 명상도 하고 창틀에 비치는 햇살을 느끼며 수많은 책들과 함께 삶을 향유하고 싶다.

나는 또 하나의 목표를 향해 도전하고 있다. 책을 구입해 읽는 독자에서 책을 쓰는 저자로 변신 중이다. 내가 살아온 방식과 철학을 세상 사람들과 나누고 싶다는 꿈을 실천하고 있는 것이다. 책을 쓴다는 것은 자기계발의 끝이라고 할 수 있다. 책을 쓰려면 다양한 분야를 섭렵하고 전문가 수준만큼 공부해야 한다. 당연히 자기계발이 되고 책을 쓰는 과정의 역경을 이겨 내며 삶에 대한 겸손과 성숙한 가치 그리고 인내를 배울 수 있다.

책을 쓰는 작가로서의 인생은 너무나 아름답다. 실제로 일어나는 일들을 자신만의 묘사로 풀어내고 현실이 아닌 상상의 세계에서 마음껏 작가의 의도를 반영하며 글로써 독자들의 공감을 이끌어 낸다면 얼마나 뿌듯함을 느끼고 자아실현의 기쁨을 누릴 수 있을까!

대한민국 청소년들은 너무나 획일적이고 피곤한 인생을 산다. 하루 24시간 중에서 학교와 독서실에서 보내는 시간이 15시간 이상이다. 학창시절 동안 대학이라는 같은 목표 아래, 자신만의 잠재능력은 알지도 못한 채 오로지 책과의 승부만 펼친다. 매년 11월에 치러지는 수능시험의 결과에 일희일비하고 인생이 결정된 것처럼 울고 웃는다. 미래의 기둥인 이들의 삶이 너무나도 잔혹하게 느껴지는 것은 당연하다. 나도 두 아이의 아빠로서 이런 시스템 속에 아이들을 밀어 넣으려고 하니 벌써부터 답답하다.

누구에게나 꿈은 있다. 나는 사람들의 꿈을 발견해 주고 성취하도록 도움을 주고 싶다. 이른바 라이프 컨설턴트(Life Consultant)로서 말이다. 우리는 취업을 통해 직장에 들어가고, 돈을 벌어 사랑하는 사람을 만나 결혼해서 2세를 낳고, 나이가 들면 자연스럽게 죽음을 맞이한다. 인간이라는 존재의 라이프 사이클(Life Cycle)이다. 너무나 똑같지 아니한가? 반면에 변화된 삶 속에서 행복이라는 기본 권리를 찾고자 부단히 노력하는 사람도 많다. 이런 사람들과 함께 성공을 이야기하고 삶의 문화를 나누고 싶다. 이것이 나의 사명이자 비전이기 때문이다.

나는 또한 스포츠 스타들의 은퇴 후의 매니지먼트 일을 하고 싶다. 운동선수들은 어릴 적부터 최고의 선수가 되겠다는 꿈 하나로 지식의 연마보다 신체 단련을 통해 성장한다. 오로지 운동 실력이 성공의 잣대가 되어 성인으로 변모하다 보니 주변의 유혹에 힘들어하는 선수들을 너무나도 많이 봐 왔다. 한순간의 잘못된 판단으로 선수생명이 끝나는 사람도 있고, 범죄의 수단으로 이용되어 안타깝게 선수생활을 그만두는 경우도 허다하다.

그렇다면 선수로서의 삶 이후, 제2의 인생을 어떻게 설계해야 할 것인가? 슈퍼스타들은 자기 종목에서 최고의 실력을 갖추고 공인으로서 올바른 언행을 보이며 수많은 유혹을 떨쳐 낼 수 있는 철저한 자기관리를 통해 부와 명성을 얻는다. 이들은 제외하더라도 평생을 해 온 운동을 그만두고 새로운 무언가를 한다는 것은 쉽지 않은 일이다. 그래서 일반인과는 다른 그들만의 삶을 재조명해 또 다른 길을 제시해 주어야만 한다. 당연히 많은 연구와 노력이 필요할 것이다.

문화를 만들어 간다는 것은 꼭 대중적인 것에만 국한되는 것이 아니다. 우리의 실생활 속에 충분히 경쟁력 있는 상품들이 다양하게 존재한다. 이런 각 분야의 다양성을 살려서 그것을 상품화하고 기본적인 수익을 창출한다면 우리의 삶은 훨씬 세련되게 변화할 것이다.

내가 설립할 드래곤 컬처 아카데미는 세상의 즐거움과 행복을 만드는 이벤트 컨설턴트, 세상과 이야기하고 삶을 나누는 작가, 방황하는 청소년들의 꿈과 비전을 공유하는 라이프 컨설턴트, 스포츠 스타들의 미래를 설계하는 은퇴라이프 플래너 등 다양한 영향력과 가치를 생산하는 복합 문화센터로서 대한민국을 주름잡는 엔터테인먼트 회사로 거듭날 것이다.

40

상상을 현실로 만든 스토리로 동기부여가 되기

〈한책협〉 코치, 1인 창업학교 코치, 마케팅 코치, 긍정드림 코치, 동기부여가, 자기계발 작가

열정덩어리 행동주의자다. 치과위생사로 일하다 1인 창업으로 자신의 경험과 지식을 나누는 메신저산업에 눈을 뜨고 현재 1인 기업가를 꿈꾸는 작가들을 코칭해 주는 1인 창업 코치가 되었다. 꿈꾸는 사람들을 돕는 동기부여가이자 네이버 카페 관리 및 매출을 올리는 포스팅 비법에 대해 코칭하는 마케팅 코치로 활동하고 있다. 현재 마케팅에 관한 개인저서를 준비 중이다.

E-mail vhalsrhkd@naver.com C · P 010-2490-1603

"오늘 나는 성공하기를 선택하고 꿈에 그리던 성공을 향해 한 발 내디뎠다. 6개월 뒤, 1년 뒤 성공해 있을 모습과 성공자의 모습을 하고 있을 나를 믿어 의심하지 않는다. 그래서 성공을 향해 나아갈 내가 너무 자랑스럽고 기특하다. 막연했던 꿈속에서 막막한 어둠이 아니라 눈이 부시게 환한 곳으로 가고 있다는 생각에 설레고 벅차다. 성공해서 나처럼 이렇게 가슴 떨리고 벅차게 행복한 인생을 살 수 있도록 누군가의 심장에 불을 지피는 사람이 되겠다."

이 글은 2015년 11월 22일 김태광 코치의 강연을 처음 듣고 내가 쓴 글이다. 그렇게 성공을 믿어 의심치 않던 나는 6개월 뒤,

1년 뒤 정말 말도 안 되는 변화를 겪게 된다.

연봉이 2,000만 원이 채 되지 않고, 5평짜리 원룸에서 살며 한 달 벌어 한 달 사는 직장인에서, 벤츠를 타고 연예인들이 산다는 공기 좋은 동네의 옥상도 있는 여유 있는 공간에서 살고, 하고 싶은 일을 하며 경험과 지식을 나누는 강의를 하는 삶으로 변화하기까지 몇 년의 시간이 걸린 것 같은가? 보통 10년, 20년, 아니면 아예 그런 기회가 올 수 없다고, 말도 안 되는 소리라고 할 수도 있다. 하지만 난 이 모든 것을 1년도 안 되는 시간에 모두 이루었다.

"너는 꿈이 뭐야?"

"너의 그 열정은 어디서 나오는 거야? 정말 대단한 것 같아."

"나는 몇 년 후 네가 어떤 사람이 되어 있을지 궁금해."

"선생님은 도대체 꿈이 뭐예요?"

함께 일하던 동료들에게서 내가 제일 많이 들었던 말들이다. 나는 모든 일에 열정적이고 에너지가 넘쳤으며, 발 벗고 나서서 일했다. 환자를 대할 때도 맡은 일을 할 때도 청소를 할 때도 그랬다. '어떻게 하면 더 잘할 수 있을까?', '이렇게 접목시키면 어떨까?'를 항상 생각하며 스스로에게 긍정적인 질문을 던졌고, 그랬기에 아이디어들도 샘솟았다. 사람들이 어떻게 하면 그렇게 할 수 있는지 물을 때 처음에는 그 질문에 답을 하지 못했다. 내가 왜 모든 일에 열정적이고, 그 열정은 어디서 나오는지 알지 못했다. 지금은 그 답을 찾았다. 나에게는 '성공'에 대한 욕망이 있었다.

같은 책을 보고도 성공에 대한 욕망이 있는 사람만이 성공의 단서를 찾아낸다. 내가 처음 체인지영 이선영 대표의 《1인 창업이 답이다》라는 책을 읽었을 때도 그랬다. 그때 우리 치과에서 많은 직원이 그 책을 읽었음에도 나만 책 속에 나오는, 성공하는 프로그램을 알려 주는 김태광 코치를 찾았다. 책에서 김태광 코치의 사례를 읽으며 '나도 성공하는 방법을 제대로 배우고 싶다', '나도 젊은 나이에 부자가 되어서 42세에 은퇴해야지'라는 생각을 했다. 나는 김태광 코치의 메일주소를 찾아내서 직접 이메일을 보냈다. 욕망이 있기에 책을 읽어도, 하나의 행동을 해도 성공하는 방향으로 움직였고, 그 욕망에서 나의 모든 열정들이 나왔던 것이다.

내가 진짜 원하고 욕망했던 것들은 그대로 이루어졌다. 나는 처음 〈한책협〉에서 작가, 코치, 강연가로서 벤츠를 타고 강연을 다니는 임원화 작가를 보고 '30대에 벤츠 타는 여자'에 꽂혔다. '나도 벤츠를 타고 싶다. 성공의 상징인 벤츠를 젊은 나이에 타면 얼마나 행복할까'라는 욕망이 생겼다. 부모님도 벤츠를 타고 다닐 정도로 성공한 나를 자랑스러워할 테고, 동생들이 우리 누나 벤츠 탄다고 으쓱하며 자랑스럽게 말할 것을 생각하니 뿌듯하고 설레었다. 무엇보다 젊은 나이에 자신의 힘으로 성공의 상징인 벤츠의 오너가 되면 너무 멋있을 거라 생각했다.

벤츠를 가지고 싶다고 생각한 이후부터 이상한 경험이 시작되었다. 거리를 다니면서 한 번도 본 적 없던 벤츠들이 자꾸 보이기 시작한 것이다. 심지어 1년 동안 살던 원룸 앞집에 벤츠가 항상 주차되어 있었다는 것도 그때 처음으로 알았다. 그리고 드림리스트를 적거나 신년에 목표와 꿈을 적을 때 나도 모르게 제일 위에 '벤츠 오너 되기'를 적고 있었다.

한번은 직접 보러 가야 되겠다는 생각에 매장에 가서는 장롱면허임에도 내가 탈 거니까 내가 운전하겠다며 직접 벤츠에 시승해 강남 시내 한복판을 달렸다. 신기한 것은 평상시에도 눈을 살짝 감으면 벤츠를 시승할 때 느꼈던 승차감과 액셀을 밟던 느낌이 생생하게 기억났다. 한번은 치과에서 아침조례 때 서로의 꿈을 적자고 하고는 많은 사람들 앞에서 "저는 20대에 벤츠를 갖는 게 꿈입니다."라고 말했다. 물론 다들 '그 월급에 벤츠를 사려면 수십년이 걸린다'라며 터무니없다는 듯이 웃어넘겼다.

나는 어렸을 때부터 꿈을 잘 꾸고 상상을 잘했다. 색감과 촉감까지 생생하게 느끼는데, 한번은 내가 명절에 벤츠를 타고 차가 많은 도로를 달리고 있고 차 안에는 커피 향이 퍼져 있는 느낌이 너무 생생하게 들었다. 그 상황에 있다 온 것처럼 생생하게 느껴졌고 그 이후에도 그 모습을 여러 번 상상했었다. 남들은 다 나를 이상

주의자라고 생각하고 웃어넘겼지만 나는 벤츠를 갖겠다 말한 지 7개월 만에 정말 벤츠의 오너가 되었다. 얼마 전에는 추석명절에 정말 커피 향이 퍼진 벤츠를 타고 고향에 내려갔다. 나도 모르게 예전에 상상했던 상황이 그대로 펼쳐지고 있어서 놀랐다. 내가 계속해서 생각하고 그리고 꿈꾸던 것이 정말 현실이 된 것이다.

1년 전 당시 나는 이 모든 것을 이룰 수 있는 현실적인 가능성이 없던 상태였다. 누가 봐도 꿈같은 이야기라고 했고, 현실적으로 따졌을 때 단기간에는 이룰 수 없는 일이었다. 그럼에도 불구하고 이렇게 이루어 낸 것을 보면 욕망하고 생생하게 상상하는 것이 굉장한 힘을 가지고 있다는 것을 알 수 있다. 욕망하면 가지고 싶어서 계속 생각하게 되고, 나도 모르게 꿈이 이루어지는 방향으로 선택하고 결정하며 행동하게 된다.

나는 이렇게 원하는 꿈들을 이루어 가는 경험들을 통해서 정말 원하고 가질 수 있다고 믿는다면 결국에는 이루게 된다는 것을 느꼈다. 이 경험을 다른 사람들에게도 알려 주고 꿈을 이루어 가는 인생을 살도록 돕고 싶다.

꿈을 이루는 데는 4가지 법칙이 있다.

첫째, 계속해서 꿈을 이루고 싶어 해야 한다. 성공하고 싶어 하는 욕망이 있어야 한다.

둘째, 나보다 경험이 많은 사람, 성공한 사람, 내가 원하는 모습을 이미 이룬 사람을 찾고, 그를 직접 만난다.

셋째, 꿈을 이룬 사람인 멘토의 말을 그대로 실행하고 습관까지 그대로 따라 한다.

넷째, 꿈을 잃지 않고, 잊지 않는다. 지쳐 쓰러져도 다시 일어난다. 꿈 맷집으로 끝까지 욕망한 것을 이룬다.

나는 성공을 갈망하지만 어떻게 해야 할지 모르는 사람들에게 방법을 알려 주고 동기부여 해 주는 동기부여가가 되고 싶다. 세상에 터무니없는 꿈이란 없다. 내가 1년 전에 그랬듯 매일 성장을 통해 성공할 것을 믿고 확신하면 이루어진다는 것을 알려 주고 싶다. 상상을 현실로 만들어 가는 꿈 창조자들이 더 늘어나길 바란다.

내 선택 여하에 따라 나의 미래가 달라진다. 억만장자로 세상을 누비며 여왕처럼 살아갈 수도 있고 그 이상을 성취하며 살아갈 수도 있다. 문제는 내가 지금 그 꿈을 향해 첫발을 내딛고 행동하느냐, 그냥 멈춰 있느냐 하는 것이다. 꿈을 이루어 가는 삶을 살고 있는 지금 이 과정도 성공하고 싶다는 생각으로 한 권의 책에서 '김태광 코치'를 발견하고 직접 찾아왔던 실행력이 있었기에 가능했다. 욕망하고 열정적으로 실행하는 한 나는 계속해서 성장하고 성공을 향해 나아갈 것이다.

가끔 내 나이를 생각하면 깜짝 놀랄 때가 있다. "내가 아직도 스물일곱 살이라니!" 많은 일을 겪으며 시간이 많이 지난 것 같은데 아직도 나는 스물일곱 살이다. 이 숫자를 보면 든든하다. 무엇이든 도전할 수 있는 나이라는 생각이 들고, 지금 부족하더라도 배우고 채울 수 있다는 것과 그만큼 무한한 발전 가능성이 있다는 것이 행복하다.

"스물일곱 살, 깨지고 자빠지며 5년이 지나도 나는 서른두 살이다. 어제보다 오늘 더 성장해 있는 나는 앞으로의 가능성이 무한하다. 나는 이렇게 강하고 아름다운 내가 좋다. 앞으로 더 크게 성공할 나를 믿는다. 여왕처럼 아름답게 신나게 세상을 누리며 살아갈 것이다."

오늘도 나는 나의 무한한 가능성을 깨워 줄 이 문구를 보며 잠이 든다.

41

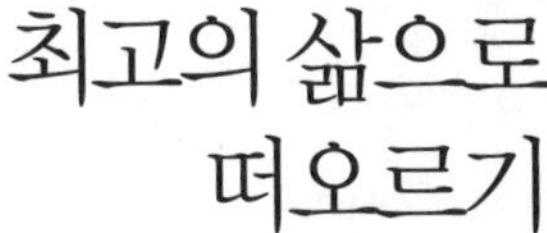

최고의 삶으로 떠오르기

자기계발 작가

시련을 겪으며 인생의 모든 문제의 해답은 자신을 사랑하는 것에 있다는 것을 깨달았다. 행복하지 않았던 삶을 벗어나 행복해지고, 아이들에게는 열심히 살아 성공한 엄마의 모습을 보여주기를 꿈꾼다. 사람들을 위로하는 따뜻한 책을 써 마음을 변화시키고 인생을 바꿔 주고 싶다는 희망을 품고 있다.

7년간의 힘들었던 결혼생활을 뒤로하고 약 한 달 전 나는 가정법원에서 조정이혼을 했다. 구청에서 이혼신고를 하며 온갖 생각이 떠올라 괴로웠다. 7년 전 평생 행복하리라 희망에 부풀어 남편과 혼인신고를 했는데, 홀로 구청에서 이혼신고를 하고 있는 나를 보며 씁쓸한 마음이 들었다. 변호사 사무실에서 이혼 협의 사실을 작성한 조정조서를 받고 집으로 돌아오는 차 안에서 펑펑 울었다. 라디오에서는 가수 이하이의 '한숨'이라는 노래가 나오고 있었다.

"숨을 크게 쉬어 봐요. 당신의 가슴 양쪽이 저리게. 조금은 아파 올 때까지. 숨을 더 뱉어 봐요. 당신의 안에 남은 게 없다고 느껴질 때까지. 숨이 벅차올라도 괜찮아요. 아무도 그댈 탓하진 않아. 가끔은 실수해도 돼. 누구든 그랬으니까 괜찮다는 말. 말뿐인 위로지만."

누구도 나에게 진심으로 괜찮다고 이야기해 주지 않았다. 나는 혼자 버티고 있었다. 내가 울면 아이들이 어두워질까 봐 울지 못했고, 내가 슬퍼하면 부모님의 가슴이 무너지실까 봐 늘 웃고 지냈다. 때때로 앞으로 두 아이를 책임지고 살아야 한다는 막중한 책임감에 숨이 턱까지 차오를 만큼 괴로웠다. 또한 평범하지 않은 내 인생에 서글픔이 몰려올 때가 가끔 있었다. 나는 가끔 오로지 혼자만 있을 수 있는 차 안에서 목 놓아 울고는 했다. 경부 고속도로를 달리다가 판교 IC에서 빠져나가야 하는데 울다가 지나쳐 버린 적도 있었다. 800원의 톨게이트 비용을 더 내야 했고, 한참을 돌아와야 했다.

힘든 결혼생활 중 나는 언제나 책을 읽었다. 책은 나의 탈출구였다. 책은 언제나 다른 나, 더 긍정적인 나를 만들어 주었다. 그래서 내가 7년이란 긴 세월 동안, 고통과 상처가 범벅이 된 결혼생활 중에도 남편과 사이좋게 지낼 수 있었다고 생각한다.

나는 언제나 작가가 되고 싶었다. 이것은 그 누구에게도 '비밀'

인 꿈이었다. 내가 스펙이 부족하고, 글도 잘 쓰지 못한다고 생각했기 때문이다. 나는 어린 시절부터 미국 드라마 〈섹스 앤 더 시티〉에 열광했다. 요즘도 힘이 들고 밝은 마음을 갖고 싶을 때마다 찾아서 보곤 한다. 화려하고 패셔너블하며 행복한 그녀들의 삶은 보는 것만으로도 힐링이 되곤 한다. 그녀들의 삶은 동경 그 자체다.

여주인공 캐리의 직업은 작가다. 그녀는 화려한 옷을 입고, 스타벅스에서 글을 쓴다. 드라마 속 그녀가 새로운 사람을 만나 자신을 작가라고 소개할 때마다 묘한 부러움과 가슴 깊은 설렘을 느꼈다. 그러나 그저 대리 만족일 뿐이었다.

나는 누구보다 변화를 두려워하는 안정지향적인 사람이었다. 주변 사람들은 늘 나에게 말했다.

"뭐라도 좀 해 봐. 난 네가 옷을 팔면 무조건 다 살 거야."

"옷 만드는 법 배워 보는 게 어때?"

"하고픈 것 없어? 너 잘할 것 같은데."

내 주변 사람들은 나의 가능성을 높이 사 주었다. 그런데 아무리 재능이 있고 가능성이 있어 보여도, 행동하지 않으면 그저 못난 사람일 뿐이었다. 나는 내가 행동하지도 못하고, 추진력도 없다며 언제나 스스로를 나무라고는 했다.

남편과의 이혼을 다짐하고, 나는 인생 최악의 시간을 보냈다.

먹을 수도, 제대로 잘 수도 없었고 몸은 정상이 아니었다. 한여름에도 긴팔, 긴바지를 입지 않으면 추워서 견디기가 힘들었다.

내 인생 가장 슬프고 막연한 때에 나는 꿈을 꺼내 보기로 결심했다. 서점에서 무작정 책 쓰는 법을 알려 주는 책을 찾아보다가 임원화 작가의 《한 권으로 끝내는 책쓰기 특강》이라는 책을 발견했다. 단숨에 책을 읽고 책 표지에 적힌 작가의 이메일 주소로 무작정 이메일을 보냈다. 나의 절박하고 어려운 상황에 대해 이야기하며 내가 책을 쓸 수 있도록 용기를 달라는 내용이었다. 답변이 오리라는 기대는 하지 않았다. 그러나 몇 시간 내에 답 메일이 왔다. 바로 전화해 달라고 적혀 있었다.

나는 목동의 한 커피숍에서 임원화 작가와 통화를 했다. 아이들을 학원에 보내고 커피를 마시러 온 엄마들이 가득한 커피숍에서 나는 펑펑 울었다. 임원화 작가는 "작가님, 지금의 위기가 나중에 엄청난 전화위복이 될 거예요."라며 진심으로 나를 위로해 주었다.

나는 지금 스타벅스에서 내 책을 쓰고 있다. 캐리가 마놀로 블라닉을 신었다면, 나는 지미추를 신고 캐리로 빙의 중이다. 그리고 더없이 행복하다. 내가 어떤 상황에 있든지 무슨 일이든 잘될 거라고 믿으며 살았다. 그리고 내가 필요한 때에 헤쳐 나갈 방법도 언제나 생겨나리라 믿어 왔고, 실제로 그러했다. 내가 변하고자 소망하니 그 방법은 자연스레 나를 찾아와 주었다.

나는 언제나 사람들의 마음을 공감해 주길 잘했고, 내가 따뜻한 마음을 지닌 사람이라 생각했다. 주변 사람들을 잘 보듬고 위로해 주며 살았다. 이제 나의 선한 영향력을 다른 사람들에게도 전하고 싶다는 생각을 했다.

어느 날 오프라 윈프리의 일과 성공과 사랑을 담은 책《나는 실패를 믿지 않는다》에서 놀라운 문구를 발견했다.

"제가 정말로 가장 하고 싶은 일은 다른 사람들의 삶에 좋은 영향을 미치기 위해서 어떤 방식에서든 제 인생을 이용하는 거예요."

나와 그녀의 소명이 같음에 너무나 기뻤다. 나는 이제 그녀처럼 다른 사람들의 삶을 응원하고, 내 이야기를 통해 위로하고자 한다. 나로 인해 한 사람이 더 나은 인생을 살게 되고 더 행복한 마음을 갖게 된다면 정말 행복할 것 같다.

오랜 시간 내 마음을 치유해 준 책이 있다. 오프라 윈프리가 자신의 쇼에서 소개해 알게 된 루이스 헤이의《치유》라는 책이다. 힘이 들고, 나 자신을 사랑하기 힘들 때마다 내게 힘이 되어 준 책이었다. 남편과 사이가 좋지 않거나, 시부모님과의 관계가 힘들

때, 용기가 나지 않을 때 언제나 내게 큰 힘이 되어 주었다. 나는 그 책을 읽으며 늘 다짐했다.

'언젠가 나도 사람들에게 위로와 용기, 희망을 주는 책을 쓸 거야.'

나는 새로운 내 삶에 강한 희망을 품고 하나씩 실현하고자 한다. 지금까지 살아오며 내 삶의 운전대를 내가 잡은 적이 없다. 그것은 누구의 탓도 아니며 나의 잘못이었다. 나는 남편이 운전하는 차 뒷자리에 안전벨트도 매지 못하고 탄 채 인생을 살아왔다. 그리고 조수석에는 시어머니가 계셨다. 광란의 질주를 하는 차 안에서 나는 많이 다치고 상처받았다. 어느 날 결심했다. 그 차에서 내려 도망치자고, 내 삶의 운전대를 내가 잡자고. 그것은 더 행복해지기 위한 나의 첫 반항이자, 큰 용기였다. 지금 나는 내 차의 시동을 걸고 출발하려 한다. 뒷자리에는 나의 예쁜 두 아이들이 타 있다. 나는 광란의 질주를 하지도 않을 것이며, 내 아이들과 안전하고 행복한 드라이브를 해 보려 한다.

모든 사람이 똑같은 인생을 살 수도 없고, 인생에는 오르막길도, 내리막길도 있다는 사실을 알았다. 위기와 시련을 어떻게 극복하느냐에 따라 앞으로의 인생이 결정된다.

"인격은 편안하고 아무 일 없는 고요한 시기에 성장하지 않는다. 오직 시련과 고난을 겪은 뒤에 영혼이 강해지고 패기가 생기며 성공할 수 있다."라는 헬렌 켈러의 말처럼 시련을 겪은 사람은 삶을 대하는 자세가 깊어지며, 삶을 변화시키는 힘이 자신에게 달려 있다는 것을 알게 된다. 지금의 고난에 상응하는 보답을 꼭 받을 것이라 믿는다.

삶에서 겪는 시련에 좌절하고 쓰러져 있기만 한다면, 나에게 비춰진 작은 빛을 볼 수 없다. 고개를 들고 일어나 걸어야 한다. 지금 당장은 혼란스럽겠지만 더 나아지기 위한 과정에 불과하다고 믿자.

사실 두렵다. 내가 잘할 수 있을까? 잘 안 되면 어쩌지? 내가 가는 길이 맞을까? 누구에게나 그렇듯 첫 차는 후지고, 운전은 미숙하다. 그렇지만 나는 내 차를 완벽히 내 것으로 만들 것이다. 그리고 조만간 아주 비싼 차로 바꿔 버릴 것이라 믿어 의심치 않는다. 나는 나의 용기를 응원하며 내 삶이 찬란하게 빛나리라 믿는다. 꿈꾸는 삶을 사는 사람이 가장 행복한 사람이 아닐까. 최고의 삶을 향해 내가 간다.

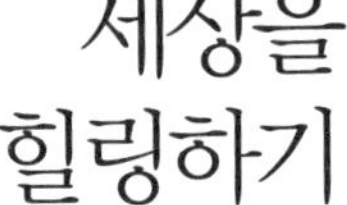

42 세상을 힐링하기

하나현

정신과 의사, 글로벌사이버대학교 상담심리학과 특임교수, 자기계발 작가, 강연가

브레인트레이닝 심리상담센터 소장이며, 감정노동과 관련해 직무 스트레스 해소를 위한 프로그램을 전국적으로 운영 중이다. 앞으로 강연이나 책 등을 통해 사람들을 더욱 많이 치유해서 우리가 사는 세상을 좀 더 나은 곳으로 만드는 것이 목표다.

E-mail iluvearth@naver.com Blog http://blog.naver.com/aztek1578468

Homepage www.brain-training.co.kr

"뭐가 부족해서 의대생이 우울증에 걸려?"

"그래서 나중에 의사를 어떻게 하냐?"

나는 의대에 들어간 뒤 심각한 우울증에 걸렸다. 그때 나에게 주변 사람들이 던진 말들이다. 나도 내가 우울증에 걸릴 줄 몰랐지만 고맙게도 그런 일이 찾아왔다.

고등학교 시절, 나는 누가 봐도 모범생이었다. 그냥 묵묵히 하라는 대로 공부하고 외우라는 대로 외웠다. 나에게는 학교생활이 어렵지 않았다. 쳇바퀴 돌듯 굴러가는 일상이 오히려 안정감을 주었다. 늘 같은 패턴 속에서 큰 말썽 없이 적응하며 살고 있었고 그 안에서는 더없이 착한 학생이었다. 나에게는 딱 맞는 생활이었던 것이다. 창의력을 발휘할 필요도, 숭고한 정신을 내보일 이유도 없었다. 어떻게 하면 한 문제라도 더 외우고 맞히느냐가 최대의 과제였다. 그리고 덕분에 의대에 입학했지만 대학생활은 나에겐 너무나 생소했다.

가만히 앉아 있으면 시간표대로 선생님이 들어오시던 고등학교와는 달리 직접 시간표를 짜고 듣고 싶은 수업을 선택하란다. 듣고 싶은 수업이라니, 그런 것은 생각해 본 적도 없었다. 수업시간 외에 자유시간도 너무 많았다. 그 시간에 자신이 하고 싶은 것을 하란다. 하고 싶은 것? 그런 것도 생각해 본 적 없는데. 놀 수 있을 때 많이 놀고 많은 경험을 하란다. '뭐? 뭔가를 위해 달리지 않아도 된다는 말이야? 거짓말. 그러면 뒤처질 텐데….'

나는 모든 것이 혼란스러웠고 자신이 없었다. 그러다 살을 빼야겠다고 문득 생각했다. 하나에 꽂히면 그것에만 몰입하는 성향 때문에 살을 빼겠다는 나의 계획은 순조롭게 진행되는 듯했다. 하지만 지나치게 살이 빠지기 시작했다. 건강은 생각하지 않고 무작정 살을 빼기만 한 무리한 다이어트였던지라 필연적으로 실패가 찾아왔다.

몸이 망가지고 있다고 여기저기서 신호를 보내왔다. 쉽게 아프고 몸살을 앓고 머리카락이 한 움큼씩 빠졌다. 아무리 먹어도 채워지지 않는 느낌이 들었고 다시 급격히 살이 찌기 시작했다. 다이어트를 통해 얻었던 성취감은 무너지고 처절한 패배감만 느꼈다. 급격한 절망감과 깊은 우울감이 찾아왔다. 우울은 나의 뇌와 마음, 몸 전체를 뒤덮었다. 더 이상 살 가치가 없는 것처럼 느껴졌다. 그렇게 깊은 우울감은 여러 가지 증상들과 함께 찾아왔다. 불면증, 죄책감, 후회 그리고 자살생각까지….

그때 너무 힘들어 스스로 정신과의사를 찾았던 기억이 난다. 그때 내가 들었던 말은 "그런 걸로 힘들어하면 나중에 의사는 어떻게 되려고 해?"라는 비난 섞인 걱정이었다. 주변 사람들은 하나같이 "뭐가 부족하다고 우울증에 걸려?"라는 의문을 내비쳤다. 그런 과정에서 나는 또다시 상처를 받고 철저히 혼자라는 생각밖에 들지 않았다.

결국 한동안 깊고 깊은 우울 속에서 헤매다 마음을 편하게 하고 싶다는 생각에 명상센터를 찾았다. 조금이라도 마음의 휴식을 취하고 싶은 생각이 간절했다. 인터넷을 통해 알아낸 명상센터를 찾아가 몸도 움직이고 난생처음 명상을 했다. 집으로 돌아간 첫날, 하루 2~3시간밖에 자지 못하는 심한 불면을 겪던 내가 몇 개월 만에 처음으로 깊은 숙면을 취했다. 놀라운 경험이었다. 그 뒤로 명상훈련을 하며 빠른 속도로 회복되어 가면서 나의 마음과 인생을 들여다보기 시작했다.

"이 세상에서 가장 중요한 것은 내가 '어디에 있는가'가 아니라 '어느 쪽을 향해 가고 있는가'를 파악하는 일이다."

올리버 웬델 헨즈의 말이다. 알고 보니 나의 우울은 내면의 여러 가지 요인으로 인해 일어날 수밖에 없던 일이었다. 인생의 큰 그림 없이 완벽주의, 성취주의에만 매달렸고 스스로의 가치를 성공에만 두었다. 마음을 들여다볼 줄 몰랐고 남의 시선과 평가에 나의 존재감을 맡겼다. 단단한 뿌리 없이 흔들리는 나무처럼 외적인 성공, 외부적인 평가에 우왕좌왕 흔들렸다. 혼란스러운 마음에 결국은 길을 잃을 수밖에 없었던 것이다. 그리고 그러한 가치관은 나 스스로 만든 것이 아니라 사회와 세상에 세뇌되어 만들어진 것이라는 것도 알게 되었다. 나는 우울을 겪고 회복되는 과정을 통해 다시 내 삶을 정비하는 기회를 가졌다. 그제야 나는 스스로에게 질문을 던질 수 있었다.

"나는 누구인가?"
"무엇을 위해 사는가?"
"어떤 삶을 살고 싶은가?"

나는 명상을 통해 내면과 세상을 볼 수 있는 눈을 연습했고 순수한 마음을 회복할 수 있었다. 이러한 경험을 하는 동안 정말 깊은 감사함이 일어났다. 누군가 나를 지켜보고 있다가 이런 선물을 준 것이 아닌가 싶을 정도로 고마웠다. 아니면 마냥 아이처럼 철없이 혼자 잘 먹고 잘 사는 것만 꿈꾸는 사람이 되었을지도 모른다.

지금 나는 브레인 트레이닝 상담센터에서 일하고 있다. 나의 경험을 바탕으로 사람을 만날 때, 특히 우울증을 가지고 있는 사람을 보면 공감이 되고 그 힘든 마음이 내 심장을 아프게 할 만큼 느껴진다. 내가 행복해도 함께 이 시대를 살고 있는 사람들이 행복하지 않으면 진정한 행복이 될 수 없을뿐더러 언젠가는 그 행복도 무너진다는 것을 알게 되었다.

나는 마음이 힘든 사람의 깊은 영혼까지 어루만져 주는 의사가 되고 싶다. 그리고 그 고통의 이유를 내면 깊은 곳과 우리를 둘러싸고 있는 세계에서 찾아내 치유하는 의사가 되고 싶다.

현재는 상담센터로 찾아오는 사람들의 마음을 치유하면서, 점점 대두되고 있는 감정노동 문제를 해결하기 위한 고용노동부 지원 프로젝트를 통해 강의도 하고 상담도 하고 있다. 앞으로도 여러 가지 일들을 통해 사람들이 자신의 진정한 가치를 찾고 서로가 서로를 힐링해 주는 따뜻한 세상을 만들고 싶다.

다 같이 잘 사는 세상 만들기

이장우

자기계발 작가, 대표적 실행 전문가, 비전 디렉터, 밴드 takeout 리드보컬
의지박약, 작심삼일형 인간을 개조시키겠다는 사명감으로 의식의 성장을 이끌어 내는 전문가다. 11년간의 야마하뮤직코리아(주) 고객상담실장 경험을 통해 터득한 소통 능력과 미친 실행력을 이 사회에 녹여내려 한다. 실행력을 이끌어 내기 위한 지침서를 출간할 예정이다.
E-mail jangwoo.lee@mentorwithus.kr **Homepage** www.mentorwithus.kr
Instagram mentor_vision_director

나는 이제 곧 불혹을 넘어선다. 인생을 살아갈수록 삶이 만만치 않다는 것을 느낀다. 하지만 전체적으로 보면 한 번쯤 살아 볼 만하다는 생각이 든다. 지금까지의 인생이 재미있고 즐겁기만 해서 그런 것은 아니다. 나 또한 힘들고 어려운 시절을 누구 못지않게 겪었다. 그렇다고 인생이 가치 없는 것이라고 생각하진 않는다.

나는 서른 살 전과 후의 삶이 확연하게 다르다. 서른 살 전의 나는 경제적으로 많이 힘들었다. 취업을 하기 전 나의 경제력은 곧 부모님의 경제력에 비례한다고 할 수 있다. 어떤 식으로든 경제적으로 의지할 수밖에 없었다. 그렇기 때문에 유년시절과 청소년시절, 청년시절에 이르기까지 나는 되고 싶은 것도, 하고 싶은 것도, 갖고 싶은 것도 명확하지 않았다. 때로는 환경만 탓하며 노력하지도 않았다.

하지만 한 가지 좋은 면이 있었다. 바로 긍정적인 생각이었다. 나는 어떤 환경에서도 언젠가는 잘될 것이라는 자신감이 있었다. 비록 근거가 없는 자신감에, 추상적이기는 했지만 말이다. 밑도 끝도 없는 자신감을 바탕으로, 해야 할 일을 마주했다.

나는 서른 살부터 직장생활을 통해 본격적으로 경제활동을 했다. 내 호주머니에, 내 통장에 돈이 쌓이다 보니 자신감과 함께 하고 싶은 것들, 되고 싶은 것들이 생겨났다.

'봉사활동'도 그 버킷리스트 중 하나였다. 내가 어렵게 살아와서 그런지 어려운 사람들을 보면 돕고 싶다는 생각이 들었다. 무언가 가치 있는 일을 해 보고 싶었다. 지인들과의 대화 도중 비슷한 주제가 나오면 나는 봉사활동을 하고 싶다는 이야기를 꺼냈다. 하지만 실천은 하지 않고 머릿속으로만 생각하고 있었다.

그런 내가 어느 순간 부끄러웠다. 사람들의 칭찬은 선불로 받고 정작 해야 할 것은 아무것도 하지 않았던 것이다. 아직 시작도 하지 않은 것을 칭찬받는 내가 부끄러웠다. 나는 그 즉시 한 해외 봉사 단체에 연락해 해외 어린이 2명과 결연을 맺었다. 사실 부끄러움에 급하게 맺은 결연이었다. 하지만 나에게 그 파장은 생각보다 컸다. 결연을 맺은 아이들의 사진과 현재 상황에 대한 메시지를 전달받으니 마음이 뿌듯했다. 좋은 일을 했을 때 느끼는 감정이었다. 나는 받은 편지에 답장을 써서 단체에 보냈다. 아이들이 성장하는 과정과 달라진 모습을 1년에 한두 번씩 전달받았다. 미혼인 내가 부모가 된 기분이었다.

좀 더 나아가 보기로 결심했다. 우리나라의 어려운 아이들을 돕고 싶었다. 하지만 해외 결연과는 달리 우리나라 학생을 돕는 것은 단체가 다수를 돕는 시스템을 통해서 가능했다. 1:1 결연은 없었다. 나는 이리저리 방법을 알아보았다. 역시나 방법이 있었다. 법의 테두리에서 벗어나 있는 아이들이 많았다. 주민등록상에는 부모님과 같이 사는 것으로 되어 있지만 부모가 버린 경우, 부모의 폭력으로 인해 기관에 맡겨진 경우 등이 그러하다.

나는 강서구청 사회복지과에 전화를 걸었다. 2명 정도의 학생을 돕고 싶다고 말했다. 사회복지사는 며칠 후 메일로 도움이 필요한 친구를 2명 소개시켜 주었다. 현재 처해 있는 상황과 이름만 있었다. 그것으로 충분했다. 만나 볼 이유는 없었다.

한 중학생 소녀는 부모님이 이혼한 뒤 아버지의 손에 맡겨졌다가 알코올 중독과 범죄 전과가 있는 아버지를 피해 수녀님이 운영하는 청소년 보호 단체에서 생활하고 있었다. 또 다른 학생은 홀어머니와 둘이 사는 중학생 소녀였다. 편찮으신 어머니를 간호하며 공부도 아주 열심히 하는 학생이라고 했다. 나는 2명 모두 후

원하기로 했다.

처음에는 한 학생당 돌아가는 10만 원이라는 돈이 크다고 생각했다. 그 돈으로 책도 사고 공부하는 데 쓰라고 하고 싶었다. 하지만 이내 생각이 바뀌었다. 고작 10만 원으로 생색을 내는 것 같아 마음에 들지 않았다. 나는 강서구청의 사회복지사에게 이 말을 꼭 전해 달라고 했다. "친구들하고 떡볶이 사 먹을 때 쓰렴."

나는 아주 작은 실천을 한 것이다. 이 세상에는 아름답고 가치 있는 열정을 어려운 사람들을 위해 쓰는 사람들이 많다. 그런 따스함이 이 세상을 여전히 가치 있게 만드는 것은 아닐까 싶다.

사회에 물의를 일으키거나 나쁜 행동을 하면 벌금과 함께 '사회봉사활동 명령'이 내려진다. 우리는 TV 등 여러 매체를 통해 그런 소식을 접한다. 사회봉사활동 명령을 받은 사람이 그 활동에 얼마나 진실되고 성실히 임하는지 아무도 모른다. 그 주체가 주로 물의를 일으킨 기업인 또는 연예인들이기에 대중들은 그 진실성에 의문을 갖는 듯하다.

나는 문득 왜 사회봉사활동 명령을 내리는지 궁금했다. 그것은 아마도 우리가 살아가는 이 사회에 대한 의미를 되새겨 보고 스스로 깨우치라는 의미는 아닐까? 스스로 하는 봉사가 아닌 '사회봉사활동 명령'은 그 말에 이미 답이 있다. 얼마나 생각을 고쳐야 하면 '명령'이라는 말이 붙은 봉사를 해야 할까. 자발적으로 하는 봉사가 의미 있는 것이다.

나에게는 더 큰 꿈이 있다. 바로 장학재단을 설립하는 것이다. 어떤 일이나 마찬가지겠지만, 어떤 일에 공감을 하려면 같이 겪어 보는 것만큼 빠르고 정확한 것이 없다. 앞서 언급한 바와 같이 나 또한 어려운 시절을 겪었다. 하지만 세상에는 나보다 더 어려운 환경에 놓인 사람들이 많다. 두말할 것도 없이 청소년은 우리의 희망이자 미래다.

중·고등학생 시절, 나는 이모가 참 감사하고 고마웠다. 이모 자신도 빠듯했던 시절에 나와 우리 형을 위해 신발, 학용품, 맛있는 음식, 용돈 등을 주시며 격려를 잊지 않으셨다. 그 시절 받았던 그 고마움이 지금까지도 잊히지 않을 만큼 감사함으로 남아 있다. 나도 이제 돌려주고 싶다. 더 많은 어려운 학생들에게 꿈과 희망을 포기하지 않게 하는 멘토가 되고 싶다.

혼자만 잘 살면 재미없다. 다 같이 잘 살자. 나만, 내 아이만 잘 살면 그만일까? 세상은 혼자 살 수 없다. 그렇게 살면 오히려 위험하다. 인간(人間)이라는 단어에는 사람들 사이에 존재한다는 뜻이 담겨 있다. 나와 내 아이뿐만 아니라 내 옆에 있는 그리고 내 아이의 옆에 있는 아이들이 모두 행복하게 살 때 비로소 나와 내 아이도 보호받는 것이다.

44

세일즈 디자인 코칭협회 운영하며 전국에 나를 알리기

신상희

세일즈 디자이너, 세일즈 코치, 모바일마케팅 강사, 동기부여가, 자기계발 작가, CS 강의 전문가

20대에 시작한 세일즈로 8개월 만에 억대 연봉을 달성했다. 현재 '한국 세일즈 디자인 코칭협회'를 운영하며 세일즈 디자이너이자 워킹맘과 경력단절 여성들을 위한 드림 코치로 활동 중이다. '세일즈는 고객이 스스로 사게 하는 것'임을 강조하며 세일즈에 필요한 이미지 컨설팅, SNS 마케팅, 화법 등을 코칭하고 있다. 저서로는《고객이 스스로 사게 하라》,《부모님에게 꼭 해드리고 싶은 39가지》등이 있다.

E-mail shinsanghee2@naver.com
Blog http://blog.naver.com/shinsanghee2
Cafe http://cafe.naver.com/gamemecah
Instagram shinsanghee2
C · P 010-4948-7596

나는 스무 살이 되던 해 집을 떠나 타지에서 대학생활을 시작했다. 원하는 대학은 아니었지만 현실을 받아들이며 '절대로 등록금을 내고 다니지 말자. 학교에서 주는 모든 혜택을 내 것으로 만들자'라고 다짐했다. 그리고 나는 정말 등록금을 내지 않고 졸업했다. 또한 학교에서 주는 모든 혜택의 주인공이 되며 대학 4년을 마무리할 수 있었다.

전공을 살려 취업을 할 것이라는 부모님의 기대와는 달리 나는 대학교 4학년 2학기가 시작되던 어느 날, 화장품을 판매하기 시작했다. 처음에는 용돈벌이로 시작했던 것이지만 점차 흥미를 느꼈다. 그리고 우연히 참석했던 자리에서 나는 목숨 걸고 세일즈에 도전해 보기로 결심했다. 남들이 보기에는 단순히 화장품을 판매하는 일이지만, 나에게는 꿈과 비전으로 다가왔다. 어떻게 하면 남보다 더 특별한 삶을 살 수 있을지 고민하며 세일즈를 시작했다. 철저한 계획과 목표 속에 시작된 나의 세일즈는 상상 이상으로 즐거웠다. 또한 목표 기한보다 항상 빨리 모든 것을 이룰 수 있었다.

나는 짧은 시간 많은 것을 이루고 다양한 경험을 했던 지난 시간을 정리해 책으로 썼다. 나의 책《고객이 스스로 사게 하라》가 세상 밖으로 나오는 순간 많은 세일즈맨들에게 나의 감동적인 스토리가 전달되었다. 그리고 나는 '한국 세일즈 디자인 코칭협회'를 설립해 '세일즈에도 디자인이 필요하다'라는 나의 생각을 많은 이들에게 전하고 있다. 사실 '세일즈 디자인'이라는 단어 자체를 처음 말한 것이 나이기 때문에 사람들에게 이 말은 익숙하지 않다. 그리고 그 어디에도 정보는 없다.

처음 세일즈를 시작했을 때, 나는 무엇부터 해야 할지 몰라 막막했다. 모든 면에 있어 부족함은 없었지만 그렇다고 특별히 잘하는 것도 없었던 그때의 나는 고작 스물세 살밖에 되지 않았다. 세일즈를 시작하고 내가 가장 먼저 선택한 것은 긴 생머리를 잘라내고 헤어스타일에 변화를 주는 것이었다. 그때까지 나는 주변 사람들에게 그동안 나에게 생긴 심경 변화와 앞으로의 계획들을 단한 번도 말한 적이 없었다. 그런데 헤어스타일에 변화를 주고 난 이후 사람들이 먼저 물어 왔다. "너 새로운 일 시작했어?", "뭔가 대단한 결심을 한 것 같은데?" 일부러 먼저 말을 꺼낼 필요가 없을 정도로 사람들은 나의 이미지 변화만으로도 나에게 관심을 가지기 시작했다. 그렇게 서툴지만 나의 세일즈 라이프를 시작하게 된 것이다.

이후, 나는 제품에 대한 공부를 시작했고 같은 말을 셀 수 없이 반복적으로 내뱉으며 프로세일즈맨이 되기 위해 노력했다. 처음 세일즈를 시작한 사람들에게 마치 커닝 페이퍼처럼 제공되었던 회사의 여러 자료들은 나에게 무용지물이었다. 학교에 다닐 때 나는 눈앞에 있던 답도 커닝하지 못하던 성격이었다. 세일즈를 시작하고도 마찬가지였다. 나는 완벽하게 제품을 이해하지 못하면 정해진 멘트조차 고객에게 말할 수 없는 성격이었다. 꽤 피곤한 성격을 가졌지만 완벽하지 않으면 팔지 않는 것이 나에게 잘 맞았던 것 같다. 눈을 감고도 말이 나올 정도로 연습한 뒤 고객을 만나는 것이 습관이 되었다.

그리고 세일즈를 시작한 직후 그때는 익숙하지 않았던 SNS 마케팅을 시작했다. 같은 제품이라도 어떻게 마케팅하느냐에 따라 반응이 달랐기에 어려운 시도도 마다하지 않았다. 그때 내가 가장 중요하게 생각했던 것은 '스토리'였다. 좋은 제품이 넘쳐 나는 상황에 제품에 대한 일괄적인 홍보는 절대로 제대로 된 마케팅이 될 수 없다고 생각했다. 그리고 '제품 대신 나를 팔라'라는 말을 그대로 받아들여 나의 스토리를 판매하기 시작했다.

이 밖에도 내가 세일즈를 잘하기 위해서, 이 분야의 최고가 되기 위해서 했던 노력은 수없이 많다. 그 노력을 반복적으로 한 덕분에 좋은 결과를 이루었던 내가 왜 돌연 세일즈를 그만두게 되었을까? 나는 나와 같이 세일즈를 시작하는 많은 사람들을 위해 내가 가진 것을 나누고 싶어졌다.

세일즈 디자인은 말 그대로 매출을 증대시킬 수 있는 디자인을 하는 것이다. 현장에서 또는 상담을 통해 세일즈맨들에게 가장 필요한 것이 무엇이며, 어떤 문제가 있는지를 발견하고 그것을 처음부터 끝까지 일일이 알려 준다. 세일즈는 어떠한 기대와 목표를 두고 일할 것인지를 먼저 정해야 한다. 그래서 나는 되도록 이제 막 세일즈를 시작한 이들이나 효율적인 세일즈를 하고 있지 못한 사람들을 만나려고 애쓴다.

가끔 이제 막 세일즈를 시작했다는 사람들을 만나면, 정말 말도 안 되는 고민을 하고 있는 것을 볼 수 있다. 스피치 학원을 다녀야 하는지, 이미지 메이킹 자격증을 취득해야 되는지, 마케팅 수업을 들어야 되는지 등을 고민한다. 사실 그들이 말하는 모든 것은 세일즈를 하는 데 필수는 아니지만 필요에 의해서 배워야 하는 부분은 맞다. 나 역시 그들이 말하는 모든 과정을 거쳤고 심지어 많은 부분에서 자격을 취득했다. 한 가지 알아야 하는 것은 절대로 스피치 학원, 이미지 메이킹 자격증, 마케팅 수업 그 자체가 세일즈에 완벽한 영향을 주는 것은 아니라는 점이다.

많은 이들이 지금 현재 자신이 하고 있는 일을 잘하기 위해서 고민한다. "저는 말을 잘 못하는 것 같아요.", "저는 이미지가 별로인지 사람들이 가까이 오지 않아요.", "저는 다 잘되는 것 같은데 홍보가 문제인 것 같네요." 사실 이렇게 단편적으로 고민을 이야기하고 상담을 요청하는 사람들을 보면 안타까울 때가 많다. 대다수의 세일즈맨은 적어도 한 가지 이상의 강좌 또는 자격증 취득을 위한 노력을 남몰래 해 왔기 때문이다. 나는 돈 낭비, 시간 낭비는 이제 그만하라고 말하고 싶다.

내가 한국 세일즈 디자인 코칭협회를 설립하게 된 가장 큰 이유는 세일즈맨들의 쓸데없는 돈 낭비, 시간 낭비를 막기 위함이다. 여기서 말하는 세일즈맨은 '판매사원'만을 뜻하지 않는다. 매출을 증대시켜야 하는 개인사업자, 또는 사업체를 가지고 있는 대표 모두를 의미하는 것이다. 심지어 요즘은 성형외과와 같은 병원조차 세일즈 마케팅을 하지 않으면 안 되기 때문에 나에게 코칭을 요청해 온다.

화장품을 판매할 때 나는 내가 살고 있는 지역에 한정하지 않왔다. 일주일 중 6일은 다른 도시를 돌아다니며 고객을 만나고, 함께 일하는 사람들의 비즈니스를 지원했다. 그러면서도 일정 시간이 지났을 때 나는 시간적·경제적 여유를 가질 수 있게 되었다. 나는 세일즈를 시작하는 사람들, 오래 세일즈 업계에 종사했지만 특별히 결과를 이루지 못한 사람들을 위해 세일즈는 결코 단편적인 배움만으로 되는 것이 아니라는 사실을 알려 주고 싶다. 결국 처음부터 끝까지 제대로 디자인하지 않으면 세일즈는 시간 낭비만을 초래하게 된다는 것을 말이다.

많은 사람들이 말하는 CS 교육, 이미지 메이킹, 세일즈 화법, SNS 마케팅, 세일즈 비법 등은 세일즈를 시작한 모두에게 필요한 것은 맞다. 하지만 일괄적인 교육내용이 모두에게 적용되지는 않는다. 개인이나 사업장의 성격에 따라 모두 다르게 적용되어야 하며, 모든 것을 바꿀 필요는 없다. 자신만의 색을 유지하면서 제대로 된 방향을 잡고 세일즈를 시작한다면 결코 시간 낭비, 돈 낭비는 하지 않아도 된다.

나는 한국 세일즈 디자인 코칭협회를 운영하며, 한 지역에 국한하지 않고 전국적으로 나를 알리고 싶다. 그런 과정을 통해 또 다른 세일즈맨을 만나고 그들에게 말만 잘해서 되는 세일즈는 이제 끝났다는 것을 알려 주고 싶다. 또한 그들에게 매출 증대를 위해 어떤 수정과정을 거쳐야 하는지 알려 주고 싶다. 세상에 많은 제품들이 나오는 것처럼 교육과정도 마찬가지다. 세일즈와 관련된 여러 과정을 나 역시 경험해 보았지만 '이렇게 해야만 할까?'라는 의문이 들었던 적도 수없이 많다.

세일즈를 제대로 하기 위한 방법으로 '세일즈 디자인'만큼 효과적인 방법은 없다. 나는 여러 가지 시도를 통해 시행착오를 경험했고, 다양한 교육과정을 수료하며 돈 낭비, 시간 낭비를 해 왔다. 이제는 수많은 사람들의 멘토가 되어 그들이 나처럼 고생하지 않도록 전국을 무대로 한국 세일즈 디자인 코칭협회를 알리고 싶다. 나는 네이버 카페 '한국 세일즈 디자인 코칭협회' 회원들과 함께 내가 가진 세일즈 디자인 노하우를 바탕으로 세일즈맨이 세일즈를 제대로 디자인해 나갈 수 있도록 영향력을 행사하는 인생을 살고 싶다.

45

벤츠 타고 아버지와 함께 여행 가기

〈한책협〉 코치, 마케팅 코치, 자기계발 작가, 동기부여가

〈한책협〉에서 마케팅을 담당하고 있는, 젊은 나이에 벤츠 타는 20대 청년이다. 많은 이들에게 각종 마케팅 노하우를 전파하고 있으며 강한 긍정 에너지로 동기부여하고 있다. 여러 사람들과 소통하고 희망을 나누는 메신저이자 코치로 활동하고 있다. 대한민국의 많은 청년들처럼 스펙에 목매던 시절이 있었으나 학교를 박차고 나와 진정 살아 있는 삶을 살고 있으며 미래가 기대되는 남자다. 저서로는 《또라이들의 전성시대》, 《되고 싶고 하고 싶고 갖고 싶은 38가지》가 있다.

E-mail euenggyu@naver.com **Blog** http://blog.naver.com/euenggyu

"아빠, 우리 휴가 어디로 가요?"

"안 간다."

가족끼리 휴가를 가 본 것이 언제인지 까마득하다. 휴가철 이른 새벽에, 설렘 가득한 마음으로 아버지 차를 타고 다 함께 바닷가로 놀러 가던 때의 기분은 아직도 잊을 수 없다. 하지만 그 기억은 그때가 처음이자 마지막이었다. 더 이상 가족여행을 떠나지 않았기 때문이다. 순진했던 나는 매년 휴가철만 되면 아버지께 어디로 휴가 가느냐고 물어봤다가 혼자 아쉬움을 뒤로한 채 쓸쓸히 방으로 들어갔다.

나의 유년시절은 온통 잿빛이었다. 내가 기억하는 아주 어린 시절부터 아버지와 어머니는 불화를 겪었다. 부모님은 한집에 살았지만 이혼만 안 했을 뿐이지 각자의 방에서 남처럼 지내셨다. 여러 가지 이유가 있었지만 가장 근본적인 이유는 돈 때문이었다. 아버지는 근면하고 성실해서 다니는 직장 내에서 인정받으셨다. 그렇게 번 돈을 낭비하지 않고 착실하게 모아 수천만 원을 저축하셨다.

하지만 IMF 이후 아버지가 다니시던 회사가 다른 곳으로 넘어가게 되면서 집안이 급격히 어려워졌다. 아버지의 월급은 뚝 떨어지게 되었고 어머니는 쥐꼬리만 한 월급으로는 생활이 안 된다며 아버지께 사업을 권유하셨다. 하지만 가정을 지켜야 한다는 책임감 때문이었던지 아버지는 사업보다는 안정을 택하셨다.

대범하게 사업에 도전하기를 원하셨던 어머니는 이런 아버지의 모습에 실망하셨는지 매일같이 친구들과 밤늦게까지 술을 마시고 들어오며 아버지와 갈등을 빚었다. 술에 잔뜩 취해서 밤늦게 들어와서는 아버지께 욕설을 퍼붓기도 하셨다. 집안 경제가 나아질 것 같지 않자 어머니도 이 일 저 일을 하기 시작하셨다. 하지만 오래 일하지 못하시고 중도에 그만두기 일쑤였다.

그러던 어느 날, 갑자기 식당을 하고 싶다고 하시더니 아버지가 모아 두셨던 돈을 끌어다 식당을 개업했다. 하지만 얼마 가지 못해 문을 닫고 말았다. 그렇게 가지고 있는 돈까지 다 쓰고 빚만

늘기 시작했다. 이후 아버지와 어머니의 관계는 더 악화되어 결국 이혼하셨다. 그리고 나와 동생은 아버지 밑에서 자라게 되었다. 시간이 지나며 자연스럽게 알게 되었지만 내가 그토록 원했던 가족여행을 가지 않았던 이유는 가난으로 인한 가정의 불화 때문이었다.

어릴 적 아버지는 너무 무서워서 피하고 싶을 정도였다. 아버지는 불같은 다혈질 성격에 자기주장이 굉장히 강하셨다. 하지만 능력이 출중하셔서 주변 사람들에게 많은 인정을 받으셨다. 그래서인지 아버지는 첫째 아들인 나에 대한 기대감이 굉장히 크셨다. 아버지는 나에게 유난히 엄격하게 대하고 화도 많이 내셨다. 사소한 것을 질문한다든가, 말 한마디 잘못하면 엄청나게 혼이 나기 일쑤였다. 별일 아닌 것에 짜증을 내셔서 주변 사람들이 왜 이렇게 애를 잡느냐고 말릴 때도 종종 있었다. 지금은 가리는 음식 없이 무엇이든 잘 먹지만 어렸을 때 유난히 몸이 마르고 약했던 나는 항상 아버지께 왜 이렇게 허약하고 비실거리느냐고 꾸지람을 들었다.

중학교 3학년 때였던 것으로 기억한다. 친척들이 모여서 비빔국수를 해 먹기 위해 준비하고 있었다. 비빔국수에 호박을 넣고 버무리고 있었는데, 아버지가 친척분들 앞에서 말씀하셨다.

"호박도 안 먹는데 쟤가 먹겠어? 옛날 말에 될성부른 나무는 떡잎부터 알아본다고 했는데 얘는 싹이 누런 놈이야."

이 말씀은 상처가 되어 나를 옭아맸다. 10대의 나는 무언가 문제에 직면할 때마다 알 수 없는 무력감에 시달리며 '안 되는 이유'를 찾기에 급급했다. 생각대로 이루어진다는데, 당연히 무엇을 도전해도 결과는 시원치 않았다. 그럴 때마다 언제나 스스로를 책망하고 비난하곤 했다. 학창시절 친구들이 학업성적으로 스트레스를 받을 때도 나는 내적 갈등에서 오는 괴로움으로 잠 못 이루는 날이 많았다.

대학교에 입학해 '예비부모교육'이라는 교양수업을 수강하면서 내가 느껴 왔던 감정들과 경험들이 자존감 부족으로 인한 현상임을 알게 되었다. 자존감 부족이 자라난 환경과 밀접한 연관이 있다는 것을 알게 되자, 처음에는 아버지가 많이 원망스러웠다. 왜 나한테 그러셨을까, 단 한마디라도 칭찬해 주실 수 있지는 않았을까, 자식이 아무리 못났더라도 그렇게 대하실 수 있을까 하는 생각이 들며 서러움에 화가 나기도 했다. 가난이라는 현실보다 더 크게 나를 옥죄었던 불편함은 낮은 자존감에서 비롯되었던 것이었고, 낮은 자존감은 아버지께 받아 온 부정적인 피드백들의 결과였다. 하지만 아버지에 대한 원망이 크게 잘못되었음을 오래 지나지 않아 깨닫게 되었다.

군 입대를 앞두고 신병교육대로 출발하기 전이었다. 아버지가 갑자기 포옹을 해 주셨는데 가슴 깊은 곳이 따뜻해짐을 느꼈다. 잘 다녀오라는 말씀과 함께 이내 눈물을 훔치시며 급하게 뒤돌아 가시는 아버지의 모습이 보였다. 순간적으로 멍하다가 '아버지가 나를 사랑하긴 하시는구나…'라는 생각이 들자 뜨거운 눈물이 흘러내리기 시작했다. 그토록 엄하고 강하셨던 아버지, 나에게 칭찬 한 번 하신 적 없는 아버지에게서 처음 느껴 보는 사랑이었다.

아버지는 올해 환갑이시다. 세월 앞에는 장사가 없다고 했던가? 너무나 강하고 무섭기만 했던 아버지가 전에 비해 많이 약해진 모습을 보일 때마다 마음이 편치 않다. 이제는 아버지가 짜증내시는 빈도가 상당히 줄었음을 느낀다. 연세가 드셔서 그럴 수도 있지만 가난으로 인해 어머니와 갈등하며 겪었을 상처, 홀로 외롭게 나와 동생을 키우시면서 겪어야 했을 이루 말할 수 없는 아픔들이 쌓이고 쌓이면서 지금의 아버지가 만들어진 것이 아닌가 하는 생각에 슬프기도 하다.

나도 사회생활을 시작하고 경험이 하나둘씩 쌓이다 보니 예전 아버지의 모습이 조금씩 이해되기 시작했다. 어린 시절부터 아버지의 사랑에 갈급했지만 정작 제일 외로운 사람은 아버지였던 것이다. 어디 놀러 가고 싶어도 제한된 월급으로 인해 경제적인 여유가 없었고 아버지의 개인적인 취미나 활동은 제약되었다. 나라면 아버지처럼 못 했을 것 같다. 큰아들로서 힘이 되어 드렸어야 했는데 아버지를 이해하지 못하고 피하기만 한 것 같아서 죄송한 마음이 크다.

앞으로 크게 성공해서 예전의 강한 아버지의 모습을 되찾아 드리고 싶다. 항상 위풍당당하고 어디서나 인정받으셨던 아버지, 자기주장 강한 모습의 아버지가 그립다. 어떤 때는 옛날처럼 불같이 화를 내 주셨으면 하는 마음도 든다. 부모에게 가장 큰 효도는 자식이 잘되는 것이라 했던가? 나중에야 알게 된 것이지만, 내가 성적이 잘 나오거나 상을 타는 등 사소한 자랑거리가 생기면 앞에서는 무심한 척하셨지만 주변에 내 자랑을 많이 하셨다고 한다. 그래서 내가 잘되면 아버지가 얼마나 좋아하시고 어깨에 힘이 가득 들어가실지 그려진다.

나는 5년 뒤 아버지에게 벤츠 SUV인 ML350을 선물해 드릴 것이다. 선물을 받으시는 아버지의 반응을 상상만 해도 기분이 좋다. 아버지와 함께 ML350을 타고 전국 방방곡곡 여행을 떠나고 싶다. 유년시절에 아버지와 함께 그렇게 가고 싶었지만 가지 못했던 여행을 다닐 것이다.

46

젊은 나이에 돈에 구애받지 않는 부유한 인생 살기

책 쓰는 직장인, 동기부여가, 자기계발 작가

직장생활을 하고 있는 20대 엔지니어다. 대학교를 졸업하기 전부터 직장에 얽매이지 않는 인생을 꿈꿨다. 자신이 가진 경험과 지식을 메시지로 만들어 다른 이들에게 전달하는 메신저의 길을 가고 있다. 저서로는《또라이들의 전성시대》,《부모님께 꼭 해드리고 싶은 39가지》가 있으며, 현재 개인저서를 준비 중이다.

E-mail kwon_yeonguk@naver.com

어릴 적, 나는 장래희망란에 경찰, 야구선수, 과학자 등 특정 직업을 적었다. 하지만 머리가 약간 굵어지고부터는 이렇게 적었다.

'부자'

지금은 그때보다 꿈이 구체화되었다. 그냥 부자가 아니라 '젊은' 부자다. 나는 젊은 나이에 부유한 인생을 살고 싶다.

지금도 분명히 기억나는 것은 학교에서는 부(富)를 굉장히 부정적인 것으로 가르쳤다는 점이다. 교과서에 나오는 부자들 중 열의 아홉은 나쁜 인물로 묘사되었고, 가난하지만 청렴하게 사는 선비 같은 사람들을 훌륭한 사람이라며 본받으라고 했다. 그때까지만 해도 그 말을 철석같이 믿었다. 이래서 주입식 교육은 무섭다. 하지만 시간이 지나고 지금은 생각이 많이 바뀌었다. 지금의 나는 누구보다도 열렬히 부를 갈망한다.

흔히 부를 부정적인 시선으로 보곤 하는데, 부는 옳은 것이다. 부를 좇는 것은 결코 부정한 일이 아니며, 부끄러워할 이유 또한 없다. 부를 축적하는 과정에서 남들에게 부끄럽거나 사회적·윤리적으로 문제될 일이 없었다면 그 부는 정당하다. 오히려 그 부를 일군 능력과 노력은 존경받을 가치가 있다고 생각한다.

나는 학창시절 독하게 절약하며 살았다. 초등학교 저학년 때까지만 해도 가방 깊숙이 넣어 둔 비상용 버스비도 군것질에 써 버렸지만 초등학교 고학년부터는 누구보다 절약을 실천했다. TV, 책, 학교 그리고 주변의 모두가 절약이 필수라면서 중요하다고 강조했으며, 부자가 되고 싶으면 절약하라고 했다. '절약=부자'라고 믿었고, 거기에 일말의 의심도 품지 않았다.

현장학습이라는 이름의 소풍을 갈 때면, 모두들 휴게소에서 군것질을 하고 기념품을 샀지만 나는 한 푼도 쓰지 않았다. 우리 집 형편이 어려웠던 게 아니다. 주머니에는 충분한 용돈이 있었지만 쓰지 않았을 뿐이다. 오히려 한 푼도 쓰지 않은 것을 자랑스러워했다.

고등학교 때도 예외는 아니었다. 평생 아침을 거른 적이 없던 나였지만 고3이 되면서 아침에 좀 더 자고 싶은 마음에 한 달 정도 아침을 거른 적이 있었다. 그렇게 아침을 거르면 학교 매점에서 군것질로 때우는 게 보통이지만 나는 그러지 않았다. 조금만 참으면 점심시간이었기 때문이다. 아침식사에 길들여진 위장이 요동치는 소리를 무시하고 점심시간을 기다렸다. 지금 생각해도 좀 독했던 것 같다.

대학교 때는 더했다. 학생식당의 정식은 2,500원이었는데 이것도 4일이면 1만 원이다. 아까웠다. 그래서 매점의 김밥과 컵라면으로 대체했다. 그 또한 철저한 금액 계산하에 이루어졌다. 한도는 2,000원, 주 메뉴는 2가지였다.

삼각김밥 2개 + 육개장 사발면 하나 = 1,950원
김밥 한 줄 + 육개장 사발면 하나 = 1,650원

가계부 어플로 1원의 오차도 없이 가계부를 썼기에 금액을 정확히 기억한다. 2,000원 한도를 넘는 일은 거의 없었다. 나중엔 같이 밥을 먹던 동기가 지독한 놈이라며 작작 하라고 욕하기도 했다. 그렇게 정식 네 번 먹을 돈으로 다섯 끼를 해결했다. 당연히 카페 같은 곳도 가지 않았다. 교내 카페의 아메리카노는 일반 카페의 절반 정도인 2,000원으로, 내 한 끼 식비였다. 말도 못하게 아깝게 느껴졌다. 그래도 몇 번 내 발로 간 적이 있긴 하다. 대기업 서류심사에 합격했을 때와 인적성 시험에 합격했을 때 동기에게 무려 2,500원짜리 카페모카를 쏜 것이 전부다.

학창시절 그렇게 지독하게 아꼈던 것은 돈 한 푼 벌지 않으면서 부모님께 얹혀살며 용돈을 받는 시절이었기 때문이다. 용돈만 받았을까? 학비에 통신비 등 오로지 지출만 있었다. 그랬기에 죄송한 마음이 컸다. 부모님의 부담을 덜어 드리고 싶었다. 우리 집 형편이 어려운 것은 아니었지만 그렇다고 몹시 부유한 것도 아니었기에 더 그랬다.

대학교를 졸업한 뒤 직장생활을 시작하고부터는 부를 갈망하며 통장의 잔고 늘리기에 열중했다. 잔고를 늘리기 위해 소비는 최소한으로 줄이고, 자발적인 잔업과 특근을 했었는데 확실히 안 쓰고 모으기만 하니 매달 통장의 잔고가 눈에 띄게 상승하는 것을 볼 수 있었다. 문자 그대로 근검절약을 실천했다. 하지만 언제부턴가 그러한 생활에 회의가 들기 시작했다. 과연 이렇게 해서 부자가 될 수 있을지 의문이 들었다.

문득 친구들과 한 우스갯소리 중에 저축을 하건 안 하건 나중에 은행에 도움을 요청하는 것은 매한가지며, 저축을 하는 것은 은행으로부터 도움을 받는 금액을 조금이라도 줄이고자 하는 것뿐이라는 말이 생각났다. 통신비, 보험비, 교통비를 제외하고 한 푼도 안 쓴 적도 종종 있었는데 그렇게 근검절약하며 통장 잔고 늘리기에 열중하던 내가 너무도 한심하게 느껴졌다. 그때 깨달았다. 월급에 만족하고, 월급과 타협해서는 결코 부자가 될 수 없다는 것을 말이다. 월급에 목매는 젊은 부자라니 어불성설이다.

"휠체어 탄 백만장자는 부럽지 않다! 젊은 나이에 일과 돈에서 해방되어 인생을 즐겨라!"

엠제이 드마코의 저서 《부의 추월차선》의 표지에 적혀 있는 문구다. 이 얼마나 멋진 말인지 모른다. 마치 내 머릿속을 들여다본 것 같다는 생각이 들 정도로 무섭게 와 닿았다. 내가 생각의 전환점에 서 있을 때 이 문구는 내게 엄청난 동기부여가 되었다.

지금의 나는 절약한다며 무작정 아끼는 무식한 행동이 아닌, 가치를 보고 소비하고 나 자신을 위해 투자하는 부자 마인드를 정착시키고 있다. 부자가 되려면 부자의 마인드를 가져야 한다. 옹졸한 직장인 마인드로는 부자는커녕 부자의 문턱에도 발을 걸치지 못한다. 조금만 방심하면 부자 마인드를 밀어내고 직장인 마인드가 그 자리를 차지하려 들지만 어림없는 소리다. 나는 반드시 젊은 부자가 될 것이다. 직장인 마인드에 내어줄 자리 따위는 없다.

내가 젊은 부자가 되고자 하는 첫 번째 이유는 바로 나 자신을 위해서다. 인생을 편하게 살고 싶다기보다는 돈에서 해방되어 내가 하고 싶은 것을 하며 즐겁게 살기 위함이다. 꿈 많고 욕심 많은 20대 청년이 하고 싶은 것이 어디 한두 가지겠는가? 무수히 많았고, 지금도 그렇다. 하지만 현실과 타협하며 눈 딱 감고 돌아섰던 순간 역시 많았다. 이제는 하고 싶은 것을 마음껏 하며 즐겁게 살고 싶다.

두 번째는 가족들을 위해서다. 근 30년간 직장생활을 해 오신 아버지와 같은 햇수만큼 집안 살림을 책임져 오신 어머니는 어느새 중년에 접어드셨다. 지금이라도 두 분께서 오롯이 당신들을 위한 인생을 사시도록 일과 돈에서 해방시켜 드리고 싶다. 내가 중년이 될 때면 부모님은 노년에 접어드실 것이다. 당연히 한 해라도 빨리 부자가 되어야 하지 않겠는가?

나는 《부의 추월차선》의 문구를 인용해 이렇게 말하고 싶다.

"휠체어 탄 백만장자는 부럽지 않다! 나는 젊은 나이에 일과 돈에서 해방되어 인생을 즐긴다!"

47

아내의 40번째 생일에 1억 원이 들어 있는 통장 주기

창업 전문가, 마케팅 전문가, 1인 창업 코치, 자기계발 작가

사업 실패의 경험에서 얻은 깨달음으로 1인 창업에 도전해 재기에 성공했다. 자신의 재기 성공 경험을 사업 실패로 인해 힘들어하는 사람들과 나누는 것을 소명으로 삼고 '패자부활연구소'의 소장으로 활동하고 있다. 또한 '소셜창업연구소'를 개설해 창업 희망자들에게 성공의 가능성이 높은 소셜창업을 교육하고 있다. 저서로는 《미래일기》, 《보물지도6》, 《부모님에게 꼭 해드리고 싶은 39가지》가 있으며, 현재 창업 관련 개인저서를 집필 중이다.

E-mail machwa@naver.com **Cafe** http://www.repechagelab.co.kr

나는 2010년 4월 3일 아내와 결혼했다. 2005년 5월 24일에 아내와 연애를 시작했으니 5년이 걸린 셈이다. 처음 아내를 만났을 당시 나는 군 입대 영장을 받은 스물네 살의 입대예정자였다. 입대를 앞두고 기분전환도 할 생각으로 졸업한 학교의 MT를 따라갔다. 재학시절 학생회장을 했었기 때문에 교수님들과 조교님들은 오랜만에 보는 나를 반겼다. 그곳에서 아내를 처음 만났다. 당시 학생회 임원이었다.

식사 후 교수님들과의 술자리를 끝내고 학생회 임원들을 불러 술을 마셨다. 가져간 양주를 교수님들과의 술자리에서 다 마셔 버려서 급하게 리조트 편의점에서 술을 몇 병 샀다. 그중에 나와 아내를 이어 준 '금술'도 있었다. 후배들과 술을 마시면서 통성명을 하는데 식사시간에 나를 챙겨 주던 아내가 보이지 않았다. 후배들에게 아내는 어디에 있느냐고 물으니 피곤해서 자고 있다고 했다. 지금 생각해 보면 이때 이미 내 마음속에 아내가 있었던 것 같다. 아내가 보고 싶어서 후배들에게 아내를 데려오라고 했지만 아내를 데리러 간 후배는 그녀가 깊이 잠이 들어서 일어나지 않는다며 혼자 왔다. 아쉬웠지만 잊어버리고 다른 후배들과 즐겁게 새벽까지 술을 마셨다.

다음 날 숙취 때문에 버스에서 시체가 되어 있는데 내 뒤에 앉아 있던 아내가 자신만 금술을 못 마셨다며 서운해하는 이야기를 들었다. 그래서 나는 아내에게 나중에 금술을 사 주겠다며 약속을 잡았다.

그 당시 나는 PC방을 운영하고 있었는데 군 입대를 대비해 매장 운영을 한 달간 부모님께 맡기고 그동안 일하느라 만나지 못했던 친구들을 만나며 시간을 보내고 있었다. MT에서 알게 된 후배들과의 약속을 지키기 위해 학교에 찾아갔다. 당시 아내는 일을 하다가 대학에 늦게 들어가서 나이는 나보다 한 살 어렸지만 빠른 년생이라 금세 친구처럼 편한 사이가 되었다. 그날부터 나는 군 입대를 핑계로 후배들과 자주 어울리며 더 친해져서 결국 아내와 사귀게 되었다.

하지만 나는 얼마 후 군 입대가 예정되어 있었다. 다행히 부모님께 한 달 동안 맡겨 놓았던 PC방의 매출이 크게 떨어지면서 부모님과 상의 후 군 입대를 연기했다. 지금 생각해 보면 사실 PC방은 핑계였고 이제 만나기 시작한 아내를 두고 군에 가고 싶지 않았던 마음이 더 컸던 것 같다. 입대를 연기하고 그 후로 2년 동안 PC방을 운영하면서 아내와 연애를 했다. 그 후 다시 나온 입대영장 때문에 PC방도 급하게 정리하고 결국 스물여섯 살의 나이에 군에 입대했다. 입대를 하면서 아내에게 2년 동안 기다려 달라고 부탁했다. 하지만 아내는 예전에 이미 군대 간 남자친구가 전역할 때까지 기다렸던 경험이 있었고 나이도 20대 중반이었기 때문에 2년이라는 긴 시간 동안 나를 기다려 줄지 확신할 수 없었다.

남보다 늦게 시작한 군 생활은 힘들었다. 해안 경계근무를 하는 부대에 배치되면서 섬에 들어가 있는 시간이 많았다. 밤낮이 바뀐 생활로 전화통화도 자주 할 수 없었고 면회도 할 수 없는 날이 많았다. 밖에서 기다리는 아내에게 자주 연락할 수 없어서 많이 그리웠다. 힘든 군 생활을 하며 바쁘게 지내다 보니 어느덧 2년이 지나 스물여덟 살의 나이로 전역을 하게 되었다. 고맙게도 아내는 나를 끝까지 기다려 줬다.

군 입대 전까지 사업을 했었기 때문에 당연히 전역한 뒤에도 사업을 하게 될 것이라 생각했지만 집안 사정이 어려워 어쩔 수 없이 직장생활을 하게 되었다. 나이는 스물여덟 살이었는데 직장생활 경험이 하나도 없었다. 어떻게든 직장생활을 하려고 이력서를 수십 군데 넣었지만 제대로 된 회사들에서는 연락이 오지 않았다. 그래서 누구나 마음만 먹으면 바로 일을 시작할 수 있는 회사에 들어갔다. 그러나 아무나 받아 주는 회사가 제대로 된 곳일 리 없었다. 그래도 직장생활 경험이라도 쌓자는 생각으로 프랜차이즈 회사에 다니고 있을 때 아내가 임신을 하게 된 것을 알게 되었다. 직장도 변변치 않았고 결혼할 준비가 전혀 되어 있지 않았지만 아내와 결혼할 생각은 오래전부터 있었기 때문에 부모님과 장모님을 설득해 결혼을 허락받았다.

아내가 중학생일 때 장인어른이 돌아가시고 장모님께서 혼자서 일하시며 아내와 처제를 기르셨다고 한다. 장모님께서 그동안 모아 둔 돈을 아내와 처제가 대학에 가면서 다 써 버려서 당장 결혼할 돈이 없었다. 나도 입대 전에 모아 둔 돈을 부모님께 전부 드렸고 전역 후 제대로 된 직장을 다니지 못하고 방황하고 있어서 수중에 돈이 한 푼도 없었다. 아내는 대학 졸업 후 중견기업에 다니고 있었지만 월급으로 학자금 대출을 갚으며 가족의 생활비를 감당하고 있었기 때문에 모아 놓은 돈이 없었다. 그래서 고민 끝에 아내가 다니던 회사에서 전세자금 명목으로 5,000만 원을 대출받았다. 그중 2,000만 원을 혼수와 결혼식 비용에 쓰고 남은 3,000만 원과 부모님께 도움받은 5,000만 원을 합쳐 8,000만 원으로 작은 전셋집을 구해 신혼생활을 시작했다.

결혼할 당시 내 나이는 스물아홉 살이었지만 철이 없었고 어려서 사업을 시작해서 세상물정을 모르던 철부지였다. 그래서 결혼하면서 아내의 40세 생일에 1억 원이 든 통장을 선물하겠다고 단단히 약속했다. 하지만 아무런 준비 없이 결혼을 하다 보니 결혼생활은 경제적으로 어려웠다. 게다가 결혼 후 4개월 만에 딸아이가 태어나면서 형편은 더 어려워졌다. 그나마 다행인 것은 결혼 직전에 제대로 된 직장생활을 시작했다는 것이었다. 그곳은 사정이 어려운 중소기업이었고 월급도 적었지만 그래도 안정적인 생활이 가능했다.

그 후 직장생활을 몇 년간 하고 연봉도 올랐으나 월급으로는 생활비를 감당하는 것이 전부였다. 시간이 지나도 직장생활에서는 희망이 보이지 않았다. 그래서 고민 끝에 집 보증금 중 일부를 빼서 PC방 사업에 도전하기로 마음먹었다. 하지만 가족에게 쉽게 이야기를 꺼낼 수 없었다.

결혼 후 맞벌이하는 우리를 위해 장모님께서 같이 사시며 살림을 도와주고 계셨다. 눈치를 보다 반대받을 것을 각오하고 가족들에게 어렵게 이야기를 꺼냈다. 그런데 예상과 달리 장모님과 아내는 내 결정을 지지해 주었다. 가족의 지지로 용기를 내서 회사를 퇴직하고 PC방을 창업했다. PC가 49대밖에 없는 작은 매장이었다. 반드시 성공해야 했기에 야간 직원만 고용하고 쉬는 날도 없이 하루에 14시간 이상 일했다. 영업은 잘되었으나 생활비가 많이 들어가다 보니 기대와 달리 돈을 모으지 못했다. 2년 가까이 운영하면서 결국 손해만 보고 매장을 넘겼다. 그사이 둘째 아이도 태어나 가족은 다섯이 되었다.

사업도 정리하고 어쩔 수 없이 다시 직장생활을 시작했으나 생활은 나아지지 않았다. PC방을 창업하면서 손해 본 금액만큼 생활은 더 힘들었다. 사는 것이 힘들고 희망이 없어서 매일같이 친구들을 만나 술을 마셨고 몸은 망가져 갔다. 직장생활에 희망을 느끼지 못하고 하루하루 가족의 생계를 위해 버틸 뿐이었다.

그러다 아버지의 권유로 인력사무소를 창업하기 위해 회사를 그만두고 직업상담사 공부를 시작했다. 늦게 시작한 공부로 인해 생활은 더 힘들었지만 그래도 희망을 가질 수 있었다. 하지만 공부를 하면서 인력사무소 창업에 많은 돈이 들어가는 것을 알게 되었고 결국 인력사무소는 포기할 수밖에 없었다.

고민 끝에 적은 돈으로 할 수 있는 창업을 준비했다. PC방 외에도 독일식 소시지 전문점과 치킨 전문점에서 쌓은 경험과 동생이 창업한 떡볶이 전문점에서 주방을 맡았던 경험을 살려 떡볶이 전문점 창업을 결심했다. 가족과 상의 끝에 동의를 얻어 또다시 집 보증금에서 돈을 빼서 상가를 계약했다. 그런데 인테리어 공사를 앞두고 충격적인 경험을 하게 되었다.

오랫동안 창업을 경험하면서 머릿속에서만 생각했던 1인 창업의 구체적인 사례를 접하게 된 것이다. 이미 떡볶이 전문점이라는 새로운 사업을 시작했지만 내 지식과 경험을 활용하는 1인 창업에서 더 큰 희망을 보았다. 마음속으로 결정하고 아내에게 1인 창업을 위해 책 쓰기를 공부하겠다고 말했다. 이번에는 반대하겠지 생각했지만 아내는 끝까지 나를 믿어 주었다. 결국 사업을 정리한 뒤 〈한책협〉에 가입해 1인 창업에 필요한 책 쓰기를 배우면서 창업을 준비했다.

나는 '패자부활연구소'를 창업해 나처럼 희망이 없는 사람들에게 1인 창업으로 희망을 갖게 하는 일을 시작했다. 사업은 기대 이상으로 잘 진행되었고 나와 함께 1인 창업에 도전하는 사람들도 차근차근 단계를 밟아 가고 있다. 그래서 나는 요즘 매우 바쁘지만 행복한 나날을 보내고 있다.

지금의 이런 행복이 있기까지 계속된 실패에도 나를 끝까지 믿고 지지해 준 가족들이 있었다. 항상 나를 최고의 남편으로 생각하는 아내에게 내가 결혼하며 철없이 한 약속을 반드시 지키고 싶다. 아내의 40번째 생일에 1억 원이 들어 있는 통장을 선물할 것이다. 아직 5년이나 남아 있으니 지금처럼 열심히 살면 반드시 실현 가능할 것이라 생각한다.

되고 싶고 하고 싶고 갖고 싶은 47가지

초판 1쇄 인쇄 2017년 2월 21일
초판 1쇄 발행 2017년 2월 28일

지 은 이 **이세리 · 이주현 외 45인**
펴 낸 이 **권동희**
펴 낸 곳 **시너지북**
기 획 **김태광**
책임편집 **김진주**
디 자 인 **이보희**
교정교열 **우정민**
마 케 팅 **김응규 허동욱**

출판등록 **제312-2012-000040호**
주 소 **경기도 성남시 분당구 수내동 16-5 오너스타워 407호**
전 화 **070-4024-7286**
이 메 일 **synergybook@naver.com**
홈페이지 **www.wbooks.co.kr**

ISBN 979-11-87532-41-5 (03190)

이 도서의 국립중앙도서관 출판도서목록(CIP)은 서지정보유통지원시스템 홈페이지(http://seoji.nl.go.kr)와 국가자료공동목록시스템(http://www.nl.go.kr/kolisnet)에서 이용하실 수 있습니다.(CIP제어번호:2017003307)

시너지북은 독자 여러분의 책에 관한 아이디어와 원고 투고를 설레는 마음으로 기다리고 있습니다. 책으로 엮기를 원하는 아이디어가 있으신 분은 이메일 synergybook@naver.com으로 간단한 개요와 취지, 연락처 등을 보내주세요. 망설이지 말고 문을 두드리세요. 꿈이 이루어집니다.

시너지북은 위닝북스의 브랜드입니다.

※ 책값은 뒤표지에 있습니다.
※ 잘못 만들어진 책은 구입하신 서점에서 교환해 드립니다.